Ao Manoel, meu pai, um amigo sempre presente, principalmente nos momentos difíceis da vida.

Eduardo França

Sou graduado em informática e trabalho em uma companhia de seguros na capital paulista, cidade onde nasci em 1974.

Pertenço a uma família de formação católica praticante. Lembro que, quando criança, tínhamos uma vizinha espírita. Ainda me recordo de minha mãe conversando com ela sobre o assunto, e talvez seja essa a minha primeira impressão sobre o tema. No entanto, mais tarde, com o falecimento de minha mãe, em um momento de desnorteio, de sensação de vazio e de poucas explicações, ocorreu minha aproximação com os preceitos espíritas. Na faculdade, tive a oportunidade de conviver com amigos que me indicavam livros. Foi assim que comecei a admirar, respeitar e compreender os ensinamentos sobre a vida espiritual. A possibilidade apresentada de continuidade da vida foi reconfortante e me trouxe paz.

Além disso, como sou apaixonado por livros desde criança, não demorou muito até que eu começasse a esboçar algumas tramas em folha de papel rascunho. De posse da máquina de escrever, e antes mesmo de aprender a datilografar, já desenvolvia algumas histórias.

Tenho o intuito de difundir, por meio dos meus romances, o que observo e aprendo com outras pessoas, sempre ressaltando o auxílio dos livros espíritas que leio e que têm sido fonte de aprendizagem. No mundo, infelizmente, existem o ódio, a prepotência, o egoísmo e vários outros sentimentos ruins, mas há também o amor, a generosidade, a gratidão e a amizade verdadeira, assim como os valores espirituais, que podem ser reconhecidos e desenvolvidos, tornando-nos cada vez maiores e melhores.

Com esta história, assim como ocorreu em meu primeiro romance, *A escolha*, pretendo dividir com você a certeza de que algo muito maior existe ao nosso redor e pode nortear nossa vida para o bem.

Coordenação de Arte: Marcio Lipari
Capa e Projeto Gráfico: Regiane Stella Guzzon
Diagramação: Ana Maria de Moura e Priscilla Andrade
Preparação: Mônica Gomes d'Almeida
Revisão: Cristina Peres

1ª edição — 3ª impressão
3.000 exemplares — agosto 2013
Tiragem total: 11.000 exemplares

Dados Internacionais de Catalogação na Publicação (CIP)
(Câmara Brasileira do Livro, SP, Brasil)

França, Eduardo
Enfim, a felicidade / Eduardo França. —
São Paulo : Centro de Estudos Vida & Consciência Editora, 2012.

ISBN 978-85-7722-218-6

1. Ficção espírita 2. Espiritismo I. Título.

12-10636 CDD-133.9

Índices para catálogo sistemático:
1. Ficção : Espiritismo 133.9

Este livro adota as regras do novo acordo ortográfico (2009).

Editora Vida & Consciência
Rua Agostinho Gomes, 2.312 - São Paulo - SP - Brasil
CEP 04206-001
editora@vidaeconsciencia.com.br
www.vidaeconsciencia.com.br

Enfim, a felicidade

Eduardo França

Prólogo

— Seu nome?

— Elizabeth Jardine Souza — fez uma pausa, abriu um sorriso para sufocar o desapontamento e prosseguiu: — Ou melhor, sem o Souza. Sou separada. Também foram vinte e cinco anos assinando esse nome e de uma hora para outra... Enfim, coisas da vida. Mas podem me chamar de Beth.

— Idade?

Beth olhou rapidamente cada uma das pessoas ali presentes. Sentiu a mesma sensação de quando iniciara o curso de enfermagem. Tinha também a mesma alegria da ocasião, com um diferencial: estava casada com Edson e se considerava feliz.

— Cinquenta anos. E bem vividos! — frisou rindo, o que fez as outras pessoas da sala ampla, de várias cadeiras livres e somente seis ocupadas, rirem.

— Tem filhos?

— Dois. Alessandra, a mais velha, casada, não tem filhos ainda. Está casada com Luciano, que é um genro maravilhoso. Linda, minha filha...

— Tem outra filha? — perguntou a moça loira, de dois anos de formação universitária. Usava um jaleco branco, tinha nas mãos uma prancheta e tomava nota das respostas obtidas da mulher a sua frente.

— Não. Filho — corrigiu Beth empolgada, nitidamente alegre ao falar do filho. — Gabriel o seu nome. O caçula. Lindo! Não é porque sou mãe, não. Longe disso — todos riram. — Ele é uma graça! — apanhou a bolsa que estava sobre a cadeira e, de dentro dela, pegou uma foto do filho, depois, com a mesma alegria, exibiu para as outras pessoas. — Não é bonito?

Todos concordaram.

— Essas perguntas são para conhecê-la melhor. Como é nova aqui, você terá também a oportunidade de saber das outras pessoas aqui presentes...

— Tudo bem. Já soube tudo antes de entrar aqui nesta sala. Nossa, adorei este lugar. Que gostoso! E o jardim lá embaixo? Encantador!

— Esse espaço já foi, numa outra época, uma casa de produtores de café, uma família grande. Por fim os herdeiros, dois homens, em razão de dívidas, levaram a propriedade a leilão. Pelo menos é o que se sabe da história.

Beth ficou alguns segundos pensando naquela história, nas pessoas que ali um dia viveram.

— Beth? — chamou a moça.

— Oi. Desculpe-me, eu fiquei perdida no que me contou — fez uma pausa. — Senti um aperto no peito, uma dor estranha. Bobagem. Não se preocupem, não sou cardíaca — todos riram. — E aquele lustre na recepção? Que lindo! Nunca vi algo igual.

— Soube que não é do Brasil. Veio de fora — comentou uma senhora elegante, vestida com uma blusa azul sobre a calça preta.

Segundos depois todos estavam envolvidos no assunto, já familiarizados com a presença de Beth, a novata no espaço. A moça, que era uma espécie de líder, organizadora do lugar, tomou as rédeas e conseguiu, com uma pergunta, silenciar a sala.

— O que fez vocês nos procurarem? — percebendo o silêncio, a moça sorriu e insistiu na pergunta. Beth, embora fosse a recém-chegada, sentiu-se à vontade para dar o seu depoimento.

— Bem... Gente, eu tenho que falar. Aliás, eu adoro conversar. No hospital onde trabalho, o pessoal gosta de pegar plantão comigo. E, quando é noite de serviço, passa que é uma beleza...

Nesse momento o celular de Beth tocou.

— Mil desculpas. Eu pensei que tivesse desligado. Como é inconveniente, pois toca bem nos momentos em que a gente não pode falar. E é uma praga, a gente não consegue ficar sem atender. Só um minuto, por favor — abriu um sorriso antes de atender, lembrou-se de Milena, sua sobrinha, e sua alegria se fundiu com a preocupação. Consultou o visor e o número era desconhecido. — Alô. Você me ligando? O que aconteceu? — houve uma pausa em sua voz, na sequência seu sorriso desapareceu, e seu rosto assumiu uma expressão triste. Era notória sua angústia, a mão que estava livre percorria o seu peito, era uma visão nitidamente aflitiva. — O que está me dizendo? Eu... — Beth sentiu as pernas tremerem, o coração acelerar. — Como assim? O quê? Não pode ser, meu Deus do céu! Diga que está brincando...

Todos os presentes na sala tomaram para si o tom da ligação e, de forma constrangida, ainda um pouco tímidos com a novata, aproximaram-se na intenção de ajudá-la. Olhavam-se num misto de curiosidade e também de aflição tomada pela situação.

— Eu não vou aguentar. Morreu? Não! — gritou por fim, passando as mãos pelos cabelos e soltando o celular que, como se fosse em câmera lenta, desprendeu-se dos dedos de Beth, dando piruetas lentas, aos poucos deslizando paralelo ao seu corpo, batendo no seu peito, na sua barriga, na barra do vestido florido, e, por fim, antes de se espatifar no chão, amorteceu em sua sandália.

Capítulo I

Um ano antes.

Beth acordou um pouco mais tarde que o habitual. Era sua folga. Depois de um banho demorado, vestiu uma roupa leve e saiu ainda descalça da sua suíte até a sala do seu apartamento. Parou no meio da sala ampla, bem decorada, com um sorriso ajeitou o porta-retratos que tinha sobre o aparador. Em uma foto simples era possível ver Beth entre os homens da sua vida: de um lado Edson, seu marido, do outro, já demonstrando o distanciamento típico de um adolescente, Gabriel. Num segundo e último porta-retratos estava Alessandra, sua filha, abraçada com Luciano, seu genro.

Era folga da empregada, por isso, antes de sair, Beth arrumou uma coisa aqui, outra ali. Como era hábito nos seus dias de descanso do hospital, onde exercia a função de enfermeira, a mulher apanhou os óculos escuros, a chave do carro e saiu com destino certo: a feira.

Simpática, já conhecida por muitos feirantes, Beth conversava com um, ria com outro, reclamava do preço e não deixava de pensar na família, no que cada um preferia, por isso, tratou de comprar algumas coisas extras, como legumes para cozinhar no vapor para o marido no jantar, abacate para Gabriel, morangos para Alessandra, e ainda completou uma segunda sacola para Donária, sua mãe.

— Esses morangos estão bons mesmo? São para minha filha, se estiverem ruins, volto para trocar — brincou Beth rindo com o feirante que, divertido, garantiu a qualidade do produto que estava vendendo.

— São da melhor espécie, sua filha vai adorar...

Feira pronta, compras acomodadas no carro, Beth seguiu o seu roteiro, já planejado desde o dia anterior, quando saíra do hospital.

Não teve dificuldade para estacionar o carro na rua do prédio da filha. Desceu já acenando para o porteiro, que tratou logo de recepcioná-la com o mesmo sorriso.

— Oi, tudo bem? Pode me anunciar para a Alessandra?

O rapaz magro, uniformizado e simpático correu para interfonar à moradora do quinto andar.

— Alô — atendeu Alessandra numa voz sonolenta.

— Oi, é a dona Beth...

Antes de completar, depois de uma pausa, Alessandra gritou:

— Eu não estou. Isso são horas de vir para a casa dos outros? Fala que eu saí. Diz qualquer coisa e fala que só tem a empregada aqui... sei lá, inventa.

O rapaz apertou o fone nas mãos, como se o gesto fosse proteger Beth dos desaforos de Alessandra. Depois de desligar, o porteiro, sem jeito, sem a intenção de magoar Beth, mentiu:

— Não está. Eu... eu falei com a empregada. Parece que saiu.

— Tudo bem. Também eu vim sem avisá-la. Estou sem celular e queria fazer surpresa. Você pode entregar isso para ela?

São morangos. Fruta favorita da Alessandra. Eu vi na feira e não pude deixar de trazer. Estão fresquinhos...

O rapaz, prestativo, apanhou a sacola com a caixa forrada de frutas e se dispôs a entregar. Viu Beth entrar no carro e partir. Não pôde deixar de pensar o quanto Alessandra era ingrata com a mãe, já que não era a primeira vez que presenciara situação como aquela. Mãe e filha e tão diferentes.

Era no quinto andar de um prédio suntuoso que Alessandra vivia com Luciano, seu marido. A fachada era pintada em duas cores, havia piscina, sala de ginástica, salão de festa e tudo mais que um condomínio moderno poderia oferecer.

Alessandra era do lar. Não que fosse avessa à formação acadêmica, a uma carreira, acontece que, depois de casada, havia dois anos, a moça acabou seduzida pelos mimos do marido, o que a fez renunciar ao trabalho, em que ocupava o cargo de supervisora, e romper com o desenvolvimento acadêmico com que um dia sonhara.

Luciano era santista, nascido numa daquelas ruas estreitas do litoral. Filho único da união de um pescador e uma costureira. Inteligente, agarrou as oportunidades que lhe apareceram, as bolsas de estudos, diversos cursos, que redundaram no passaporte para o cargo numa empresa multinacional. Não muito mais tarde, assediado pela concorrência, o moço saltou para o grupo Fidélis & Cia, numa empresa de construção civil, onde passou a ocupar um cargo importante no departamento jurídico, exercendo a função para a qual se preparou e que adorava, que era a advocacia.

Viera para São Paulo logo no início da faculdade, onde conhecera Alessandra no curso de propaganda. Apresentados por amigos em comum, não tardou para oficializarem namoro, noivado e casamento, num curto espaço de dois anos. Luciano vivia em São Paulo, mas sempre em contato com a mãe que, viúva, preferiu, para satisfação de Alessandra, continuar vivendo no litoral, num confortável apartamento presenteado pelo filho.

Alessandra amava o marido, sem dúvida, mas exagerava quando o assunto era apresentá-lo da melhor forma. Em festas, jantares de negócios em que as esposas poderiam acompanhar seus maridos, Alessandra se anulava para deixá-lo brilhar, e, ainda com olhos apaixonados, facilitava os contatos, organizava jantares importantes, cuidava da agenda pessoal dele. A moça fazia de tudo para salientar sua beleza em ternos bem costurados, sapatos engraxados, gravatas novas aliadas às camisas de cores neutras e discretas. Lia revistas de moda masculina, fazia ela mesma as compras das roupas, levava e buscava da lavanderia e, quando tinha necessidade de repor um botão, ela mesma apanhava linha e agulha e tratava de costurar.

Naquela manhã não foi diferente. Munida da cestinha de costura, Alessandra estava repondo um botão numa camisa, no meio da sala ampla, de poucos objetos, quando o interfone tocou. A empregada não estava, e a moça foi atender.

— Alô — atendeu Alessandra numa voz sonolenta.

— Oi, é a dona Beth...

Ao ouvir o nome da mãe, Alessandra foi tomada por uma inquietação. Sentiu um arrepio. Uma voz sussurrou em seu ouvido, e a moça, como se estivesse hipnotizada, repetiu num tom agressivo:

— Eu não estou. Isso são horas de vir para a casa dos outros? Fala que eu saí. Diz qualquer coisa e fala que só tem a empregada aqui... sei lá, inventa.

Alessandra disse isso e desligou. Sentiu a mão trêmula quando voltou para a sala. Foi até a janela e pôde ver Beth, sua mãe, entrando no carro e partindo.

O espírito de um jovem de vinte anos, bem-vestido, de tênis, jeans, jaqueta e cachecol apareceu atrás dela. Aproximou-se lentamente e sussurrou:

— Isso mesmo. Falou direitinho o que eu mandei — depois ele levantou as mãos para tocá-la, mas algo o impediu. Carinhoso, tocou de leve os lábios no ombro direito da moça e registrou um beijo estalado. Neste ínterim, o jovem espírito encorajou-se a abraçá-la, quando a voz de Luciano invadiu a sala, fazendo Alessandra sair da janela e procurar o marido. Tal ação fez a moça cruzar os braços numa sensação de frio.

— Quem era? Estava saindo do banho e ouvi...

— Ninguém — mentiu Alessandra apressada em responder ao marido. Aproximou-se do rapaz e o beijou.

— Eu nem lhe contei. Minha mãe ligou ontem para mim, lá no escritório.

— É? Ela está bem? — perguntou sem entusiasmo, nitidamente por educação, enquanto fazia o nó da gravata do marido.

— Está bem, sim. Ela sonhou que você estava grávida.

— De novo isso? — explodiu a moça se afastando.

— Calma, o que houve, Alessandra?

— Parece que ela faz de propósito, sempre com essas indiretas. Uma hora sonhou, noutra passou numa loja e viu uma roupinha que poderia ser do neto...

— Foi só um sonho que ela me contou.

— Sonho para ela e um pesadelo para mim. Se gosta tanto de criança, por que só teve você? Eu não aguento essas cobranças.

Luciano era complacente ao sentimento da mulher que, até aquela data, já com dois anos de casamento, não havia conseguido engravidar. Em silêncio o rapaz caminhou até ela no intuito de abraçá-la, mas o espírito do jovem se colocou ao lado dela, o que fez a moça recuar e ser hostil ao marido.

— Eu já vou — Luciano despediu-se ao ver a reação da esposa.

— Espera. Eu...

— Depois a gente conversa. Estou atrasado.

— Sua camisa... Você pode ir com essa, eu já arrumei...

— Já estou com esta, estou bem assim — finalizou virando as costas e, depois de quatro passos, fechando a porta da sala.

Alessandra ficou ali, inerte, sentada no sofá, tomada pela tristeza e em lágrimas.

Beth parou o carro próximo ao meio-fio, em frente à casa de sua mãe, e, antes de descer, buzinou como fazia sempre que lá aparecia para visitas. Desceu do carro e apanhou as sacolas que estavam no banco traseiro. Sorridente, a mulher tratou de cumprimentar os vizinhos, muitos, já idosos, conheciam-na desde a maternidade.

Rita, cunhada de Beth, estava no quintal, sobre uma pedra, estendendo roupas no varal, quando a viu chegar e correu para recebê-la. Cumprimentaram-se com beijos no rosto e logo Rita apanhou uma das sacolas para ajudar a cunhada.

— Minha filha, ainda bem que chegou — comentou Estevam indo ao seu encontro. O senhor, com aparência superior aos setenta anos que possuía, lamentou-se: — Você precisa conversar com sua mãe. Acredita que ela jogou fora umas roupas minhas? Está usando o armador da minha rede, que ela escondeu, para pendurar plantas. Pode?

Beth passou por Estevam conversando com a cunhada, sem dar importância para as reclamações do pai.

— Sempre assim, só dá ouvidos para Donária — resmungou o velho caminhando lentamente, mancando de uma perna, logo atrás das duas mulheres.

A casa simples estava instalada no fundo do terreno. Quatro cômodos grandes e preenchidos por mobílias antigas. Lá vivia Donária, mãe de Beth.

Rita abriu a porta da cozinha, usada para acesso à casa. Um cheiro de fritura foi sentido por Beth, o que a fez lembrar-se dos anos vividos naquela casa, ao lado dos pais e do irmão, quando solteira, antes da chegada de Rita e de Milena, sua sobrinha.

O sorriso no rosto de Beth denunciou a sensação de volta ao passado que tinha ali.

— Mãe, tudo bem? — sondou ao ver a cozinha vazia.

— Estou aqui. Já estou indo — respondeu Donária do outro cômodo.

— Melhor do que eu — interveio Estevam entrando no cômodo e sentando-se numa das poltronas. — Beth, bem que poderia arrumar este assento. Está rasgado, e você sabe o quanto eu gosto dele. Lembra que gostava de se sentar aqui, ao meu lado, para ler?

Beth ficou calada e, segundos depois, Donária apareceu, arrastando-se, apoiada numa bengala torta e reclamando da vida. Vaidosa, a mulher usava os cabelos tingidos e curtos que permitiam realçar os seus grandes brincos dourados. Tal cena não impressionou Beth, que já estava habituada ao jeito da mãe.

— Mãe, ainda não melhorou da perna? — indagou depois de abraçá-la. Na sequência começou a examinar a perna da mulher, com cuidado.

— Coisa de velho. Ai, ai, não aperta! Vou morrer assim.

— Não fale assim, mamãe — censurou Beth preocupada. — Isso é coisa da sua cabeça também. Não pode pensar dessa maneira! Visivelmente, parece não ter mais nada, não é, Rita?

Rita estava lavando louça naquele momento, de olho na água que abria fervura para preparar um café. Até então ouvia tudo quieta, com receio de expressar o que pensava, no entanto, com a pergunta, a mulher concordou:

— Sim, já disse para a dona Donária.

— Deixa, quando vocês tiverem a minha idade, se Deus permitir, vão ver o que é ser velha.

— A velha Donária é chata. Só reclama — declarou Estevam no momento em que acendia um cigarro de palha.

Beth riu e tratou de mudar de assunto. Animada, acomodou as frutas que comprara na feira numa fruteira que a mãe tinha próximo ao micro-ondas. Donária sentou-se numa das cadeiras, apoiou os braços sobre a mesa e, demonstrando cansaço, assistiu ao trabalho da filha com as compras feitas na feira.

— Estou sentindo o cheiro de cigarro de palha do seu pai. Como eu não gosto!

Beth ignorou o comentário, tratou de continuar a arrumação. Donária então perguntou:

— E o Gabriel, a Alessandra, como estão os meus netos? Nem se lembram da avó.

— Não diga isso, mãe. A Alessandra ligou para a senhora esses dias, o Luciano me disse. O Gabriel me falou que esteve aqui na semana passada.

— Esteve com a doida da Milena. Mal falou comigo, cumprimentou-me pela janela. Os dois agora estão de amizade.

— Mãe! — repreendeu Beth ao comentário sobre Milena, sua sobrinha, filha de Rita. — Não fale assim da minha afilhada.

Rita, da pia, agradeceu a cunhada com um sorriso, por defender sua filha.

— Concordo com a Donária — opinou Estevam. — Essa amizade do Gabriel com a Milena é muito estranha. Ele não suportava a prima. Desprezava, humilhava quando criança, e agora, quando moça, fica querendo exibi-la para os amigos. Para mim ele tinha era ciúme da prima. Menino egoísta, queria a atenção só para ele.

— Agora Milena está de amizade com o Gabriel por causa do Comédia — informou Donária com cara de nojo. — Está apaixonada pelo amigo do seu filho. Pode alguém ter um nome desse? Não dá para ser coisa séria.

— Comédia é apelido, dona Donária. Beth, você o conhece? — quis saber Rita.

— Sim, amigo do Gabriel. Estão sempre juntos. Muito amigos. Ele é do condomínio também.

— Mais um motivo para não querer sua filha com coisa com esse Comédia. Tenho dó de a minha neta se envolver com um amigo do Gabriel.

— Mãe!

— Não digo mentira. Bem agora que a Milena arrumou um emprego numa loja no Brás. Não duvido se não estiver dando dinheiro para o vagabundo do Comédia.

Beth resolveu ignorar os comentários de Donária e mudou de assunto, tratou de perguntar sobre sua saúde, como estava se sentindo.

— Ah! A Deise Dias ligou — informou Donária entre uma conversa e outra.

— Quem é Deise Dias? — questionou Beth, desconhecendo quem era a pessoa a quem a mãe se referia.

— Sua prima.

Beth fez cara de desentendida. Rita, que no momento coava o café, tratou de explicar.

— Dona Donária está falando da Margarida, sua prima. Ela ligou do interior e disse que agora quer ser chamada assim: Deise Dias.

Beth começou a rir da novidade.

— Essa minha prima, quando penso que já a conheço o bastante, ela vem com novidade.

— E está vindo para São Paulo — continuou Donária. — Não me falou, mas acho que foi presa e agora, solta, quer voltar para cá. Bom, seu irmão falou que ela é a maior trambiqueira que existe. Diz que lê carta, búzios, pedra, areia...

— É o que dizem por aí... — completou o velho Estevam.

— Também a senhora acata tudo o que o Denis fala. Dá muito crédito para o meu irmão — comentou rindo. — Que bom! Margarida de volta. Saudade dela.

— Deise Dias — corrigiu Donária remedando a sobrinha.

Rita e Beth começaram a rir, e Donária comentou, num tom sério:

— Foi o que me disse: "Agora, tia, sou Deise Dias, vejo tudo, e daqui para a frente". Preciso até me consultar com ela. O seu pai insiste em querer dormir comigo.

— Não diz besteira, mãe. O pai já morreu faz vinte anos!

— Sinto ele do meu lado, todas as noites.

O espírito de Estevam na hora levantou-se em fúria, esbravejando:

— Que história é essa? De novo falando de mim. Ignoram-me, fingem que não me veem... agora só se lembram de mim para dizer essas bobagens — saiu da casa batendo a porta.

Tal comentário fez Rita cruzar os braços, toda temerosa. Quando a porta fechou, as mulheres presentes atribuíram ao vento o seu fechamento.

— Conversa com ele, mãe — debochou Beth. — Acho que o seu Estevam quer o seu perdão, dona Donária.

— Perdão! Aquele velho. Não quero vê-lo nem na próxima vida...

Beth riu divertida, provando logo depois o café preparado por Rita. Depois do primeiro gole, elogiou o café da cunhada.

— Já pode casar, cunhada — brincou Beth.

— Sorte dela foi o Denis a querer, ter se casado com ela — balbuciou Donária. — Tanta moça bonita na época...

— Mãe! A senhora está impossível hoje!

Rindo, Beth apanhou um cigarro da bolsa.

— Não vai fumar, né? Herdou essa mania do seu pai, acender um cigarro depois do café, e na minha cozinha! Só falta querer sentar na poltrona velha.

— Não, dona Donária. Não vou fumar na sua cozinha. Eu já tenho que ir. O Denis vem para o almoço? Preciso conversar com o meu irmão.

— Não — replicou Donária rapidamente.

— Tudo bem, depois eu ligo para ele.

Beth apanhou o talão de cheques e preencheu um valor para as despesas da mãe, que era pensionista e não rejeitava a quantia dada pela filha enfermeira. Donária, de onde estava, esticou os olhos para ver o valor e depois, como criança, apanhou o cheque e tratou de guardá-lo no bolso.

A visita se despediu de Donária e, como era de costume, Rita a acompanhou até o portão. No trajeto ainda conversaram um pouco.

— E sua aposentadoria, quando sai?

— Não vejo a hora. Estou ansiosa. Não vou trabalhar mais — revelou Beth sorridente. — Descansar, dedicar-me ao meu marido, aos meus filhos. Estou pensando em comprar uma casinha na praia. Luciano, meu querido genro, já me passou algumas imobiliárias para eu fazer contatos. Já pensou que bom? Vamos nos divertir muito nos fins de semana. Eu vou levar você comigo. Mamãe é capaz que não queira ir. Adora ficar em casa. Se o Denis resolver ficar, pronto, ela não tem mais motivo para sair.

— Eu vou, sim.

— Eu separei umas roupas para você, mas esqueci. Vou pedir ao Denis passar lá em casa e apanhar para você. Ligo para ele lá de casa. Não sei onde coloquei o celular. Percebi ontem a falta dele. Vou ligar e pedir para pegar ainda hoje.

Rita ficou toda satisfeita. Permaneceu ali, no portão, até ver o carro da cunhada desaparecer na primeira esquina.

Capítulo 2

A velha Donária se debruçou na janela do quarto, de onde pôde ver o carro da filha sumir da frente da casa. Com essa certeza, a mulher se despiu da bengala e a acomodou sobre um móvel de aço que tinha na cozinha. A mulher, muito disposta, num quadro bem diferente do que mostrou para a filha, agachou e levantou, deu três pulinhos e sorriu satisfeita. Rita entrou nesse momento no cômodo e ficou olhando para a sogra.

— Maldade, dona Donária. Hoje faltou pouco para eu dizer a verdade para a Beth.

— Que verdade? — inquiriu se fazendo de desentendida.

— Que não precisa mais de bengala, de dinheiro para remédios, que está curada há pelo menos uns dois meses. Até onde vai com essa mentira? Ela não merece isso. Uma filha tão boa, dedicada, numa preocupação...

— Deixa de ser estúpida! Quer que eu dispense a ajuda da Beth? Com esse dinheiro eu posso comprar mais comida para dentro desta casa, ajudar o Denis.

— Ela já ajuda a senhora com um complemento à sua pensão. Não acho justo...

— O que não acha justo? — fez uma pausa rápida e depois prosseguiu: — Quer o quê? O dinheiro que a sua filha ganha é só dela. Ninguém vê. Para mim, como já disse, esse dinheiro vai para o namoradinho que arrumou agora. Esse tal de Comédia. Eu, se fosse você, ficaria de olho. E pare de se preocupar com minha vida e a dos meus filhos.

— Uma exploração o que faz com ela. Fala como se passasse fome.

— Não quer que eu viva do dinheiro que você ganha com a venda das trufas na estação do trem, né? Era só o que me faltava.

— O Denis trabalha, não ganha muito, mas tem contribuído...

— Naquele táxi velho? Ainda se tivesse um carro novo, com ar-condicionado. Ninguém quer pegar aquela lixeira. Estão pagando para ter conforto. Se a Beth não fosse tão pão-dura poderia ter financiado um carro melhor para o irmão.

— Beth foi tão generosa, ajudou o irmão. Se há dois anos ele está com esse carro, é porque gasta o dinheiro com jogos, enquanto poderia pensar em melhorar a ferramenta de trabalho dele, no conforto da família.

— Ei! A sonsa está agora pondo as garras de fora? Não admito isso dentro da minha casa. Falando mal do meu filho, onde já se viu?

— Acho injusto, só isso. Tira de um filho para dar ao outro...

— Sempre fiz isso, desde criança. Eu tratei e eduquei meus filhos assim. Se tinha uma bolacha, eu dividia em duas partes.

Rita respirou fundo e pensou que a maior parte era de Denis. Não disse mais nada.

— Desculpe-me, dona Donária. A senhora tem razão.

A velha deu o assunto como encerrado e foi para o quarto. Rita caminhou até o fogão. Consultou o relógio e correu na preparação das trufas que venderia logo mais na estação do trem.

Rita era tranquila e, se comparada a uma fruta, poderia dizer que era um maracujá, pela calma transmitida. Não era bonita nem boa parideira, pois tivera somente uma filha, Milena, de dezoito anos. Havia vinte anos conhecera Denis no mercado. Ele repositor, e ela cliente. Foi amor desde o primeiro instante. Para ela o bastante para aceitar o pedido de casamento, que se realizou dois meses depois, exatamente quando veio morar na casa de Donária. A mãe do recém-casado estava viúva e, por não ter escolha, já que estava por perder o filho para a nora, aceitou tê-la em casa. Rita sempre tivera o apoio e a amizade de Beth. Como prova de sua gratidão, fez questão de que sua filha fosse batizada pela cunhada. Os anos passaram, o amor e o carinho de Rita por Denis, também. Era contrária a muitas coisas que via acontecer na casa. Se viera morar ali por amor, agora vivia por necessidade. Era uma mulher acima dos quarenta anos, sem muito estudo, pois colocara o amor em primeiro plano e, por fim, acomodara-se naquela vida. Podia ser vista na cozinha, ora no fogão, ora na pia, intercalando a essas atividades também as da lavanderia, já que era responsável pelas roupas da casa.

Donária aceitava Rita por amor ao filho. Sabia que um desentendimento com a nora poderia refletir no filho e na neta, de que tanto gostava. A velha não demonstrava rancor, e depois de um bate-boca era comum vir até a nora pedir um café, que era feito sem reclamar por Rita.

Houve um dia em que Rita sentiu-se angustiada pelas provações de Donária, tanto que pensou em envenenar uma trufa para oferecer à sogra. Só o pensamento fez com que Rita mudasse sua rotina. Saiu de casa com a cesta de trufas para vender na estação do trem, mas desviou o caminho e foi para uma igreja rezar, pedir perdão pelo pensamento.

Naquele dia não foi diferente: minutos depois Donária apareceu na cozinha, pedindo seu café com leite vespertino, como fazia todas as tardes. Rita serviu a xícara da sogra tremendo, pensando no que poderia colocar junto com o líquido para pôr fim àquela angústia. Depois de servir a mulher, Rita pensou que naquele dia não iria para a estação, iria para a igreja se confessar, pedir perdão a Deus pelo pensamento.

O espírito de Estevam apareceu na cozinha naquele momento. Sentou-se ao lado de Donária e questionou:

— Cadê o meu café? Só serve o da Donária? Parece que não gosta de mim.

Donária, como se tivesse sentido a presença do marido, pediu à nora mais uma xícara na mesa. Rita atendeu ao pedido da sogra e colocou uma xícara sobre a mesa, na frente de Estevam, que logo abriu um sorriso.

— Não me olha com essa cara — resmungou Donária. — Sabe que não gosto de tomar café sozinha na mesa, por isso peço outra xícara.

Beth desceu do elevador e ainda no hall apreciou o único vaso de barro com folhagem. Acariciou as folhas suavemente e por alguns segundos sentiu como se estivesse sendo observada. Ainda olhou à sua volta e nada viu. Logo depois apanhou a chave do interior da bolsa e, ao encaixá-la na fechadura, percebeu a porta aberta, encostada apenas no trinco. Teve uma grande surpresa quando acessou a sala e pôde ver Alessandra sentada no sofá, folheando uma revista de moda.

— Filha! Que bom que está aqui em casa!

Alessandra apressou-se em ir ao encontro da mãe. Logo nos cumprimentos a moça desabou a chorar.

— O que houve, minha querida?

— Eu... — tinha dificuldade em falar e apenas abraçou Beth. Sentiu-se segura: — Briguei com o Luciano.

— Por quê? — fez uma pausa e percebeu que o melhor que tinha a fazer era não perguntar, deixar que Alessandra falasse. Sentiu-se emocionada em ter a filha nos braços, pois havia muito tempo não vinha tendo essa intimidade com a moça. — Chora, meu bem, vai lhe fazer bem.

Alessandra desabou. Um alívio instantâneo surgiu fazendo com que pudesse respirar mais facilmente. Sua atual condição facilitou a desabafar-se com Beth.

— A mãe do Luciano. Eu não suporto as pressões dela. Quando me vê, antes mesmo de me cumprimentar, já vem perguntando pelo herdeiro, quando vou dar a ela a alegria de segurar uma criança com o seu sangue. E ela usa a ingenuidade do Luciano para me atingir. Eu já perco a paciência, ataco quem está na minha frente e me torno agressiva com o Luciano...

Beth nada comentou. Era aliada das decisões da filha e a nada a obrigava. Ficaram ali, abraçadas, por alguns minutos. Beth, amorosa, acariciando seus cabelos, tentando dizer palavras de conforto.

Em meio a esse momento de afeto, Alessandra, como se tivesse se lembrado do real motivo que a trouxera à casa da mãe, levantou-se bruscamente e apanhou sua bolsa, de onde tirou as chaves e entregou a Beth.

— Mãe, eu vim devolver as chaves.

— São suas, minha filha.

— Não tem cabimento. Sou casada, tenho minha casa. As chaves são suas, da sua casa. Não quero tirar sua privacidade.

— O que é isso? De forma alguma. Você casou, tem sua casa, mas aqui continua sendo o seu lar. E estará sempre de portas abertas para vir quando quiser — argumentou Beth e devolveu as chaves na bolsa da filha. — Estive no seu apartamento hoje, logo depois que saí da feira. Deixei...

— Morangos — interrompeu Alessandra numa voz triste, como se estivesse arrependida pelo seu comportamento horas antes. — Obrigada, mãe. Eu vi. A cozinheira irá fazer um doce...

— Filha, desculpe-me, espera só um pouco. Tenho que fazer uma ligação para o seu pai. Fiquei de ligar para acertar os detalhes do nosso jantar hoje à noite — contou toda animada, piscando o olho. — Acredita que estou sem celular? Não sei onde coloquei.

Já era para ter ligado mais cedo. Vou ligar agora, espere só um pouco, vou lá dentro pegar o aparelho...

— Mãe, eu já vou. Mande um beijo para o papai e para o Gabriel. Tenho que passar na lavanderia...

Beth desistiu de ir buscar o aparelho e aproximou-se da filha. Tentou convencê-la a ficar mais em sua casa, para um almoço, mas não teve êxito. Despediram-se e Beth resolveu deixar a ligação para mais tarde e acompanhar a filha até o hall. Com o elevador de portas abertas, o telefone tocou.

— Deve ser o seu pai, transmissão de pensamentos. Vou atendê-lo.

— Vai lá. Beijos. Eu vou indo.

Beth beijou levemente o rosto da filha e saiu apressada para atender ao telefone. Alessandra ficou paralisada, percebeu a perna trêmula, tanto que se encostou a uma das paredes do hall. Nisso perdeu o elevador.

O espírito do jovem estava ao seu lado.

— Vai embora sem fazer o que combinamos? Volta lá e devolve as chaves da casa da sua mãe. A casa é dela, não tem por que ficar com essas chaves na sua bolsa. Anda, volta! — ordenava bravo, numa voz elevada. — É incapaz de fazer o que eu mando se não estiver com você? Terá que fazer isso sozinha. É capaz? Eu não boto meus pés na casa dela — revelou numa voz ressentida. — O que está esperando, Le? Anda!

Alessandra testou a maçaneta da porta e percebeu que a porta estava aberta. Entrou rapidamente e na mesma velocidade tirou as chaves da bolsa e as colocou no aparador, ao lado dos porta-retratos. Sentiu os olhos pesados de lágrimas quando saiu da casa. No hall, ainda pressionada pelo espírito do jovem, Alessandra resolveu não esperar o elevador e desceu alguns lances de escadas.

Donária era conhecedora dos horários do filho, por isso nos fins de tarde a velha se acomodava numa cadeira velha, a única restante da época de início de casamento, de madeira pura, para assistir à chegada do filho do trabalho. Ficava ali, atenta. E, quando chegava, Denis era recebido com o portão da garagem e o sorriso da mãe, ambos abertos.

Naquele dia, para surpresa e depois preocupação de Donária, Denis chegou a pé, sem o táxi. O homem, dois anos mais moço que Beth, tinha um rosto jovial e desproporcional ao corpo largo e revestido de uma roupa solta, desbotada. Denis ainda usava a camisa desabotoada até o umbigo, deixando à mostra a barriga saliente. Donária, tomada pelo susto, pois nunca acontecia de vê-lo chegar daquela forma, correu em sua direção.

— O que houve, meu filho? Cadê o táxi? Foi roubado? — interrogou já pensando o pior.

— Não! — disparou nervoso. — O pneu furou e tive que deixar o carro na oficina na rua de baixo.

Rita apareceu naquele instante, tendo numa das mãos a cesta cheia de trufas. Estava distante alguns passos, mas o bastante para ouvir parte da conversa e então resolveu se envolver. Deixou a cesta dentro do tanque e juntou-se ao marido e à sogra.

— O que houve?

— O pneu furou. Ainda bem que estava perto, deixei o carro na oficina...

Rita ficou observando os tratos de Donária, que agia como se o filho tivesse sofrido um acidente.

— E o estepe, Denis?

— Eu tive que usar, lembra-se? Você estava comigo.

— Sim, e estava também com você quando, no dia seguinte, lhe emprestei dinheiro para comprar outro.

Denis ficou encabulado. Donária cortou a conversa:

— Vai cobrar o dinheiro agora, Rita?

— Não estou cobrando. Só não entendi o que houve com o estepe.

— O pior é que estou sem dinheiro agora — lamentou Denis, mudando de assunto. — Já combinei com o cara da oficina. Vou pegar o carro quando tiver o dinheiro.

— Meu Deus, vai ficar sem trabalhar, meu filho. Táxi parado.

— E o estepe? — insistiu Rita num tom sério.

Denis se viu sem saída. O homem ainda esperou alguns segundos para ser socorrido pela mãe, mas não teve resultado. Pressionado, Denis contou a verdade.

— Eu perdi — murmurou.

— Como?! — exclamou Rita.

— Eu perdi — explodiu alto. — No jogo. Satisfeita? Estava com uns amigos no ponto do táxi e a gente fez uma rodada valendo. Eu apostei o estepe e perdi.

— Não posso acreditar nisso. De novo jogando valendo seus bens, dinheiro?

— Foi só um estepe, Rita — defendeu Donária como uma criança medrosa diante da nora.

— Hoje um estepe, amanhã meu marido chega sem o carro, sem roupa. Dona Donária, não é a primeira vez que isso acontece. Quando vai ter juízo, homem? Não é possível que não se emende. Quase cinquenta anos nas costas e agindo como um moleque de quinze — sentiu as lágrimas escorrerem no rosto.

Tal explosão fez com que Denis e Donária ficassem calados. Em meio ao silêncio, Rita apanhou sua cesta de trufas e saiu.

— Rita? — chamou Denis.

A mulher virou-se para o marido, estava nitidamente irritada com ele e a proteção da sogra.

— Fica tranquila, eu vou dar um jeito nisso.

— É o que sempre diz, não é mesmo, Denis? — finalizou saindo.

Donária abraçou Denis. Logo depois, entre as palavras de carinho para o filho, a velha gritou a solução:

— Já sei o que vou fazer. Pega o telefone.

Denis correu em atender o solicitado pela mãe. A velha, sorridente, apanhou o aparelho e ligou para Beth. Fez voz sentida, assim como enrolou até dizer a intenção da ligação.

— Minha filha. Desculpe-me em dizer isso agora. Sei que já me deu a ajuda do mês hoje, mas é que... — fez uma pausa, estudando a melhor forma de abordar a filha.

— O que aconteceu, mãe? — interrompeu Beth nervosa. — A senhora está bem?

— Sim, estou. É que o meu remédio da pressão acabou — mentiu a velha, numa voz fraca, contraditória com o ar de riso e olhar espertos que lançava ao filho. — O médico mandou eu tomar quatro ao dia. Dois pela manhã e dois à noite.

— Que médico foi? Do posto?

— Sim, do posto. Fui ontem. O remédio acabou. Eu fiz as contas com o que me deu hoje e não vai dar para comprar, tive umas despesas extras. Será...

— ... Claro, mãe. Amanhã eu passo na sua casa.

— Não! — gritou rápido. — Eu vou pedir para o Denis passar na sua casa. Hoje. Tudo bem?

— Ok. Pode passar. Por que não pede para ele trazer a receita. Posso conseguir desconto na farmácia.

— Não, melhor não. O Denis pega o dinheiro com você hoje e já compra no caminho. Já me ajuda na compra do medicamento e não vou incomodá-la em ter que ir comprar.

— Tudo bem. Acho que vou sair à noite com o Edson, mas espero o Denis — concordou. — A Alessandra estava aqui em casa, mãe. Acabou de sair.

— É mesmo? — perguntou sem interesse.

Falaram ainda mais uns dois minutos, o bastante para Donária dizer o valor que precisava e a ligação foi encerrada.

Donária estava radiante. Piscou o olho e sorriu para o filho. Denis correu para abraçá-la.

— É a melhor mãe do mundo! — elogiou-a ao rodá-la nos braços.

— Vai agora pegar o dinheiro com a sua irmã — ordenou desfazendo-se do abraço. — Ela tem sobrando. Me deu uma ninharia. Não dá nem para a primeira semana. Ganha tão bem, tem casa própria, não tem despesas, por isso poderia ajudar mais a gente — fez uma pausa, riu e completou num tom sério para o filho: — Vai, meu lindo, vai buscar o dinheiro para o remédio da pressão da sua mãe.

Capítulo 3

Beth, depois da ligação de Donária, descansou o telefone sobre o aparelho. Abriu as cortinas e deixou a claridade do dia arejar o quarto espaçoso e bem decorado. Consultou o relógio e, antes de deixar o cômodo, apanhou a bolsa, de onde tirou o talão de cheques. Estava pronta para preencher o cheque para a mãe quando consultou a carteira e resolveu dar o valor em dinheiro para Donária.

Depois de guardar o valor num envelope, Beth ligou para Edson, seu marido. Já era tarde e não tivera ligação dele. Discou o número do celular do marido e, sorridente, esperou ser atendida.

— Alô!

— Edson! Oi, tudo bem, pode falar?

— Estou numa reunião, dois clientes importantes para a Fidélis...

— Tudo bem — assentiu Beth. — Falamos depois.

— Eu liguei para você no celular. Não atendeu, o que houve?

— Acho que o perdi. Não o encontrei. Já olhei no carro, liguei no hospital e nada.

— Tudo bem, a gente se fala depois. Agora não posso mesmo — pausa — Beth? — perguntou ainda ansioso por ser ouvido. Depois da confirmação de que a ligação não tinha se encerrado, ele prosseguiu: — O nosso jantar. Temos que cancelar. Esses investidores que estão comigo são do Rio de Janeiro. Tenho que apresentá-los num coquetel, ainda combinei de deixá-los no aeroporto.

— Sei, entendo — concordou Beth sinceramente.

E a ligação foi encerrada.

Beth foi até a sala e pôde ver sobre o aparador as chaves deixadas por Alessandra. Apanhou-as e apertou-as na mão. Sentiu um aperto, como se naquele momento o cordão umbilical tivesse sido rompido. Apreciou o porta-retratos com a foto da filha e do genro, e foi tomada pela tristeza do acontecimento.

Edson Souza tinha a mesma idade de Beth. Era charmoso, voz serena, preocupado com o avanço dos anos. Nos últimos meses, depois de ter sido demitido da empresa onde ocupava um bom cargo, Edson se viu envelhecido diante do espelho e sem perspectiva profissional. Foi neste ínterim que Luciano, seu genro, que era diretor na empresa Fidélis, convidou-o a ocupar um cargo de importância. Incentivado por Beth, Edson aceitou o emprego prontamente. E isso o rejuvenesceu, deu ânimo à sua vida profissional e também à pessoal, pois tivera o prazer de, logo nas primeiras semanas, conhecer Lia Fidélis, sobrinha do dono da empresa, que também fora trabalhar no mesmo departamento que o seu.

A princípio, Edson fugia dos encontros com Lia, mas passou a acompanhá-la nos almoços e foram também nítidos os olhares prolongados entre os dois, por isso não tardou um envolvimento maior. Lia preferia jantares, noites num hotel, sem preocupação com as horas, mas se contentou com o almoço, visto ser conhecedora do estado civil de Edson.

Por fim, naquele dia estava em um dos vários almoços que já tivera com Lia, quando o telefone tocou e Edson atendeu a esposa.

— Alô!

— Edson! Oi, tudo bem, pode falar?

— Estou numa reunião, dois clientes importantes para a Fidélis...

— Tudo bem — assentiu Beth. — Falamos depois.

— Eu liguei para você no celular. Não atendeu, o que houve?

— Acho que o perdi. Não o encontrei. Já olhei no carro, liguei no hospital e nada.

— Tudo bem, a gente se fala depois. Agora não posso mesmo — pausa — Beth? — perguntou ainda ansioso por ser ouvido. — O nosso jantar. Temos que cancelar. Esses investidores que estão comigo são do Rio de Janeiro. Tenho que apresentá-los num coquetel, ainda combinei de deixá-los no aeroporto.

— Sei, entendo — concordou Beth sinceramente.

Edson desligou o aparelho e o jogou sobre a mesa do restaurante. Lia esticou a mão sobre a de Edson e perguntou quem era.

— Beth.

— Eu ouvi. Que bom, parece que já deu um jeito de a gente se ver logo mais, após o expediente.

Edson sorriu. Lia aproximou-se do rosto dele e o beijou.

O restaurante ficava numa esquina, estilo colonial, madeira, cortinas de renda, toalhas brancas e bordadas, as paredes eram bem revestidas e havia vidro entre as colunas, o que lhe dava o clima aconchegante e permitia apreciar o movimento agitado dos paulistanos pelas ruas.

O garçom aproximou-se da mesa e serviu a Edson uma dose do vinho numa taça. O homem saboreou e, depois de aprovar, pediu para servir. Enquanto isso, Edson tirou uma caixa de um dos bolsos do paletó e abriu na frente de Lia. Os olhos da mulher brilharam ao ver o conjunto de joias, composto de colar e brincos de ouro branco.

— Que lindo! — exclamou Lia radiante.

A mulher segurou as mãos de Edson e um novo beijo, ainda mais demorado, aconteceu.

Gabriel estava na calçada, assistindo ao encontro do pai com a amante pelo vidro do restaurante.

O espírito de um jovem que estava ao lado de Gabriel instigou sorridente:

— Não vai fazer nada? De novo vai ficar só olhando? Você e a Alessandra são irmãos mesmo. Passivos! Reage, vamos! Entra lá e vira a mesa...

O jovem Gabriel não passava despercebido. A beleza que carregava era herança dos pais. Do corpo explodiram músculos, resultado das lutas marciais e das aulas de natação que fizera durante anos. Não era de muitas falas, sempre quieto, de olhar expressivo. Bem-vestido, cobria o corpo com roupas benfeitas, caras e de marca, tudo patrocinado por Beth. Gabriel chegara ao mundo com o sentimento de que não era bem-vindo, por vezes presenciou as brigas de Edson e Beth a seu respeito, de que não fora planejado. Em silêncio, a dor desse sentimento ganhou força com a chegada da adolescência. Tivera a oportunidade de conhecer todo tipo de pessoas e não demorou em atrair o que não acrescentaria nada em sua vida, no entanto, o prazer do convívio e a possibilidade de aprender algo de que pudesse tirar vantagem eram muito atraentes.

— Olha só o que eu tenho pra gente. Gosta? — perguntou Gabriel logo depois que saiu do mercado, acompanhado de Comédia, seu amigo.

Comédia estava um passo à frente e, ao ouvir o amigo, parou e girou o corpo rapidamente. O sorriso sumiu do rosto quando viu

Gabriel erguer a jaqueta e deixar à mostra o salgadinho escondido junto ao corpo.

— Cara, como fez isso? Pegou o salgadinho sem pagar? — perguntou admirado, ansioso pela resposta, já que tinha Gabriel como um ídolo.

— E sem ser visto — gabou-se o jovem. — Fácil. Qualquer hora eu lhe ensino. Agora vamos sair daqui. Vamos à praça, lá poderemos comer tranquilos.

Comédia sentiu o abraço de Gabriel em volta do seu ombro e sorriu. Seguiram juntos pela calçada estreita, rindo de uma coisa e de outra.

O amigo de Gabriel era um ano mais novo, e essa diferença de idade não impediu a amizade entre os jovens. Comédia era o seguidor de Gabriel e por isso a amizade, que nascera na infância, logo saiu do condomínio, no início da adolescência, e ganhou os subúrbios, os pontos escuros, atrás de companhias duvidosas, de aprendizagens ruins.

Os amigos seguiam assim, animados, risonhos, pelas calçadas, em direção à praça, quando Gabriel foi quase hipnotizado, atraído a olhar no interior de um restaurante da esquina. Lá, encostado na vidraça do restaurante, o jovem pôde ver Edson, seu pai, acompanhado. E não era a primeira vez que via aquela cena. Passar por aquele restaurante e olhar o seu interior havia se tornado um vício para o filho caçula de Edson.

A primeira vez que Gabriel viu seu pai acompanhado, através da janela, ainda sorrindo, pensou tê-lo visto acompanhado por uma cliente, num almoço de negócios. Ao vê-los descontraídos, pensou ser amizade. E, ao observá-los trocando carinhos, beijos e palavras ao pé do ouvido, o rapaz despertou, concluindo que a mulher era amante do seu pai. O moço ficou transtornado, mas soube disfarçar para seu amigo Comédia a decepção.

Comédia, apressado, adiantou os passos e não notou a tristeza do companheiro que ficara preso na vidraça do restaurante, assistindo, sem ser visto, ao trecho do encontro amoroso do pai.

E, como da primeira vez que vira o pai naquela intimidade, Gabriel soube disfarçar. Recuou da janela enojado, sentindo tontura, respirou fundo e pediu que Comédia fosse à frente e pegasse um lugar. Comédia atendeu ao seu pedido sem questionar ou mesmo perceber a alteração do humor do comparsa. Gabriel ficou ali mais um pouco, paralisado, pensando no que fazer. Ora cogitava a ideia de entrar e surpreender o pai, ora pensava em ligar para Beth, sua mãe, e lhe contar o que estava presenciando, e que não era a primeira vez. Angustiado, o garoto levou as mãos à cabeça.

— Vamos, rapaz! Reaja! — o espírito de um jovem, o mesmo que acompanhava Alessandra, sussurrava no ouvido de Gabriel. — Diga o que acha, vai, entra lá dentro e faz alguma coisa. Você e a Alessandra são dois fracos. Como você pode ver o seu pai traindo sua mãe e não se manifestar?

Gabriel foi indiferente aos comentários jogados em seus ouvidos e saiu correndo em direção à praça em busca do Comédia.

— Esquece. Você não vai conseguir influenciá-lo — aconselhou Rosa, mulher de voz suave, numa vestimenta leve.

— Você de novo?

A mulher sorriu. O jovem espírito, irritado, prosseguiu:

— Lógico que vou conseguir. Se consigo com a Alessandra, logo esse otário vai ser induzido por mim também. É questão de tempo. Viu como ele já ficou com a minha presença?

— Perturbado? — Rosa manteve a leveza do início do encontro, serena ainda diante do desconforto do jovem espírito.

— Viu só? Perturbado! — repetiu entusiasmado. — Esse menino me adorava, me imitava, não duvido que logo vai me obedecer.

— Está tentando usar dessa admiração que o Gabriel teve um dia por você para dominá-lo? Até quando vai incomodar a vida dessa família? Não é hora de seguir o seu caminho, procurar sua luz...

— Bobagem! Quanta bobagem. Me esquece. O seu divertimento é me aporrinhar, é isso?

— Eu quero o seu bem — ao perceber o jovem espírito alterado, Rosa resolveu se retirar, mas antes completou: — Gabriel tem nas mãos a chance do perdão, mas não consegue ainda exercer esse ato. O assunto entre ele e o Edson é de outra ocasião. Em nada sua presença poderá interferir. Quanto a você, ainda há tempo de mudar isso. Pense a respeito — finalizou e sumiu diante dos olhos do espírito do jovem, sem que ele pudesse ponderar.

O espírito do jovem, não contente e certo do seu poder, seguiu pela rua esbarrando em todos que vinham à sua frente, até encontrar Gabriel na companhia de Comédia. O filho de Beth estava feliz, rindo, como se nada tivesse acontecido. Por esse motivo, o jovem espírito, nitidamente exausto, desapareceu.

Gabriel procurou esquecer o episódio a que assistiu minutos antes. Tirou do bolso um celular, exibindo-o para o brilho dos olhos de Comédia, que ficou admirado.

— Que lindo! Último modelo...

— Encomenda. Já tem dono.

— Você comprou quando? Nem me contou.

— Eu não comprei. Era da minha mãe.

— Presente? E já tem dono? Como assim? Vai vender o celular?...

— Muito curioso. Com este celular eu vou conseguiu uma grana para sair com a Mari — relatou rindo, virando o celular numa das mãos, como se tivesse ali uma pedra valiosa. — Mariana Fidélis já está no papo, Comédia. Agora só preciso de um presentinho, e a minha priminha e também sua namorada vai arrumar isso para mim.

— A Milena? — perguntou assustado.

Gabriel era oportunista e soube tirar proveito quando percebeu o interesse de Milena em ficar com Comédia. Milena era bonita, trabalhava numa loja no Brás, e apaixonada por Comédia. Gabriel propôs à prima amizade com o intuito de ajudá-la a conquistar seu amigo, o que não foi difícil, pois Comédia ficou fascinado pela prima do amigo. Na primeira oportunidade e necessidade, Gabriel cobrou a primeira parcela do encontro que proporcionou entre ela e o seu amigo.

— É. A Milena vai me ajudar nisso... — respondeu gargalhando.

Gabriel jogou o corpo para trás e sorriu, no mesmo momento em que fechou os olhos e, por alguns segundos, recapitulou o encontro que tivera com Milena, sua prima, no dia anterior, na plataforma do trem:

— Você está louco? — gritou Milena no último encontro com Gabriel.

— Vai comprar uma roupa, e capricha, é para presente. A Mari merece — completou rindo. — E uma marca legal. Não me vem com trapo...

— Como vou fazer isso? Não tenho grana para comprar. Você tem mesada...

— Aquela miséria que a dona Beth me passa não dá nem para pisar na calçada do restaurante que a Mari frequenta.

— Gabriel, eu não tenho como ajudá-lo. Só recebo na outra semana e já vou deixar metade da grana em lojas perto do meu trabalho. Tive que comprar umas peças para minha mãe e para a vovó. Tenho também a prestação do celular...

— Se vira, dá os seus pulos — gritou Gabriel. — Está na hora de demonstrar gratidão pelo que já fiz por você, não acha? Ou vai querer ficar sem o Comédia? Você que sabe, ele é meu amigo e, fácil, fácil, ele pode olhar para outra menina. Lógico que não vou deixar isso acontecer, se você for minha amiga.

Milena saiu apressada, assustada com a proposta do primo. E pôde, ainda de longe, ouvir a última recomendação dele:

— Não esquece, prima. A peça tem que ser linda. Quero na minha mão até amanhã.

Gabriel abriu os olhos, voltando ao presente, e ainda sorrindo fitou Comédia saboreando o salgadinho. Depois fechou o celular nas mãos e confidenciou a Comédia:

— Amanhã eu vendo o celular e com o presente nas mãos vou encontrar minha princesa. A Milena vai me ajudar com o presente. É aniversário de namoro com a Mariana. Não posso desapontá-la.

— Você gamou mesmo nela. Nunca o vi assim.

Gabriel passou o braço pelo pescoço de Comédia e, num gesto de brincadeira, demonstrou sua felicidade.

Gabriel conhecera Mariana havia exatamente três meses, num rodeio no interior de São Paulo. Lá, já tomado por bebidas e na companhia de Comédia e mais três amigos, Gabriel tratou de se divertir na festa típica da cidade. Sozinho, amigos dispersos pelos atrativos do local, Gabriel encostou num poste improvisado, com uma bebida na mão, e colocou-se a apreciar as estrelas, quando um grupo de garotas passou. Uma delas voltou e mexeu com ele.

— A fim de um papo?

Gabriel olhou atentamente e replicou:

— Se a moça souber pedir com jeito...

— O moço pode me dar a honra de uma prosa?

— Com jeitinho assim, difícil não aceitar.

— Mariana é o meu nome e o seu? — perguntou toda espontânea.

— Gabriel é o meu nome.

— Pode me chamar de Mari, é como me chamam.

Ficaram ali, sob o céu estrelado, conversando, e os beijos foram inevitáveis. Mariana foi apanhar mais bebida e deixou sua identidade cair, daí a oportunidade para Gabriel descobrir seu sobrenome: Fidélis. Ainda que já alterado pela bebida, o jovem se recordou do seu rosto no meio publicitário e também de quem era filha. A herdeira do grupo Fidélis. Minutos depois a moça voltou e Gabriel já estava com o documento estendido em sua direção.

— Obrigada! Nossa, nem percebi.

— Caiu quando você saiu.

Mais tarde, Gabriel especulou:

— O que faz da vida? Um rosto lindo...

— Modelo. Já fiz alguns trabalhos...

Não demorou e Gabriel teve a confirmação de quem ela era filha. Moça bonita, carente e já apaixonada. Ali foi o primeiro dos vários encontros que tiveram no decorrer daqueles três meses.

Foi o encontro da paixão com o interesse.

Comédia amassou nas mãos o pacote de salgadinho, e o gesto fez Gabriel despertar para o presente, para a praça onde estava com o amigo. Na sequência, guardou o celular no bolso. Comédia não deixou de brincar:

— Meu amigo está apaixonado. É isso. A fim da modelo riquinha, filha de empresário. Vai dar o golpe do baú. Casar e ficar cheio da grana.

— Não — refutou num tom sério que assustou Comédia. — Eu não vou me casar. Vou conseguir esse dinheiro de outra forma, e mais rápido. E você e a Milena vão me ajudar.

Capítulo 4

Denis chegou, todo esbaforido, à portaria do prédio onde Beth morava. Cumprimentou o porteiro como se fossem velhos conhecidos e, depois de anunciado, o homem tomou o interior do condomínio. Usava uma camisa aberta sobre um jeans surrado e os pés eram apoiados por uma sandália de borracha. Entrou no elevador todo simpático, fazendo com que a senhora que lá estava se encolhesse no canto do minúsculo espaço. Denis tentou puxar algum assunto, mas foi praticamente um monólogo, pois as respostas eram curtas e frias. Depois que a mulher desceu, Denis fez uma careta e, já sozinho no elevador, o irmão de Beth se colocou na frente do espelho. Arrumou os cabelos e abotoou a camisa, já se prevenindo das broncas da irmã por andar relaxado.

— O cunhado está aí? — perguntou Denis logo que foi recebido, em meio aos beijos que a irmã distribuía em seu rosto.

— Não, o Edson não chegou ainda. A gente ia jantar, mas está preso numa reunião.

— Reunião?

— Lá vem você com suas insinuações.

Denis não deu sequência. Com a ausência do cunhado, ele se sentia à vontade, tanto que abria a geladeira, servia-se sem que lhe fosse oferecido. Conversando com a irmã, devorava o que via pela frente.

— E a mãe, como está?

Denis balbuciou algo que Beth não entendeu e pediu que repetisse.

— A mãe está ótima!

— Achei que não estivesse. Parece que estava ruim quando me ligou... Achei a voz dela fraca...

— Sim, estava quando eu saí — consertou Denis tentando disfarçar. — Vai tomar o remédio e fica boa rápido.

— Você não acha melhor a gente levá-la ao hospital? Pode ser grave.

— Nada! — afirmou convicto e depois disfarçou: — Vou ficar de olho, minha irmã. De olho na dona Donária. Bem, eu já vou indo...

— E o carro, como está o táxi?

— Não estou conseguindo pegar muitos passageiros. Eles preferem carros com ar-condicionado.

— Você é igualzinho à mamãe. Quando eu financiei, há dois anos, eu expliquei que não tinha condição de um carro melhor. Combinamos que, com o dinheiro que fosse conseguindo, iria juntar para trocar...

— Não deu. Despesas e mais despesas, você sabe como é.

— Você tem jogado, Denis? — perguntou desconfiada.

— Lá vem você com esse papo. Não, eu não tenho jogado — mentiu e disfarçou apressado: — Agora eu vou, porque tenho que passar na farmácia — fez uma pausa pequena e prosseguiu ao ver a irmã lhe entregar o envelope: — Será que tem como me arrumar algo a mais?

— O que houve?

— Tenho que pagar o seguro do carro. Este mês não deu. Como lhe contei, não foram muitas corridas...

Beth, sem discutir, deu ao irmão uma quantia em dinheiro. Sentia pena dele, da situação em que vivia e se dispôs a ajudá-lo, e não só a ele, mas a todos os seus para amenizar as dificuldades.

Já no hall, à espera do elevador, Beth se lembrou das roupas que havia prometido para a cunhada. Denis, pouco depois, agradecido, entrou no elevador acenando para a irmã, tendo nas mãos uma sacola cheia de roupas. Antes de chegar ao térreo, no interior do elevador, o homem olhou no interior da sacola e comentou em voz alta:

— Tudo roupa velha! Por isso que deu para minha mulher. Já falei pra Rita, o dinheiro que ela gasta em remendar, ajustar essas roupas, poderia comprar novas...

Por fim a porta do elevador abriu no térreo e ele riu. Estava satisfeito, conseguira o dinheiro para comprar o estepe e ainda sobrara para um joguinho com os amigos no ponto do táxi.

Alessandra chegou a sua casa esgotada fisicamente, ainda sob influência do espírito do jovem que a acompanhava. Resolveu subir cinco andares pela escada, rejeitando o elevador.

Logo que abriu a porta, jogou a bolsa sobre um móvel da sala e afundou seu corpo cansado no sofá. Lá, exausta, num misto de arrependimento e alívio por ter devolvido as chaves do apartamento de Beth, Alessandra começou a chorar. Frágil, a moça encolheu o corpo no sofá como se fosse uma criança indefesa.

Ali mesmo no sofá a jovem adormeceu e só acordou quando a tarde já se despedia. Abriu os olhos lentamente e percebeu o cair da tarde através do vão das cortinas que enfeitavam as janelas da sua sala. Levantou-se com certa dificuldade, com o corpo dolorido. Depois de apreciar o movimento da rua, Alessandra consultou o relógio. Faltava aproximadamente uma hora para Luciano voltar para casa. Então a moça foi até o aparelho de som, conectou nele um pen drive e segundos depois sintonizou uma música que explodiu no cômodo e a fez sorrir.

O espírito do jovem estava por ali. Depois que Alessandra adormeceu, ele foi ao encontro de Gabriel e ficou nitidamente aborrecido com a presença e os conselhos de Rosa, espírito de luz, e também por não conseguir influenciar o filho de Beth. Por esse motivo, tomado por um esgotamento, o espírito voltou para a casa de Alessandra.

Assim que ouviu a música, o jovem espírito, que estava amuado no canto da sala, acompanhando os movimentos de Alessandra, levantou-se eufórico e balbuciou:

— Nossa música?

— Nossa música — repetiu Alessandra, como se soubesse da presença do jovem ali. A moça sentou-se no sofá e acomodou uma das pernas sobre uma almofada enquanto abraçava outra carinhosamente. — Por onde você anda, Rafael?

— Aqui! Estou aqui, meu amor. Do seu lado — o espírito do jovem Rafael explodiu de contentamento ao perceber que fazia parte das lembranças de Alessandra e também pelo seu nome ter sido lembrado.

— Nossa música! Ainda me lembro como elegemos nossa música...

Os dois falaram quase ao mesmo tempo, emocionados, tomados pelas recordações. Rafael disparou:

— Nos discos da minha mãe. Primeiro rimos, criticamos o estilo, a capa do vinil. Anos setenta! Depois nos apaixonamos pela música e a elegemos como da nossa história.

— Éramos felizes, apaixonados.

Rafael começou a se aproximar da moça. Foi neste instante que Alessandra percebeu a maçaneta da porta mexer. Era Luciano chegando. Alessandra abaixou a música e foi receber o marido. Rafael ficou ali, desconcertado, inerte, assistindo aos beijos afetuosos de Luciano com a esposa.

No dia seguinte, logo pela manhã, Beth e sua família saboreavam o café da manhã. Beth, apressada como todos os dias, nem se sentou à mesa para tomar seu desjejum. Aproximou-se da mesa e cumprimentou Edson, que lia jornal, e depois beijou o rosto de Gabriel, que estava alheio ao cenário, usando boné e fones de ouvidos enquanto saboreava um suco de laranja acompanhado de bolachas. Tal comportamento irritava Edson, mas a situação era amenizada por Beth, que justificava a idade como razão da atitude do filho caçula.

— Você poderia pelo menos ter o respeito de tirar o boné, Gabriel — repreendeu Edson quando se viu sozinho com o filho.

Gabriel não deu importância. Beth logo voltou, apanhou uma torrada e, depois de consultar o relógio, intimou:

— Cinco minutos.

— A hora que você quiser — Edson assentiu dobrando o jornal e se voltou para Gabriel: — Pode se apressar? Sua mãe está nos fazendo um favor de nos dar carona. Hoje é dia de rodízio...

Por anos foi assim: um dia da semana, quando havia rodízio de veículos, Beth dava carona para o marido e o filho. Nos outros dias, Edson, por ser caminho, levava Gabriel até a faculdade.

— Bom, vou descendo então. Vou tirar o carro e espero vocês em frente ao portão principal. Assim já vou adiantando. Tenho que pegar umas correspondências na portaria.

— Você ainda não encontrou o seu celular?

— Não. Não faço ideia do que houve. Vou ter que comprar outro...

— Sua prima ligou. A Deise Dias. Fiquei sem saber quem era, depois me disse que era a Margarida — começou a rir. — Sempre com as dela. Avisou que semana que vem estará em São Paulo. Ligou no seu celular e deu caixa postal — abaixou o tom de voz como se não tivesse satisfação em dar o outro recado. — Sua cunhada também ligou.

— A Juliana ligou? Por onde anda?

— Pelo mundo. Não é o que tem feito depois que pegou a parte dela da herança?

— Sua irmã, Edson. Até quando vai tratá-la com essa indiferença? Só porque ela é filha de um segundo casamento da sua mãe? Não é motivo para esse desprezo todo.

— Se assim fosse, minha mãe não teria pedido desculpas pela aventura que tivera depois da viuvez. Aventura que resultou na dona Juliana.

Beth preferiu não dar continuidade à conversa. Finalizou dizendo que estava descendo para apanhar o carro. Logo que Edson a viu sair, implicou com o filho:

— Você ouviu? Vai apanhar sua mochila e vamos, ou prefere ir andando?

— Já estou indo.

— O senhor fala? Incapaz de um bom-dia... Bem, fico feliz que tenha voz.

Gabriel não revidou a ironia do pai e foi para o quarto apanhar seus pertences. Edson, percebendo a demora do filho, foi chamá-lo. Para sua surpresa, viu o rapaz mexendo no celular de Beth. Entrou no quarto do filho e, com ingenuidade, sorriu ao perguntar:

— O celular da sua mãe? Onde você o encontrou? Vamos descer e entregar para ela...

— Agora é meu — retrucou num tom seco, ainda rodando o aparelho nas mãos, sem nenhuma preocupação em esconder de seu pai.

— Seu? Como assim? Não entendo. Você viu o desespero da Beth em localizar o celular que sumiu de uma hora para outra... — fez uma pausa e aos poucos começou a perceber a situação que estava vivendo. Depois, num impulso, Edson puxou o aparelho das mãos de Gabriel. O jovem, mais rápido ainda, pegou-o de volta defendendo que o aparelho era seu.

— Você roubou o celular da sua mãe?

— Pense o que quiser.

— Meu Deus, acorde-me deste pesadelo. Não posso acreditar que você roubou a sua mãe.

— Preciso de dinheiro para resolver umas paradas.

— E você fala assim, com essa frieza, apanhando os objetos da casa, da sua mãe? Você está enganando sua mãe? O que está havendo? Hoje celular, amanhã o que será?

— Melhor a gente ir descendo. Ela já está nos esperando.

Gabriel foi andando, quando Edson, assustado com a indiferença do filho, segurou-o pelo braço e, depois de apertá-lo, jogou-o sobre a cama. Edson tinha as mãos trêmulas.

— Você vai entregar o celular para sua mãe agora. Vou ligar na portaria e pedir para ela subir — Edson discou o número e aguardava ser atendido, quando, ainda nervoso, disparava para o filho: — Estou diante de um desconhecido. Roubar?! Enganar sua mãe?

— Não sou o único.

— Como?

— Pede para dona Beth subir que a gente conta para ela tudo, inclusive que não sou o único a enganá-la. Se quiser, eu mesmo posso contar sobre sua amante.

— Amante?

Edson desligou o celular e deixou o braço cair inerte ao lado do corpo. Sentiu-se atordoado, com o chão se abrindo à sua frente.

— Digo o restaurante, quem é, as joias que ganhou quando saboreavam um vinho. Numa reunião, né? — insinuou irônico.

— Não pode falar isso... — emendou num tom baixo, já assumindo o romance fora do casamento.

— Verdade, não posso falar — fez uma pausa, ajeitou a mochila nas costas, depois soltou: — A mamãe também não precisa saber do celular.

— Acho que a gente precisa conversar.

— Esquece. Bem, temos um trato, certo? Se bem que o que é um celular perto do que vem fazendo com a dona Beth? — ainda tomado pelo sarcasmo, Gabriel finalizou: — Acho melhor a gente ir andando. A mamãe não pode ficar esperando muito tempo lá embaixo. Pode ser multada e não quero que nada de ruim aconteça a ela.

Capítulo 5

Um dia antes, por volta das dezoito horas, Milena saiu da galeria onde trabalhava como vendedora. Era uma loja pequena localizada numa galeria simples, situada nas redondezas do bairro do Brás. A moça estava muito cansada, mas seguiu o roteiro de todos os dias: trem mais lotação e alguns passos para chegar a casa onde morava com seus pais, Rita e Denis, e sua avó, Donária. A jovem tinha o rosto cansado e as mãos agitadas, que constantemente apertavam as alças da bolsa onde havia o dinheiro contado para a condução, um guarda-chuva, um saco plástico, a marmita vazia e mais alguns pertences. Com ela levava também uma preocupação: a ameaça de Gabriel, seu primo.

Ao chegar a sua casa, a moça fora recebida por Donária, assim que abriu o portão. A velha, ainda que com todos os defeitos, dizia gostar da neta. E esse amor cresceu quando a menina começou a trabalhar, pois, nos dias de pagamento, por conhecer a avó vaidosa que tinha, Milena trazia para ela acessórios, como brincos e correntes douradas que encontrava com preço à altura do seu pequeno salário. Acontece que, no último salário, Milena não presenteou Donária. A avó da menina entendeu isso como descaso e associou o ocorrido à amizade recente com Gabriel e ao namoro com Comédia, o qual não aprovava.

— Menina, você abre o olho. Amor deixa a gente boba.

— Está bem, vó. A gente conversa depois — disparou Milena visivelmente cansada.

A moça seguiu para o interior da casa acompanhada por Donária e seus discursos. Ainda no banheiro, enquanto a moça sentia a água do chuveiro suavemente na pele, podia ouvir Donária falando do outro lado da porta. Num certo momento a moça não deu mais atenção, pois lembrou-se de Gabriel.

Antes de dormir, ainda na sala, calada e ao lado da avó e do pai, Milena recebeu de Rita uma xícara de chá e os carinhos de uma mãe zelosa.

— Minha querida, melhor descansar. Amanhã acorda cedo. Já ajustou o seu relógio? A Beth está tão orgulhosa de você...

— A Beth mima demais esta menina — observou Donária.

— É possível fazer silêncio nesta casa? — soltou Denis irritado. — Na hora da novela eu não posso abrir a boca...

A afilhada e sobrinha de Beth nada disse. Tinha muito carinho pela tia e não considerava os comentários da avó. Percebia que era puro e simples ciúme. Quanto a Denis, estava acostumada com suas grosserias.

Milena teve dificuldade para dormir. Trocou algumas mensagens pelo celular com Comédia, antes de fechar os olhos. Quatro horas depois, no meio da madrugada, quando todos dormiam, a moça despertou. Arregalou os olhos e o silêncio da casa a fez chorar. Saltou da cama e abriu a porta da cozinha, com acesso ao quintal.

— Nada como o silêncio da noite e a presença das estrelas para refletir — resmungou o espírito de Estevam na sua cadeira, com um cigarro entre os lábios.

— Nada como a noite e o seu silêncio.

Tal confirmação fez o espírito de Estevam se sentir ouvido.

A neta de Donária sentou-se no degrau de cimento e ficou pensativa, com o olhar perdido na pedra existente no terreno, que servia de degrau para a mãe estender as roupas. Naquele momento Milena recordou-se da sua infância, quando via sua mãe nessa cena, enquanto ela, na mesma posição onde estava, sentada no degrau, brincava com suas bonecas. Como era feliz. Depois recapitulou o sonho que tivera pouco antes de despertar. Gabriel estava nervoso, gritando, exigindo, queria o presente para dar a sua namorada, do contrário tiraria Comédia da sua vida.

Milena não fora uma criança bonita, mas a juventude dera contornos, beleza ao seu corpo. Usava os cabelos sempre presos, ora em forma de coque, ora como rabo de cavalo, mas jamais soltos. Queria se sentir amada, o que era algo distante da sua realidade. Todas as suas paixões eram platônicas. Por isso tinha a autoestima na altura do rodapé. E tudo mudou quando Gabriel apresentou à moça o seu amigo Comédia. Pela primeira vez sentiu os seus olhos observados com ternura. Milena percebeu-se viva, vista, e não tinha intenção de perder Comédia, por essa razão temia a ameaça de Gabriel.

— O que eu faço? Como vou conseguir comprar um presente para a namorada do Gabriel? — perguntou a si mesma num tom de voz que o espírito de Estevam pôde ouvir.

— Você não trabalha numa loja? Pega lá — sugeriu Estevam.

Foi então que a ideia surgiu na cabeça de Milena, que começou a amadurecê-la. Sua fragilidade e seus pensamentos confusos atraíram os pensamentos de Estevam, um espírito perdido.

Estevam ficou orgulhoso por ter auxiliado a neta, só não sabia as consequências daquele ato. Havia anos sentia-se rejeitado. Sabia da sua condição e não a aceitava. Interferir nos pensamentos da neta o fez sentir-se útil.

Vencida pelo cansaço, Milena foi dormir. Acordou com o som estridente do despertador. Pensou em jogá-lo na parede, mas lembrou-se dos seus planos, o que incluía chegar cedo ao trabalho. Depois do banho, trocou-se rapidamente. Munida de uma tesoura, a moça arrancou, com todo cuidado, a etiqueta de uma de suas roupas e guardou no bolso. Apanhou ainda uma caixa de presente, que, cuidadosamente, desmontou e acomodou numa sacola. Tomou um café rápido e aceitou a carona de Denis até a estação de trem.

Milena chegava sempre atrasada e, naquele dia, para surpresa da coreana, dona da loja, chegou bem adiantada. Milena cumprimentou a dona e correu em acomodar seus pertences no armário que tinha num quartinho nos fundos da loja. O lugar era minúsculo, mas cabia tudo, pois era o canto da máquina de costura, do micro-ondas para aquecer a marmita, do armário e também servia para armazenar o estoque. E ali, no centro do quartinho, a moça não deixou de apreciar as peças existentes.

A sugestão de Estevam voltou a sua memória:

"— Você não trabalha numa loja? Pega lá."

"Preciso achar um modelo igual ao de uma loja de grife. Já sei qual peça vai servir... Tem modelo que a imitação é perfeita."

Passou a manhã assim, ensaiando, recapitulando, pensando em como faria para obter uma peça da loja e fazer com que ela se passasse por uma original, vendida num shopping.

A loja era pequena e ela era a única vendedora. Quando não havia clientes na loja, a moça limpava as gôndolas, organizava as peças de roupas nas prateleiras, às vezes também fazia alguns ajustes nas roupas com o auxílio de uma máquina de costura que tinha no quartinho dos fundos. Milena era habilidosa com costura, pois aprendera o ofício com Donária, ainda no início da adolescência, e levava jeito. Ter essa experiência ajudou a moça a conquistar o emprego.

Milena tinha oportunidade para conversar quando saía para fazer algum serviço para a dona da loja, pois então via outras meninas no corredor da galeria e trocavam alguns assuntos, mas tudo rápido. A coreana falava português com dificuldade, por isso só gesticulava e, na maioria das vezes, ficava sentada vendo filmes da sua terra natal. Havia ainda um segurança da galeria, que se instalava na frente da loja. Sua voz era pouco ouvida, e Milena mal o cumprimentava.

Faltava uma hora para o almoço quando Milena recebeu uma mensagem de Gabriel pelo celular.

"Tudo certo, prima? O presente na minha mão daqui a uma hora."

Milena lembrou-se de Comédia e se encorajou. Ainda pensou em pegar fiado, mas a coreana era categórica neste assunto e só dava a mercadoria quando via o dinheiro. Foi até o quarto dos fundos, onde se encostou ao micro-ondas e começou a observar o estoque. Minutos depois apanhou rapidamente uma das peças que tinha como a melhor na loja e jogou sobre a máquina de costura. Tirou do bolso a etiqueta de uma de suas blusas, que fora presente de Beth no último Natal, e colocou-a sobre a peça da loja onde trabalhava. Antes de se sentar à máquina, Milena verificou a coreana na mesma posição, vendo seus filmes, e a loja estava às moscas. Por ser prática comum os ajustes que Milena fazia, a dona da loja não estranhou o barulho da máquina de costura e, em poucos minutos, a blusa apanhada no estoque da loja da coreana estava etiquetada com a marca de uma loja do shopping.

Milena suava, estava temerosa. Não tinha dinheiro para comprar a roupa como o primo havia exigido, por esse motivo apanhou a peça da loja, colocando em risco seu emprego e sua liberdade, por amor a Comédia. Pensara em pedir ajuda para Beth, tanto que ligou para o celular da tia, mas deu caixa postal, e a moça entendeu como um sinal para resolver a situação à sua maneira. A menina, astuta, acomodou a peça no fundo de uma sacola, a mesma onde havia uma caixa desmontada. Colocou por cima, para camuflar, um sapato que tinha no armário, que comprara noutra ocasião e que não servira nos seus pés.

Munida da sacola com o presente e a bolsa no ombro, Milena, numa voz temerosa, anunciou à dona da loja que iria fazer sua hora de almoço. Não houve reação alguma da coreana, que permaneceu na frente da tela da TV portátil, almoçando. Deu dois passos certa de ter vencido um obstáculo, mas, quando colocou o pé fora da loja, foi abordada pelo segurança da galeria, que perguntou:

— Moça?

Milena fingiu não ser com ela e deu mais dois passos. Foi nesse momento que notou uma mão sobre o seu ombro. Sentiu um tremor ao pensar em virar o corpo. Apertou a alça da bolsa junto ao corpo como se fosse um escudo para protegê-la. Virou o rosto lentamente ao alcance da mão do segurança, e pôde ver a mão gorda, negra, com cutículas ressaltadas prendendo o seu ombro. Percebeu nesse momento um fio de suor frio descer pelas suas costas.

No carro, estacionado em frente ao condomínio onde morava, Beth aguardava pelo marido e pelo filho. Aproveitou para retocar a maquiagem com o auxílio do espelho retrovisor. Naquele momento pensou em Milena e sentiu saudade, pois, desde que a moça começara a trabalhar, os contatos ficaram restritos ao celular. No entanto, por estar sem ele naqueles dias, não teve como ligar para a sobrinha.

Poucos minutos depois, Beth pôde ver o marido saindo da portaria do prédio. Estava elegante, ajustando a gravata. Logo atrás, Gabriel seguia os passos do pai, indiferente à pressa, ao horário. O rapaz tinha nas mãos um iPod e sintonizava algumas músicas.

Beth sorriu ao vê-los entrar no carro e deu partida. Puxou conversa com o marido, já que Gabriel tinha nos ouvidos um fone e ouvia músicas. A mulher não teve muitos retornos, pois Edson estava ainda preso à discussão que tivera com o filho pouco antes, quando da descoberta da sua amante e do celular roubado por Gabriel. Diante do silêncio do marido, Beth, sempre compreensiva, calou-se.

Edson estava aterrorizado com o comportamento de Gabriel e também incomodado com o jeito como o rapaz, que ocupava o banco de trás do veículo, o olhava pelo espelho retrovisor. Havia no rapaz um riso cínico, como se deixasse claro que o pai estava em suas mãos. Edson, por conta disso, colocou os óculos escuros e fixou o olhar no horizonte. Temia qualquer comentário de Gabriel.

Beth deixou o filho na porta da faculdade. O rapaz, diferentemente dos dias anteriores, beijou a mãe e bateu sutilmente no braço do pai, dizendo antes de descer do veículo:

— Tenha um bom dia, papai.

Minutos depois, Beth encostou o carro no meio fio e Edson desceu. Antes, gentilmente, como um marido apaixonado, talvez na intenção de aliviar a culpa, beijou levemente os lábios da esposa.

Beth sentiu-se emocionada, agradecida pelo dia, pela sua família, pelo comportamento do seu filho. E assim seguiu seu destino, grata pela presença dos homens da sua vida. Só não sabia do que cada um era capaz de fazer.

— Moça? — repetiu o segurança apertando ainda mais o ombro de Milena. Ao vê-la se virar, prosseguiu: — Essa caneta é sua?

— Não, não, obrigada — respondeu quase num sorriso, sentindo o seu coração acelerado.

Logo depois, sem se estender, Milena apressou os passos sem olhar para trás. Na rua, seguiu em direção ao metrô. Como se estivesse numa competição, no intuito de cumprir o menor tempo, a moça saiu se esquivando de um e de outro, de vários objetos, até, finalmente, conseguir achar o banheiro público. Lá se trancou num reservado. Sentiu nojo do cheiro e procurou prender a respiração. Rapidamente, montou a caixa de presente e depois acomodou a peça furtada da loja onde trabalhava. Ficou mais uma vez pensativa se estava fazendo a coisa certa. Resolveu ligar para Comédia.

— Alô — atendeu numa voz sonolenta. — Milena! Que bom que me ligou! Estava dormindo...

— Eu o atrapalhei, desculpe-me.

— Não. Eu já deveria estar de pé. Preciso falar com o seu primo logo mais.

Houve uma pausa.

— Estava pensando em você — revelou Milena, amorosa.

Ele riu satisfeito.

— Amor, a gente pode se falar depois? Como já disse, preciso conversar com o Gabriel.

— Tudo bem.

— Beijos e juízo, mocinha.

— Te amo!

A ligação já tinha sido cortada.

Milena, apaixonada, crente no amor correspondido, sentiu-se confiante em seguir com o plano. Logo que saiu do banheiro e tomou o sentido rumo às catracas, viu Gabriel, sorridente, vindo em sua direção. Sentiu pavor ao vê-lo.

Capítulo 6

Alessandra, ainda durante o café da manhã, ao lado de Luciano, jogou o aparelho de telefone sobre a mesa.

— O que foi, Alessandra?

— Não consigo falar com minha mãe — pausa. — Eu me esqueci de que ela está sem celular e em casa ninguém atende, já deve ter saído. Eu precisava saber se chegou o boleto da renovação da revista que eu assino.

— Por que não transferiu para nossa casa?

— Ela não quis. Não conhece dona Beth, sempre querendo a família por perto?

Luciano riu e sugeriu:

— Precisamos marcar um almoço aqui em casa com a Beth, o Edson e o Gabriel.

O espírito de Rafael se manifestou ao lado de Alessandra, visivelmente aborrecido, e ditou no ouvido dela, que rapidamente disparou ao marido:

— Não! Dona Beth, não!

— Alessandra, é sua mãe! — disse ele observando o rosto transtornado da esposa. — Sua família! Não vejo você recebê-los aqui. Seu pai e o Gabriel têm aparecido mais, enquanto a Beth...

— Ela tem uma vida corrida. Outro dia a gente pensa nisso.

Luciano percebeu que não agradou a esposa com a intenção de aproximá-la da mãe, então mudou de assunto.

— Minha mãe comentou de vir passar uns dias aqui em casa.

— Sua mãe? O que houve? — questionou preocupada, pois não tinha intenção de receber a sogra. — Não acho bom agora, pois tem me questionado muito sobre os netos que tanto deseja...

Compreensivo, Luciano pousou uma das mãos sobre a de Alessandra e, numa voz paciente, voltou a um assunto delicado:

— Não acha bom a gente procurar um médico? Abandonamos antes mesmo dos exames aquele médico indicado por sua mãe. Penso que uma criança agora poderia aproximar ainda mais nossa família...

Alessandra, influenciada pelo espírito de Rafael, explodiu com outro "não". Começou a gritar, a dizer que não suportava tanta pressão, cobrança...

Luciano se calou e correu para abraçar a esposa. Quando a sentiu calma, consultou o relógio e se preparou para sair.

Alessandra abraçou o marido e pediu desculpas pelo desequilíbrio. O diretor da empresa Fidélis, com os olhos, demonstrou carinho pela esposa e a apertou em seus braços, saindo depois de beijá-la.

A moça, ainda emotiva, debruçou na janela do apartamento, como fazia na maioria das vezes, para ver o carro do marido passar pela cancela do condomínio. Quando o viu saindo, Alessandra correu até o banheiro.

No banheiro, de porta fechada, Alessandra obedeceu à orientação de Rafael:

— Pega agora o remédio, anda, Le.

A moça foi até o cesto de roupa e, no fundo do armário onde as roupas sujas eram armazenadas, pegou uma caixa de anticoncepcional.

— Isso, minha querida, agora toma.

E assim Alessandra fez, como já vinha fazendo havia muito tempo.

Gabriel, logo depois que Beth o deixou na porta da faculdade, ficou ali parado, vendo o carro tomar distância. Indiferente ao fato de ter furtado o celular da mãe, o jovem só pensava no rosto do pai confirmando o seu envolvimento com outra mulher.

O sinal soou e fez Gabriel despertar para o presente. Assistiu às três primeiras aulas ansioso para logo mais se encontrar com Milena na estação do metrô. Passou uma mensagem para a moça:

"Tudo certo, prima? O presente na minha mão daqui a uma hora."

Durante alguns segundos, imaginou o rosto assustado da moça ao ler a mensagem, situação semelhante ao momento em que estava na plataforma do trem e a intimou para conseguir o presente para sua namorada. Isso fez o jovem, cruelmente, rir.

Na hora do intervalo, Gabriel saiu disparado, ignorando as aulas que faltavam. Destino: estação do metrô, ao encontro de Milena.

Gabriel chegou ao local esbaforido, mas ao ver a prima abriu um sorriso. Quem não o conhecesse, e não soubesse do que era capaz, teceria somente elogios a sua beleza.

O jovem, cínico, estendeu os braços ao ver Milena encolhida, encostada numa coluna do metrô. Pensou consigo:

"Até que é bonitinha, não fosse esse jeito medíocre do subúrbio. Sempre com esse cabelo preso, ensebado..."

Gabriel, ao se aproximar, desfez o gesto do abraço, pois não era a sua vontade abraçá-la. Ainda assim, aproximou-se da prima para beijá-la no rosto, sentiu um perfume suave, agradável. A moça, ligeira, afastou-se, impedindo o beijo.

Milena, como se estivesse diante de um estranho, entregou a sacola nas mãos do primo e girou o corpo indo embora.

— Calma, prima! E a vovó, tia Rita, tio Denis, como estão todos?

— Vai pro ...!

— Calma, prima. Só está retribuindo um favor para o seu primo.

A moça saiu apressada, sem olhar para trás. Gabriel ficou sorrindo ao gritar:

— Obrigado, prima — depois saiu feliz da vida, levando com ele o presente de Mari Fidélis.

Na hora do almoço, Beth resolveu visitar Donária. Estava preocupada com a saúde de sua mãe. Estava dirigindo quando dobrou a esquina e viu a mãe toda enfeitada, com uma blusa solta sobre a bermuda justa e apoiada num salto alto. Os brincos dourados que Donária usava pareciam ainda maiores e mais reluzentes quando expostos ao sol. Donária estava eufórica, ao lado de mais duas vizinhas e amigas, pronta para sair.

Beth tirou os óculos escuros para ter certeza de que era a mãe e, assim que encostou o veículo em frente a casa, disparou, antes de sair do carro:

— Mãe! Que bom, já está melhor?

Donária ficou toda desconcertada. Rapidamente pediu para as amigas irem na frente que as encontrava depois. Ficou paralisada esperando a filha saltar do carro, quando respondeu:

— Estou ótima! Por que não estaria?

— Pressão. Estava preocupada. Pensei que, se não estivesse melhor, poderia levá-la ao médico.

— Bobagem. O Denis poderia me levar ao médico se precisasse.

Beth abriu um sorriso diante da preferência declarada da mãe por Denis, o caçula. Foi então que Beth fez um comentário que irritou a mãe:

— Mãe, está toda elegante. Cabelos tingidos... — fez uma pausa e riu ao observar a cara feia de Donária ao falar dos cabelos: — Isso é tão comum. Da sua idade não tem ninguém com os cabelos pretos...

— Se veio para me ofender, pode voltar.

Beth, ainda rindo, abraçou a mãe com carinho e a beijou. Abriu o portão e seguiu para o interior da casa. Rita logo veio recepcioná-la.

— Cunhada, que surpresa boa! — afirmou ao cumprimentá-la. — Obrigada pelas roupas, adorei.

— Tudo grande, roupa maior que o defunto — resmungou Donária, sem que as outras ouvissem.

— Minha filha, que bom ver você. Precisamos conversar — manifestou-se Estevam sentado na varanda da casa, mas não houve retorno. A porta foi fechada e o velho ficou sozinho.

No interior da casa, Rita, na cozinha, preparava algo para a visita. Donária ia começar a reclamar quando Beth percebeu o tamanho do salto que a mãe usava:

— Mãe, estava esperando me contar a novidade!

— Qual?

— Que sarou da perna! Notei logo que cheguei. De salto, caminhou até em casa sem se queixar. Como estou feliz pela sua recuperação!

— Na verdade, minha filha, eu não...

Rita interrompeu.

— Também fiquei contente, Beth. Acho que foram as minhas novenas. Dona Donária não tem mais nada na perna.

— Agora é só controlar a pressão... — concluiu Beth, nitidamente feliz com a recuperação da mãe. Tanto estava feliz que não percebeu o olhar fuzilador de Donária para Rita. — Mãe, vou usar o telefone.

— E para quem vai ligar?

— Vou falar com a Juliana, minha cunhada. Ela me ligou, mas não consegui falar com ela. Deixou recado com o Edson.

— Essa menina perdida. Só você para dar atenção a ela.

— A senhora é do time do Edson, contra a moça? Ela sempre tratou a senhora tão bem. Pelo que me lembro, sempre bajulou muito Juliana, principalmente quando a presenteava nas voltas das viagens que fazia. Ela não gostava muito da Rita, mas acabou se aproximando.

Rita riu ao se lembrar do carinho que tinha pela moça. Donária fez uma careta diante dos comentários da filha e prosseguiu:

— Ligação a cobrar, né?

— Não, não vou ligar a cobrar. E fica tranquila que eu pago a conta.

A velha abriu um sorriso como se estivesse diante de um prêmio.

— Não será a primeira vez que a Beth paga uma conta desta casa — acrescentou Rita.

— Só peço que não fume dentro da minha casa — recomendou Donária, ignorando o comentário da nora. — Tenho horror a cigarro, me faz lembrar do seu pai. Aliás, não vejo a hora da Margarida Deise chegar.

— Eu também, mãe.

Beth foi até o aparelho de telefone antigo, de fio, preso à tomada perto do sofá, e discou para a cunhada. Dois toques depois, Juliana, muito amável, atendeu toda saudosa e emocionada em razão do tempo que não se viam.

— Me conta, e as novidades? — perguntou Beth eufórica. — Tentei falar com você, mas só deu caixa postal.

— Vivi os últimos meses no Canadá. Antes fiquei um período em Jericoacoara, onde me envolvi com um rapaz. Estou trabalhando numa agência de publicidade — começaram a rir e Juliana continuou: — Ele é jornalista, mas recebeu um convite para ser modelo de uma loja de roupas sociais, ternos. Depois ele voltou para São Paulo.

— Resolveu acompanhá-lo?

— Depois do trabalho a gente se afastou. Um amor de verão — finalizou rindo.

— Agora está de volta para revê-lo? — perguntou também sorrindo.

— Não — a resposta foi rápida. — Não tinha intenção de voltar, só que descobri algo que me fez procurá-lo.

— O quê? — perguntou Beth diante da pausa. Naquele momento Beth lembrou-se da última vez que tivera o prazer de ver a cunhada, por quem tinha muito carinho. Fora ao aeroporto, no intervalo de uma conexão de voo. Beth tinha muita preocupação com a moça, pois a via tão frágil, inclusive fisicamente. Juliana era magra, cabelos curtos, bem-vestida, mas sozinha, rejeitada pelo único irmão, daí a proteção de Beth para com a moça.

— Estou grávida, cunhada. Resolvi voltar para me encontrar com o pai do meu filho. Estou na cidade, preparando-me para procurá-lo.

Beth ficou paralisada com a notícia. Temia a reação de Edson. Depois relaxou, parabenizou a moça pela gravidez e soube ainda mais alguns detalhes da notícia. Juliana finalizou assim:

— Faço questão de que você o conheça, Beth. Vou combinar um almoço para a gente.

Beth, ainda se recuperando da novidade, pousou delicadamente o telefone no aparelho. Contou a novidade para a mãe e para Rita. Saboreou um café, apanhou um cigarro e, atendendo à recomendação de Donária, foi fumar na varanda.

— Beth! Que bom que veio falar com o seu velho pai! — entusiasmou-se o espírito de Estevam ao ver a filha chegar com um cigarro entre os dedos.

— Você ainda insiste em fazer contato? — perguntou Rosa, espírito de luz, que apareceu no mesmo instante.

— Não acredito. Você? Pensei que tivesse me esquecido. Por que não volta para onde estava?

— Fazia contato com outros irmãos ainda perdidos — abriu um sorriso. — Eu não vou desistir de você. Não tenho como. Logo vai me entender — fez uma pausa e prosseguiu, num tom mais baixo: — Resistente como o Rafael.

— Consegui contato com a minha neta, Milena, ontem à noite — orgulhou-se Estevam.

— Sabe que não pode fazer isso, não sabe? As consequências...

Estevam se irritou, não quis ouvi-la, levantou-se angustiado, com dificuldade, e saiu correndo pelo quintal.

Beth não fazia ideia do que estava acontecendo à sua volta, seus pensamentos estavam ainda na conversa que tivera com Juliana. Grávida! Temia a reação de Edson, que já a rejeitava e nutria um sentimento de hostilidade pela irmã. Por isso considerou ser melhor não comunicá-lo ainda.

Na cozinha, aproveitando que Beth estava na varanda fumando, Donária revirava a bolsa da filha sob as severas críticas da nora. Rita não se conformava com a situação:

— Não faça isso, dona Donária. Mexer nas coisas da Beth.

— Fica quieta! Depois do que fez, não merece minha consideração. Fique de olho na porta — cochichou a velha.

— Não gostou porque eu não confirmei sua mentira? Não me arrependo. Um absurdo. Eu já deveria ter tido coragem antes. Me faz passar por cada situação por conta dessa dor na perna que não existe. Agora larga essa bolsa.

A mulher, teimosa, não atendia a nora. Pouco depois, Beth, sem ter ouvido nada da conversa entre as mulheres na cozinha, entrou no cômodo, sorridente. Ficou surpresa ao ver Donária apalpando sua bolsa:

— Mãe, procura alguma coisa?

A velha congelou. Rita fez ar de riso e pensou:

"Finalmente a máscara dessa pobre senhora vai cair".

Capítulo 7

Meia hora depois de apanhar o presente com Milena, Gabriel pôde negociar o celular numa loja de aparência suspeita. Já estava saindo quando recebeu uma ligação de Mariana para encontrá-lo logo mais no shopping. O jovem desligou o celular, sorridente.

Quando Gabriel chegou ao local combinado, de longe viu Mariana Fidélis sentada num banco, folheando um livro. Chegou por trás dela e, num gesto inesperado, beijou-a na nuca, assustando a moça.

Mariana era uma moça simples, avessa ao rótulo de herdeira do tentáculo milionário formado pelo pai, e até mesmo distante da fama que as passarelas trouxeram para sua vida. Era muito bonita, ainda assim não sabia dizer se a sua popularidade era por causa da sua beleza ou pelo dinheiro que possuía. A jovem não se preocupava com isso, principalmente naquela fase, em que estava perdidamente apaixonada por Gabriel. E, ao perceber-se diante dele, a moça foi sincera:

— Menino bonito! — depois o beijou. — Que saudade de você!

— Mais do que eu? — perguntou Gabriel num tom romântico, dissimulado, que seduziu ainda mais a jovem. — Ah! Isso é seu. Parabéns pelo nosso aniversário de namoro!

Entregou o presente à moça, que o abriu com alegria, ansiosa para saber o que era. Ficou fascinada com o modelo. Levantou-se, colocou sobre o corpo, expressou o quanto gostou, beijou o namorado. Ela presenteou o rapaz com uma camisa.

— Vamos almoçar? Hoje é por minha conta — disse Gabriel.

— Estive pensando. Podemos comer um lanche?

— Lanche? Para comemorar o nosso aniversário? Pensei que quisesse...

— Sim, é o que quero. O principal eu já tenho, que é você.

Gabriel vibrou com a proposta. Sentiu-se no dia de sorte.

Já estavam fazendo a refeição, quando houve um silêncio que incomodou Gabriel. Então ele perguntou:

— Tudo bem?

— Sim — pausa. — Na verdade eu fico sem graça de falar isso. Bobagem. Deixa para lá, depois resolvo.

— Não, agora quero saber. O que houve?

Mariana ficou resistente em revelar, mas Gabriel, entre os beijos, convenceu-a:

— Eu adorei a blusinha. Meu número. Acertou em cheio — Mari olhou para o rosto de Gabriel e sentiu receio de continuar. — A cor, não gosto desta cor. Viu só? Bobagem.

— Só trocar, meu bem — murmurou todo carinhoso, bem diferente do Gabriel habitual. — Resolvido, tem uma loja no shopping em que estamos. Vamos tomar o nosso lanche e depois trocaremos a roupa. Fácil! Se todos os problemas fossem este.

— Não vai ficar chateado comigo? Não gosto de amarelo, nesse tom. Acho melhor ficar com a peça. Um presente seu. O primeiro...

— De muitos. De muitos outros que logo virão — prometeu Gabriel.

Terminaram a refeição animados. Gabriel pouco falava de si, preferia ouvi-la, saber sua rotina, já seus sonhos, amores, o quanto ela estava apaixonada, ele desconsiderava. O que Gabriel almejava era saber a rotina da casa, os horários, quantas pessoas moravam nela, quantos seguranças. Por isso Gabriel, em meio a um assunto e outro, especulava, e a moça, muito apaixonada, não percebia as intenções do jovem.

Gabriel não ansiava levar aquele relacionamento por muito tempo. Tinha outros planos. Mas Mariana, já tomada pelo amor incontrolado por ele, pensava em namorar, noivar, casar, pensava até em ir morar com Gabriel em um dos seus apartamentos espalhados pelo Brasil.

Percorrendo os corredores do shopping, Gabriel e Mariana localizaram a loja para efetuar a troca da mercadoria. Mariana, na porta da loja, mostrou resistência, mas Gabriel insistiu em trocar a peça, para agradar a moça.

Uma vendedora esguia, de cabelos multicor, veio atendê-los. Usava uma camiseta curta, simples e enfeitada com a etiqueta da loja sobre o jeans alvejado e rasgado em um dos joelhos, nos pés era possível observar uma sandália de duas cores, salto plataforma. Tinha voz de adolescente sonolenta, enquanto o rosto já denunciava a sua passagem pelos trinta.

— Bem-vindos. Posso ajudá-los?

Gabriel entregou a peça para a moça e informou que se tratava de uma troca. A moça fechou a cara, pediu para aguardarem e desapareceu no interior da loja. Mariana ficou fascinada com os diversos modelos expostos nas araras. Gabriel foi até ela. Foi neste momento que a vendedora voltou com a peça nas mãos:

— O senhor comprou nesta loja esta blusa?

— Sim — ficou desconcertado diante do questionamento e completou: — Não, na verdade, minha prima fez isso para mim.

Mariana, que se distanciava vendo outras peças, voltou ao notar Gabriel sendo questionado:

— Algum problema?

— Não — respondeu Gabriel beijando de leve os lábios da moça. Depois perguntou para a vendedora: — O que houve?

A vendedora, vagarosamente, analisou a peça e depois, sem nenhuma pressa, o que deixou Gabriel ainda mais irritado, chamou o gerente, que apareceu todo descontraído, mas mudou a fisionomia ao ver a blusa que o casal pretendia trocar.

— Comprou nesta loja?

— Vão perguntar quantas vezes isso? Quer chamar todo mundo para eu responder uma vez só? — explodiu Gabriel de tal forma que assustou Mariana.

— O senhor me desculpe, mas este artigo não é da nossa loja — revelou o gerente, assustado com a reação do rapaz.

O gerente pensou em chamar o segurança ao ver o artigo falsificado nas mãos, no entanto a vendedora adiantou-se, com a finalidade de acalmar o jovem.

— Sugiro que o senhor verifique com sua prima onde foi comprada a peça... Com a nota fiscal.

Gabriel não armou uma briga em razão da presença de Mariana, e por perceber que a alteração da sua voz já chamava a atenção das pessoas que circulavam pelos corredores daquele andar do shopping.

Mariana saiu puxando o amado, pedindo-lhe calma. A saída do casal foi observada pelo gerente e pela vendedora, que não deixou de comentar:

— Aquela ali, se não me engano, é a Mari Fidélis — correu até o balcão, apanhou uma revista numa pilha enorme e, como se estivesse marcada, apresentou a foto da moça estampada numa pose sensual sobre um barco. — Que escândalo! Já pensou se a imprensa flagra essa situação?

Mariana puxou Gabriel pelo braço até o elevador. Teve que segurá-lo, pois ele ameaçava voltar à loja. Por fim, quando as portas se abriram, a moça entrou arrastando o namorado e acionou o andar do estacionamento.

— Meu querido, não fica assim. Depois conversa com sua prima... — sugeriu Mariana sorridente, indiferente à situação. A moça abriu os braços e, ao acarinhar o rosto do namorado, foi surpreendida pela reação explosiva de Gabriel. O jovem, muito agressivo, segurou os braços de Mariana e a jogou contra a parede do elevador forrada de espelho. O impacto foi forte o bastante para trincar o espelho, e Gabriel pôde se ver todo deformado, com os olhos vermelhos. Rapidamente, vendo Mariana em choque, Gabriel se transformou no bom rapaz de antes e se aproximou carinhosamente de Mariana, beijando-a enquanto pedia desculpas. Mariana não demorou a perdoar-lhe e aceitou os beijos do moço.

Gabriel procurava conter a raiva que sentia, quando seu celular tocou. Era Comédia, mas ele desconsiderou. No momento pensava:

“Aquela suburbana me paga por essa. Não vai ficar assim”.

A câmera do circuito interno do elevador registrou a primeira agressão de Gabriel contra a jovem Mariana.

Beth repetiu a pergunta para a mãe, desta vez num tom desconfiado:

— O que está procurando, dona Donária?

Donária ficou toda desconcertada e Rita a salvou:

— É que eu vi uma reportagem sobre bolsas e comentei com a sua mãe — mentiu Rita com desenvoltura, ao ver Donária toda trêmula, sem saber o que fazer. — Parece que será...

— É isso mesmo! — afirmou Donária tomando fôlego, depois desconversou. — Beth, sua bolsa é linda! Bem que podia me dar uma assim...

Beth começou a rir, já convencida das justificativas. Ela pediu uma sacola, que logo foi entregue por Rita. Beth esvaziou a bolsa, colocou seus pertences dentro da sacola e presenteou Donária com a bolsa. A velha insistiu que não precisava, que não queria... mas dois minutos depois saiu desfilando com a bolsa encaixada no ombro, feliz da vida, mexendo todo o corpo sobre o salto alto. Tal movimento fazia com que os brincos grandes e dourados se movimentassem ainda mais. Rita e Beth riam da apresentação.

Depois que Beth foi embora, quando Rita viu o carro se perder numa das ruas movimentadas do bairro, Donária correu até a nora.

— Viu minha bolsa nova? — perguntou com a empolgação de uma adolescente. Fechou a cara ao ver Rita silenciosa e prosseguiu: — Que cara é essa? Está brava porque ela não deu a bolsa para você?

— Que filha maravilhosa Deus lhe deu. Espero que a Milena seja assim.

— Não faz mais que a obrigação dela.

Rita resolveu sair de perto da sogra, mas depois de dois passos voltou e cobrou:

— Deveria me agradecer. Eu a salvei. A Beth pegou a senhora no pulo do gato.

— Nada! — abriu um sorriso. — Tudo bem, um dia quando precisar pode contar comigo...

— Tenho certeza de que, se estivesse num precipício e precisasse da sua ajuda, você me empurraria. Espero não precisar.

Donária, séria, logo confessou:

— Boa ideia! — fez um breve silêncio e continuou: — Aí ficaremos quites. Não esqueci que contou para Beth que estou bem da perna.

— E não está?!

— Era um dinheiro a mais que estava entrando em casa. O Denis...

— Em casa? Dona Donária, estamos a sós aqui e bem sabemos que esse dinheiro era bem-vindo para aproveitar as tardes com suas amigas, nos bingos e sabe lá onde...

— Isso não é da sua conta.

Donária examinou a bolsa, em seguida, pensativa, concluiu:

— Se bem que poderia me dar uma nova. Bolsa usada...

Rita balançou a cabeça. Estava desistindo de entender a sogra.

— Penso e não entendo esse tratamento, esse desprezo. A Beth não merece...

— Eu não a desprezo! Você não sabe de nada para sair julgando. Quando chegou aqui, quando entrou por aquele portão — apontou para o portão de madeira já com sinais da presença de cupins —, nossas vidas já existiam. Você entrou numa história já começada e não tente compreendê-la.

Rita ficou apreensiva, nunca vira Donária falar daquela forma. O silêncio parou no ar e Rita viu a sogra se esconder por um dos cômodos.

No carro, Mariana guiava em silêncio, atenta ao trânsito. Nos momentos livres, apreciava o rosto taciturno de Gabriel. A moça não guardava mágoa, ela o amava muito, por isso relevou a atitude que tivera no elevador. Só mais tarde, depois de deixar Gabriel na porta do seu prédio, quando estava no seu quarto se preparando para o banho, Mariana viu as marcas roxas pelos braços. Estava no clímax da paixão, seu amor era muito grande naquele momento, o bastante para ignorar a existência das manchas, então abriu um sorriso no momento em que mergulhou na banheira de espuma. Gabriel não saía dos seus devaneios.

A moça pensou em ligar para o namorado, mas preferiu deixá-lo em paz.

Gabriel passou pelo portão do condomínio esmurrando o que via pela frente, e não entrou em sua casa de forma diferente. Nervoso, o rapaz jogou a mochila sobre o aparador, sem se importar com o estrago que fez ao lançar os porta-retratos ao chão. Em seu quarto, Gabriel não tinha outro pensamento a não ser se acertar com Milena. Estava tomado pela ira, com uma respiração acelerada, impaciente, estalando os dedos, demonstrando toda sua ansiedade. Em meio a tudo isso, o jovem acabou adormecendo.

Gabriel acordou com o quarto escuro. Consultou o relógio e lembrou-se de Milena:

"Aquela suburbana do cabelo ensebado me paga, e ainda hoje".

Depois de um banho, Gabriel apareceu na sala bem-arrumado, perfumado e foi muito gentil com Beth.

— Sabe o que houve aqui? — perguntou Beth num tom gentil depois de beijar o filho.

— Mãe, fui eu. Cheguei sonolento e joguei pensando...

Beth apenas riu. Esse era o erro, apoiá-lo.

Gabriel fez um lanche rápido com a mãe e saiu apressado, levando numa das mãos a sacola com a blusa que pegara pela manhã com a prima. Fez isso sem dizer aonde ia. Beth já não perguntava, pois não tinha respostas.

Gabriel ficou à espreita, numa das ruas próximas à casa dos seus parentes. Estava ansioso para encontrar Milena, o que logo aconteceu. O jovem, ao vê-la, surpreendeu-a por trás e foi logo repreendendo:

— Menina, está louca, é isso? Que brincadeira é essa?

— Me solta, Gabriel. Está me machucando...

Milena, a princípio, ficou assustada, sem entender o que estava acontecendo, até Gabriel contar em detalhes o vexame que passara com a namorada no shopping. A troca da roupa, as suspeitas do gerente e da vendedora da loja. Só não contou o seu comportamento agressivo com Mariana, porque a isso ele nem dava mais importância.

Milena, ao ouvir o primo, desatou a rir.

— Não acredito!

— Você está rindo? — Gabriel repetiu o gesto agressivo que tivera com a namorada naquela tarde.

Milena se desvencilhou das mãos de Gabriel. Ao observá-lo sem jeito diante do seu cinismo, ela despejou:

— Covarde! Tão bonito e contraditoriamente bruto, estúpido, oportunista...

— Você vai consertar isso — ordenou o rapaz não dando valor aos adjetivos disparados pela prima. — Senão...

— Senão o quê? O que você vai fazer, bonitão? — ainda que temerosa pelas consequências das suas palavras, já que temia perder Comédia, Milena lançou num tom ainda mais alto, para intimidar o primo: — Vai apertar ainda mais os meus braços? Deixa de ser idiota. Eu já me arrisquei muito. Pensa que tenho a sua vida fácil? Moro no subúrbio, como você adora me humilhar, pego trem, lotação... Dou duro, trabalho. Acho que é isso que falta na sua vida.

— Senão você não vai ter mais o Comédia — ameaçou Gabriel como se não estivesse ouvindo a prima.

Milena desatou a rir para disfarçar o medo que sentiu.

— Acho que já fui ingênua o bastante para cair nessa. Uma vez está de bom tamanho, não acha?

— Não duvide de mim. Não sabe do que sou capaz — desafiou Gabriel num tom sério, frio. — E pega essa blusa ridícula — e jogou a caixa na direção da prima.

Nesse momento chegou Denis, feliz da vida, fazendo festa. Gostava do sobrinho, tanto que insistiu para que fosse até sua casa, e o convite foi aceito pelo rapaz. Gabriel agiu normalmente quando chegou à casa do tio.

— Olha quem eu encontrei com a Milena aqui perto de casa — anunciou Denis visivelmente contente com a visita. — Trouxe um presente para a Milena.

Rita e Donária correram para apreciar o presente. O rapaz, de longe, olhou para a prima com cinismo em seu riso. Quase no mesmo momento, educadamente, num dos seus raros momentos, Gabriel cumprimentou a avó e a tia com beijos e abraços. O jovem, para surpresa de todos, pois não era algo habitual, jantou com a família. Seus olhares eram sempre fuzilando Milena, mas ninguém percebeu o que estava acontecendo. O ar de superioridade da prima fazia a raiva de Gabriel aumentar.

Quando foi embora, Gabriel despediu-se de todos e aceitou a carona do tio. Ao se despedir de Milena, o jovem murmurou ao pé do ouvido:

— Você tem até amanhã para consertar tudo. A peça original na minha mão — Milena procurou se esquivar do primo, mas Gabriel, com uma das mãos, puxou-a para mais perto e completou: — O modelo de grife ou o Comédia sai da sua vida sem graça.

— Cuidado com ele, minha neta. Ele é perigoso — aconselhou Estevam, que estava próximo e ouviu as ameaças de Gabriel.

Milena não deixou de rir na cara do primo. Gostou de vê-lo, por segundos, sem o controle da situação, mas tal segurança durou até ligar para o Comédia, no horário de sempre, como fazia todos os dias. Não houve resposta. Mandou mensagem. Silêncio. A moça adormeceu com o celular junto ao corpo, mas o silêncio, para desespero de Milena, prolongou-se.

Capítulo 8

Alessandra, depois de tomar o comprimido anticoncepcional a seco, correu até a cozinha, onde tomou um copo de água. Por alguns segundos ficou paralisada, pensativa e completamente influenciada pelo espírito de Rafael.

— Isso, meu amor. Gosto quando você me ouve — repetia bem próximo da moça, quase sussurrando em seu ouvido. Havia em sua voz um tom sedutor: — Você não quer filho...

— Eu não quero filho — Alessandra pronunciou em voz alta, como se estivesse convencida por Rafael.

De repente, no meio de toda aquela sintonia, Alessandra lembrou-se de voltar ao banheiro, onde verificou que havia tomado o último comprimido. A moça, nitidamente ansiosa, tratou de picotar a caixa vazia em vários pedaços, colocou-os num saco plástico escuro, amarrou e depositou-o no lixo. Procedeu dessa forma para não ser descoberta.

Ainda sob a interferência do espírito de Rafael, Alessandra foi para a rua, levando algumas roupas para deixar na lavanderia, sapatos de Luciano para serem engraxados e a receita do anticoncepcional.

— Muito bem, Ale. Todos os dias, eu faço questão de lembrá-la de tomar sua pílula.

Alessandra voltou ao apartamento e tratou de esconder a caixa de remédio no mesmo lugar: no fundo do cesto de roupas. Voltou à sala e viu que havia uma mensagem na secretária eletrônica e foi ouvi-la. Era da sogra. Logo que acionou o aparelho, sua sala foi invadida por uma voz forte, alarmante, desproporcional ao corpo pequeno e cheio que possuía.

"Luciano, meu filho, como está? Saudade de você. Quero mandar um e-mail para você. É um site que encontrei com vários nomes. Quem sabe não inspira a sua vontade de ser pai..."

A moça sentiu as lágrimas rolarem no rosto. Preferiu não ouvir mais, apertou um dos botões, e a fala estridente da sogra foi interrompida. Correu até a janela, onde se debruçou no parapeito tomada por uma raiva descontrolada. Então Alessandra voltou até o aparelho e, com um toque forte sobre uma das teclas, fez a mensagem desaparecer.

Rafael estava na sala e sentiu-se deprimido ao ver Alessandra triste, mas não admitia vê-la grávida de Luciano. Não tinha força para impedir a união da moça com o jovem Luciano. Era notória a sua cólera ao vê-la cuidando com tanto apreço das roupas e da alimentação do marido. O amor da jovem por Luciano era genuíno, e sua vontade de ser mãe era muito forte; no entanto, como um vulcão adormecido, ainda tinha um bloqueio que guardava da época do seu relacionamento com Rafael. E o espírito deste se aproveitava disso, desse bloqueio, dessa fraqueza da moça, para ter acesso às vontades de Alessandra.

Logo que Luciano chegou, após cumprimentar a esposa, tratou de consultar a secretária eletrônica, enquanto comentava:

— Minha mãe me ligou no celular. Disse que deixou uma mensagem de que eu iria gostar — observou não haver nenhum correio de voz e acrescentou: — Estranho, não há nenhuma mensagem...

— fez uma pausa e preferiu comentar sobre o site de nomes que recebera de sua mãe no decorrer da tarde.

— Você não conhece sua mãe? Deve ter ligado para outra pessoa e deixou a mensagem por engano.

Com essas palavras, Alessandra convenceu o marido e também o fez mudar de assunto.

Rafael estava no mesmo cômodo e bem fraco pelas energias desperdiçadas naquele dia. Procurou manter distância e só assistiu de longe aos carinhos de Alessandra com o marido. Naquele momento sentiu-se revoltado com a situação.

— A história de vocês acabou. Quando vai perceber isso? — perguntou Rosa, que apareceu de repente ao lado de Rafael.

— Engraçado, estou até sem forças para me afastar de você.

— Deixa a Alessandra em paz. Ela tem uma história para continuar, e sem você.

— Nunca! Ela é minha. Temos planos, tanta coisa que pensamos juntos...

— Vocês tinham, pensavam. Passou. Você se alimenta de um passado distante, do qual nem você nem Alessandra fazem mais parte. Você sabe o que lhe aconteceu, não sabe?

Rafael revoltou-se. Levantou-se com dificuldade, ainda tonto pela energia consumida, e saiu esbravejando:

— Não foi comigo aquilo. Nada me aconteceu. Veja como estou. Estou bem! O que me mostrou foi uma tragédia...

— Acabou, meu querido — insistiu Rosa num tom amistoso, fraternal. — Quando compreenderá isso?

— Quando a Alessandra estiver do meu lado — rebateu firme, esperançoso. — Agora some da minha frente...

— Você não vai conseguir — fez uma pausa e observou o jovem. Rosa sentiu vontade de abraçá-lo, mas não conseguiu, pois as energias emitidas por Rafael eram muito ruins. — Tenho esperança de que vai mudar, vai entender. Sempre há tempo para isso.

— Pode esquecer... — finalizou Rafael, desaparecendo instantes depois.

Milena despertou durante a noite e procurou pelo celular que estava jogado sobre o tapete de retalhos coloridos que fora confeccionado por Donária. A moça estava ansiosa, pensava encontrar uma mensagem, uma ligação perdida de Comédia, mas nem sinal do namorado.

A filha de Rita, pensativa, tomou o café apressada, nem quis sentar-se, ainda que Donária e Denis insistissem para que comesse sem pressa, sentada. Rita estava lavando louça quando a filha se aproximou, ignorando o pai e a avó, que já estavam conversando sobre outro assunto, e fez o pedido à sua mãe.

— Dinheiro, filha? Não tenho, meu anjo. Esta semana a venda das trufas foi fraca. Muito calor, o povo prefere água de coco — comentou rindo enquanto passava a mão carinhosamente pelo rosto da sua única filha. — Posso saber para que o dinheiro?

— Deve ser para dar para o namorado — interferiu Donária ao ouvir um trecho da pergunta de Rita para a filha.

— Não vó, nada disso.

Na verdade, Milena já pensava numa forma de atender ao pedido do primo e conseguir uma peça original. Amava demais Comédia para perdê-lo. Aquele silêncio fazia a moça acreditar que Gabriel estava certo. Àquela altura já acreditava na possibilidade de Gabriel tirar o Comédia de sua vida.

— Menina, abre o olho. O amor faz a gente pisar em espinho sem senti-lo, só que uma hora a dor vem.

— Não gosto de concordar com sua avó, mas ela tem razão, minha neta — falou o espírito de Estevam como se estivesse participando da conversa. — Se precisa de dinheiro, pega um vale no trabalho. Por que não faz isso? — sugeriu já animado com a ideia de a neta ouvi-lo, como da última vez. O velho só não imaginava o quanto a moça era frágil e influenciável.

A menina desconsiderou os comentários de Donária. Despediu-se da avó e do pai, e saiu. Rita resolveu acompanhar a filha até a fila da lotação, pois percebeu a moça cabisbaixa, com um sorriso forçado, e tinha esperança de extrair da jovem o que a afligia. Fez isso no propósito de ajudá-la, mas não obteve êxito.

Dentro da lotação cheia, equilibrando-se para não cair, Milena acenou para Rita. Ainda com dificuldade em se ajeitar no transporte público, a moça conseguiu consultar novamente o celular e não encontrou nem uma notícia de Comédia. Resolveu ligar, resultado: caixa postal.

Então Milena decidiu ir ao condomínio em que Beth morava. Essa mudança de roteiro resultaria em atraso no trabalho, mas naquele momento não se importava com isso. O porteiro, por conhecê-la, já que era sobrinha de Beth, não barrou sua entrada. A moça, já dentro do condomínio, teve facilmente acesso ao bloco, andar e apartamento de Comédia, obtendo essas informações com algumas crianças que brincavam à beira da piscina.

Do corredor do sexto andar, pouco iluminado e cheirando a gordura, Milena ficou ansiosa para ouvir o soar da campainha do apartamento de Comédia. E mais uma vez, depois de muito esperar, logrou apenas silêncio. A moça ainda esperou aproximadamente quinze minutos, sempre consultando o relógio.

Meia hora depois estava dentro do trem, com destino ao trabalho e com uma certeza: precisaria atender ao pedido de Gabriel, do contrário, teria que conviver com a ausência de Comédia, e não conseguia se ver sem ele. Naquele momento, a moça começou a chorar ao olhar a foto de Comédia estampada no celular mudo, sem notícias.

Milena chegou acelerada, tentou justificar com a coreana seu atraso, mas a mulher magra, coberta por um vestido listrado, pouco entendeu, lançou-lhe um sorriso e indicou-lhe o balcão, assim a moça começou o seu dia. A menina suava e, quando foi colocar a marmita no quartinho, devolveu a peça que roubara ao estoque.

A prima de Gabriel estava desesperada, sem dinheiro para comprar o seu amor. Lembrou-se com raiva das palavras de Gabriel no último encontro:

"— Até amanhã para consertar tudo. A peça original na minha mão... O modelo de grife ou o Comédia sai da sua vida sem graça."

A moça pensou que só a mãe poderia ajudá-la com o dinheiro, mas ela não tinha, e Milena compreendia o sufoco que Rita passava. Não quis incomodar a tia Beth por considerá-la muito explorada por Denis e Donária, e estes últimos eram outros a quem não tinha como pedir dinheiro.

Então, no momento em que a coreana saiu para resolver algo na rua, Milena ficou sozinha na loja que estava vazia. Em meio a seus pensamentos, às várias tentativas de contato com Comédia, todas frustradas, a moça fixou o olhar na caixa registradora. Nesse instante também foi influenciada pela lembrança da sugestão do espírito de Estevam:

"— Se precisa de dinheiro, minha neta, pega um vale no trabalho. Por que não faz isso?"

Milena, desta vez, foi mais ousada. Não sofreu como da vez que apanhou a blusa e escondeu na sacola. É verdade que passara pelo momento de arrependimento, quando voltou para a loja, depois de ter entregado a peça ao primo. No entanto, agora, depois da ameaça de Gabriel, diante do risco de perder Comédia, Milena não pensou mais de uma vez, foi ao caixa, apanhou o dinheiro e disfarçadamente guardou no bolso de trás da calça jeans.

A moça, sem culpa, cega de paixão, prometeu com sorriso nos lábios:

"Eu devolvo, logo que receber... em duas vezes. Este mês e o próximo..."

A tarde se arrastou e, quando deu o seu horário, Milena correu para o shopping e comprou uma peça original, com o modelo, a cor e a etiqueta da famosa loja. A menina pediu para experimentar, o que fez num dos provadores iluminados e com músicas animadas. Quando viu seu corpo refletido no espelho, abriu um sorriso e imaginou Comédia se aproximando. Fechou os olhos sorrindo. O seu devaneio foi interrompido pela vendedora perguntando se tinha servido.

A vendedora, a mesma que atendera Gabriel e Mariana, ironizou ao ver a moça dizer que levaria a peça. Logo informou que não aceitava cheque, medindo Milena, que não demorou em mostrar o dinheiro e exigir a blusa para presente.

A vendedora, ao ver Milena sair, comentou com o gerente:

— Está tudo virado. Ontem, tivemos a presença ilustre de Mari Fidélis, chique, exuberante, não levou uma peça, e aquele namorado ainda tentou passar uma peça que sabe lá Deus onde conseguiu. Hoje, para minha surpresa, vem essa moça, que até que é bonitinha, só que falta estilo, e me levou uma peça cara da loja. Vai entender.

Milena correu pelos corredores do shopping. Na porta, consultou a bolsa e viu a marmita vazia enrolada num pano de prato, o dinheiro trocado para voltar para casa e mais algumas tranqueiras. Então se lembrou do dinheiro que sobrou ao pagar a roupa na loja. Abriu um sorriso e pensou na urgência em se encontrar com Comédia, acenou para um táxi e concluiu: "A situação permite...". Entrou no táxi eufórica e seguiu para a casa da tia Beth.

Beth a recebeu de braços abertos, como sempre fazia ao ver a sobrinha. A mulher sufocou a sobrinha de beijos, abraços e várias perguntas, entre elas sobre o trabalho, ao que ela respondeu:

— É tranquilo. Uma loja simples. Sou a única vendedora. A dona é estranha, parece uma carranca. Ela quase não sorri, mas quando abre um sorriso, eu tenho vontade de chorar, ao ver o macarrão enlaçado nos dois dentes da frente.

Beth desatou a rir dos relatos da sobrinha. Ficou apreciando a moça que tinha à sua frente, sua beleza e quanto já era mulher. Um pensamento fez Beth ficar paralisada: perceber a perda de inocência que um dia a sua Milena tivera. Por fim concluiu que um dia tudo vai mudando, e para ela também já havia chegado o momento.

— Já lhe contaram a novidade? — perguntou Beth a Milena, por saber da afinidade que havia entre as duas. — A Juliana está em São Paulo.

— Mesmo, tia? — comemorou a moça.

— Sim. Ficou um tempo em Jericoacoara, Canadá... — lembrou-se da gravidez de Juliana e temeu novamente a reação de Edson. — Agora voltou para São Paulo.

Durante a conversa, Milena perguntou do primo e, sabendo da sua ausência, foi ao quarto dele e deixou sobre sua cama a sacola com o presente. Para Beth justificou que fora um favor que estava fazendo para Gabriel. Beth sorriu emocionada e comentou:

— Como eu fico feliz com a amizade que agora, finalmente, acontece entre vocês. Sempre brigando, se agredindo. Agora essa amizade linda.

— Não sabe como isso tem custado caro para mim — murmurou Milena.

Beth não compreendeu a frase e a menina desconversou. Logo depois aceitou o convite e jantou com a tia. Edson chegou em seguida e fez festa ao ver a moça. O marido de Beth juntou-se às duas e, num clima descontraído, lembrando-se do passado, quando Milena era pequena, seguiram num jantar tranquilo. Esse clima amável foi quebrado quando Beth mencionou o nome de Gabriel. A alegria desapareceu dos rostos de Milena e Edson, cada um pelo seu motivo. Milena se apressou em ir embora, Beth e Edson se colocaram à disposição para levá-la para casa.

Beth e Edson fizeram uma visita rápida aos parentes quando deixaram Milena em casa. Tudo seguia como nos encontros anteriores: Denis com um olhar desconfiado sobre Edson; Donária pendurada no pescoço de Edson, gritando para todos a sua predileção pelo genro, como se tivesse outro; e por fim Rita, sempre prestativa, oferecendo café, salgados...

— Rita, seus salgados são deliciosos! Tem o carinho de mãe no seu tempero — elogiou Edson, para ciúme de Donária.

Depois que Beth e Edson foram embora, a casa voltou à sua rotina: Denis via o telejornal deitado com a cabeça no colo de Donária, Rita nos afazeres da cozinha, e Milena, sentada num dos sofás, esmaltava suas unhas. Neste cenário, o telefone tocou e Milena atendeu o aparelho que estava acomodado sobre uma das almofadas. Ao se identificar, pôde ouvir Gabriel dizer rapidamente:

— Prima, que bom que entendeu a mensagem! Obrigado pelo presente...

A ligação foi encerrada. Milena ainda ouviu Donária especulando para saber quem era quando o telefone tocou novamente. Milena, que ainda assimilava a breve frase do primo, atendeu pensando novamente ser Gabriel. Depois do "alô", a filha de Rita fixou paralisada ao escutar:

— Oi, amor. Você estava me procurando?

Era Comédia. Ao ouvi-lo, Milena sentiu o coração saltar e pensou, em segundos, em tudo o que fizera. Teve a certeza de que valera a pena. A moça só não sabia que poderia tardar, mas colheria os frutos de suas ações.

Capítulo 9

Lia Fidélis não era nenhum padrão de beleza. Tinha, sim, a seu favor, os mais variados produtos de beleza ao alcance da sua conta bancária, que lhe proporcionava correções estéticas, cremes rejuvenescedores, tintas especiais para os cabelos, roupas de cortes precisos, perfumes importados, enfim, tudo à altura de uma sobrinha do velho empresário Fidélis.

É fato que não nascera em berço de ouro. A caçula de três irmãos homens nascera, com a ajuda de uma parteira, no interior de Minas Gerais, numa casa simples e construída de madeira. Quando Lia completara dezoito anos, seu pai, já omitindo seu estado de saúde e percebendo o fim da sua missão, dividiu, ainda em vida, entre os filhos o que construiu com sacrifício durante anos com o auxílio da agricultura. As terras ficaram para os filhos, um deles casado, e à Lia coube parte em dinheiro. Feliz e incentivada pelo pai, Lia apanhou um avião na semana seguinte para a América, que era o seu sonho.

Lia ficou alguns anos assim, percorrendo os EUA, consumindo a pequena fortuna que seu pai levara uma vida toda para juntar. A moça já percebia o fim do dinheiro quando soube da morte do pai. Fria, a moça, que na ocasião da notícia estava nos EUA, preferiu viajar com um empresário rico a ter que voltar para o sepultamento do pai.

Não tardou a se ver na condição de amante e sem dinheiro. Lia era apaixonada e não se importava em dividir seu amado com outra mulher, só que fora dispensada. Percebendo que não tinha mais como ficar por aquelas terras, Lia voltou para o Brasil. Era agora uma mulher e bem diferente daquela moça, disposta a conquistar o mundo, de anos atrás. Fora contrária aos conselhos do pai, que incluíam: "Prepare-se, minha filha, não vai encontrar na vida o doce das frutas que apanha pelo pomar das nossas terras, com a mesma facilidade"; "Tudo custa caro. Estude, aproveite a oportunidade". Lia aproveitou, sim, as festas, os homens, as viagens.

Lia desembarcou no Brasil numa tarde de verão que a fez sentir-se numa sauna. Apanhou um táxi e, ao descer nas terras de seu pai, não encontrou a emoção que esperava. Viu a mãe acabada com a morte do marido, os irmãos se desentendendo pela distribuição das terras e as cunhadas se estranhando, tomadas pela ambição. Não viu mais lugar para ela. Uma semana foi o bastante para entender que seus saltos altos não se adaptariam às terras fofas e vermelhas daquele lugar.

Atenta, Lia soubera pela sua mãe sobre a viuvez de Salvador em São Paulo. A mãe de Lia se lamentava:

— Coitado do meu irmão, viúvo, com uma filha pequena nos braços. Como eu queria estar ao lado dele...

Lia se agarrou a essa oportunidade quando, distante dos comentários da mãe, pensou:

"Viúvo, empresário bem-sucedido... É esse o caminho para eu não sair do dinheiro..."

Por aqueles dias, Lia pôde ler uma matéria sobre Salvador Fidélis, sua ascensão como empresário, a força do seu nome.

Na semana seguinte ao seu regresso às terras da família, sem ainda ter desfeito todas as malas, Lia saiu da casa da mãe, arrastando seus pertences para dentro de um táxi com um destino: a casa de Salvador Fidélis. Lia saiu indiferente às lágrimas da mãe que, sentida, parecia saber ser a última vez que veria a filha. Lia também não se importou com os olhares de satisfação das cunhadas ao saber que ela não entraria na disputa das terras. Quanto aos irmãos, estes estavam envolvidos com empréstimos para a próxima safra e não se importaram com a presença e a partida de Lia. A recíproca era verdadeira.

Em São Paulo, dentro do táxi, Lia ria ao ler a carta sentimental que sua mãe escrevera para Salvador Fidélis, seu irmão. Escrita à mão, com palavras saudosas, desejando saúde, prosperidade, amor, recordando a infância, a juventude...

Ao ser recebida por Salvador, que não a esperava, Lia se desmanchou em lágrimas, principalmente ao entregar a carta, que incluía também recomendações suas. O empresário, traje social, postura altiva, olhar firme, emocionou-se ao ver a letra miúda da irmã que havia anos já não fazia parte da sua vida. Em meio ao turbilhão de recordações, o empresário aceitou a sobrinha em sua casa, pois era fato que a viuvez repentina o havia deixado desnorteado e sem saber o que fazer com uma criança que era trazida pela babá todos os dias nos horários das refeições, que não sabia fazer outra coisa senão perguntas e mais perguntas, muitas ignoradas pelo empresário.

A mulher abraçou o tio tomada pela emoção, sem notar a frieza do outro. Lia estava tão encantada que não percebeu, pois seus olhos e pensamentos estavam fixos na suntuosidade da mansão, dos quadros com as mais variadas assinaturas, todos valiosos, no brilho do corrimão, no luxo dos pisos, na decoração de bom gosto, nos vidros transparentes que lhe permitiam apreciar o colorido das rosas e do gramado que cercavam a propriedade.

Lia foi uma mãe para a prima. Mariana se afeiçoou a Lia, nunca a viu como mãe, pois a mais velha não admitia, sentia que isso a envelhecia, mas tinha carinho pela menina. Verdade também que o dinheiro que recebia, a mesada, as festas, a posição de destaque na família Fidélis faziam Lia ser muito receptiva.

Quando viu Mariana independente, trabalhando, Salvador, implacável e direto, como sempre era com seus subordinados, cobrou de Lia uma ação, uma resposta sobre o que pretendia da vida. Agiu como fazia diante de um empregado que não tinha mais serventia. Lia viu que estava sendo pressionada. Passou a noite em claro, e a possibilidade de voltar para sua origem, ao lado da mãe velha e doente, das cunhadas e dos irmãos, dos sobrinhos que não conhecia e em quem nem tinha interesse, a fez pensar em algo para agradar o tio. Então decidiu:

— Titio, se me permitir, quero ingressar na sua empresa...

O velho começou a rir. Ainda tinha o mesmo charme de quando Lia chegara a sua casa, assim como a frieza.

Lia não se intimidou e prosseguiu:

— Posso estudar, o senhor mesmo afirmou que sempre há tempo para isso. Preciso desta chance, e não vai se arrepender.

Salvador ficou em silêncio. Pensava em despachá-la para o interior de Minas Gerais, mas resolveu rapidamente, como fazia em suas reuniões:

— Apanhe sua bolsa. Quero você na empresa em meia hora.

Mariana Fidélis chegou neste momento, beijou o pai e perguntou o porquê da euforia de Lia. O velho riu e se limitou a dizer:

— Vou deixar a sua prima se divertir um pouco.

Lia saiu saltitante. Minutos depois juntou-se ao tio para entrar no carro. Salvador avisou, logo que ajustou os óculos escuros no rosto:

— Você não vai no meu carro. Um táxi vem buscá-la. Semana que vem quero vê-la com o seu carro. Não haverá vaga para estacionar o seu carro na empresa. Como terá um salário, poderá pagar um estacionamento.

O carro já saía da mansão quando Lia pensou:

“Velho maldito. Depois de tudo, de anos de dedicação, ele me trata como um lixo... Isso não vai ficar assim. Não pense que vou desistir fácil”.

Mariana acompanhou a forma como Salvador tratou a sobrinha e a considerou humilhante. A moça, muito delicada, aproximou-se de Lia e a beijou, demonstrando apoio. O táxi chegou, Lia entrou temerosa, contendo as lágrimas. Temia o que estava por vir.

Salvador, ao contrário do que imaginou Lia, foi generoso ao encaixá-la numa das salas da diretoria. Sua função era inútil. Ocupava uma mesa sem atribuição. Não participava de reuniões, só assistia à movimentação sem ser envolvida.

“Não vou desistir, não vou dar este gosto ao velho.”

Passada uma semana, quando Salvador Fidélis já pensava ter vencido a sobrinha, Lia resolveu reagir. Simpática, de presença marcante, tratou de fazer amizades e se dispôs a auxiliar equipes, no entanto não havia retorno; parecendo ordens, ninguém atribuía a ela qualquer tipo de serviço. Ficava boa parte do tempo saboreando café na copa e conversando com as faxineiras. Certo dia, Lia assistiu ao desespero de um dos diretores para traduzir um texto, e viu ali sua chance de fazer um bom trabalho. Salvador, quando soube da sua eficiência, resolveu mudá-la de área e a mandou para o Jurídico, para surpresa do diretor que tivera o texto traduzido, que se interessou pelos trabalhos de Lia e manifestava a vontade de efetivá-la na sua área.

“Do Jurídico direto para o interior de Minas Gerais. Tenho certeza de que não dará conta. Lia é fútil, avessa a leis, códigos...”, pensou Salvador.

No dia seguinte, Lia foi transferida para o Jurídico da empresa, subordinada a Luciano, que a recebeu muito bem e designou Edson, seu sogro e também parte da equipe, para auxiliá-la.

Foi num desses dias chuvosos que Lia teve, na hora do almoço, a carona de Edson até o restaurante. A mulher havia muito tempo não tinha a cortesia de um homem, por isso afeiçoou-se a ele.

Estava, sinceramente, agradecida a ele pelo apoio oferecido. Não demorou a estreitar a relação e passou dos limites da amizade.

O relacionamento se estendia por alguns meses e vinha se tornando intenso. Lia sabia da sua condição, até porque Luciano, seu chefe, era genro de Edson. Por isso não era difícil saber de um ou de outro a rotina da família.

Pela situação vivida na época em que morou fora do país, Lia sabia que não teria Edson por inteiro. Somente em almoços, jantares ditos como de negócios, ou mesmo prolongar uma noite quando Beth, esposa de Edson, estivesse de plantão; do contrário, teria que se contentar com o vazio dos domingos, feriados...

Ainda assim, ciente de tudo isso, numa emenda de feriado, Lia, toda saudosa, arriscou e enviou mensagem para o celular de Edson. Estava receosa, mas o amor era ainda maior e arriscou, até porque sabia que aquele dia era plantão de Beth. Para sua surpresa, em menos de três minutos houve resposta, também por meio de mensagem:

"Minha querida, aguarde-me na rua tal. Quero muito encontrá-la. Por favor, use as joias que lhe dei naquele almoço recentemente..."

Lia ficou radiante. Leu a mensagem mais de uma vez. Pensou em ligar, mas desistiu, respondeu simplesmente confirmando, jogou o aparelho celular sobre a cama e se despiu para um banho. Recapitulou o lugar onde iriam se encontrar, o quanto era deserto, mas não lhe causou medo, e sim uma sensação de adrenalina. Entendeu o lugar como ideal para o encontro dos amantes e imaginou ser uma fantasia.

Saiu da suíte do seu quarto toda sorridente, o corpo coberto por um vestido leve, florido, toda perfumada. Escovou os cabelos de várias formas e depois apanhou a caixa com as joias. Colocou os brincos delicados nas orelhas e o colar no pescoço. Ficou ainda alguns segundos apreciando o brilho das joias de ouro branco diante do espelho. Pronta, apanhou a chave do carro e saiu para o encontro.

Mandou mais uma mensagem, só que para essa não houve retorno.

Só não tinha ideia do que estava para acontecer.

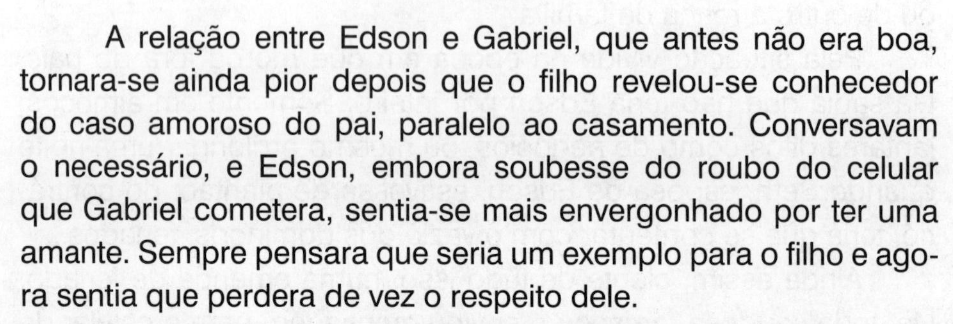

A relação entre Edson e Gabriel, que antes não era boa, tornara-se ainda pior depois que o filho revelou-se conhecedor do caso amoroso do pai, paralelo ao casamento. Conversavam o necessário, e Edson, embora soubesse do roubo do celular que Gabriel cometera, sentia-se mais envergonhado por ter uma amante. Sempre pensara que seria um exemplo para o filho e agora sentia que perdera de vez o respeito dele.

Naquele dia, mesmo sabendo que Beth estaria de plantão, o que facilitaria suas saídas com Lia, Edson preferiu se conter, o que vinha fazendo nas últimas semanas, já que temia uma revelação de Gabriel a qualquer momento. Por isso chegava cedo em casa, procurava dar atenção a Beth, mas para Lia a desculpa se resumia em problemas em casa, o que não foi questionado pela amante. E naquele dia não foi diferente, recusou o convite para almoçar na casa de Alessandra e ficou em casa lendo seus jornais, aproveitando a piscina, a quadra de tênis... O patriarca tinha a sensação de que, qualquer que fosse a atividade feita no condomínio onde morava, os olhos acusadores de Gabriel o acompanhavam. E Edson estava certo.

Gabriel estava feliz. Fazia dois dias que presenteara Mariana com a blusa comprada por Milena. A modelo e namorada do jovem ficou radiante com a roupa, a cor, tanto que, na entrega, afoita, desprovida de vergonha, provou a peça na frente do namorado. A convite de Mariana, Gabriel conheceu na ocasião um dos apartamentos da jovem. Foi uma tarde maravilhosa, que fez Gabriel pensar quando de lá saiu:

“Não posso me deixar levar, me envolver. Essa relação está indo longe demais. A Mari Fidélis é só um passaporte para a grana alta em que vou entrar. Só isso”.

O jovem ainda não tinha se dado conta de que o seu envolvimento com Mariana vinha tomando outras proporções, e seus planos não coincidiam com o seu coração. Embora não admitisse, era nisso que estava pensando naquela tarde de emenda de feriado, jogado no sofá, lendo uma revista de carros.

Edson entrou suado, direto para o banho. Fez um cumprimento sem encarar o filho, e não houve resposta, o que era comum. Ao ouvir o chuveiro ligado, Gabriel foi até o quarto dos pais. Certificou-se de que estava no banho, mexeu na carteira do pai, quando ouviu o sinal de mensagem do celular. Rapidamente apanhou o aparelho e leu. Seu rosto se transformou ao ler a mensagem de Lia. Devolveu o aparelho sobre a cômoda, ao lado dos documentos e das chaves do pai. Já saía do cômodo quando, tomado por uma ideia que lhe passou pela cabeça, apanhou o celular e respondeu para Lia:

"Minha querida, aguarde-me na rua tal. Quero muito encontrá-la. Por favor, use aquelas joias que lhe dei naquele almoço recentemente..."

Não demorou e recebeu a resposta confirmando. Gabriel sorriu. Ardiloso, ele tratou de apagar as mensagens recebidas e enviadas. Já saía do quarto quando ouviu o chuveiro silenciar. Gabriel voltou, apanhou o celular e desligou, depois jogou numa das gavetas da cômoda. Saiu radiante, já pensando no seu plano.

Quando Gabriel chegou ao local combinado com Lia, sem que esta soubesse, viu-a de longe dentro do carro. Ao chegar perto, foi capaz de ver que se tratava da mesma mulher que estava acompanhando seu pai no restaurante. Vira a mulher mais de uma vez, portanto era capaz de conhecê-la mesmo sendo um vulto. O jovem ficou ali, paralisado, por perto, apreciando o silêncio e pensando em como tirá-la do carro.

Lia esperava Edson havia dez minutos. Estava assustada com o lugar. Embora temesse um assalto, Lia estava eufórica com um encontro às escuras, num lugar deserto. Sentia a oportunidade de ter Edson num lugar diferente do que costumava encontrá-lo.

Foi nesse instante, perdida em seus pensamentos, que Lia foi despertada com uma batida no vidro do seu carro, do lado do motorista. Lia, apreensiva, pensou em ligar o carro e acelerar rapidamente, mas, ao ver o rapaz bem-vestido, sorridente, bonito, ainda que a escuridão do lugar não permitisse melhor visualização do seu rosto, resolveu ouvir o que o jovem tinha a dizer.

— Moça, desculpe-me. O meu carro quebrou logo ali, estou sem celular. Descarregou a bateria, isso acontece quando a gente mais precisa. Será que pode me emprestar o macaco para eu trocar o pneu? O meu quebrou.

A simpatia, o jeito manso e educado, mais o charme hipnotizaram Lia, que abriu a porta do carro, sem ver problema em ajudar um rapaz tão distinto.

Depois disso, foi tudo muito rápido. Logo que abriu o carro, Lia se viu imobilizada num golpe em que ficou de costas para Gabriel. O jovem mandou que tirasse o colar e os brincos. Ela obedeceu, apavorada, pedindo compaixão pela sua vida. Tirou o colar e depositou-o numa das mãos do jovem. Lia sentiu a maciez da mão dele ao apanhar a joia. Num tom seco, Gabriel ordenou que tirasse também os brincos. Lia tirou um e entregou ao rapaz, que pediu agilidade para a retirada do outro.

Um veículo com farol alto passou pelo local e clareou a rua por alguns segundos. Era uma ambulância, estava silenciosa, sem a sirene acionada. Gabriel se acomodou ao corpo de Lia. Beth estava nesta ambulância, ao lado da motorista, e disse:

— Não gosto dessa rua. Muito deserta. Sozinha não passo por aqui.

— Viu que pouca vergonha? Um casal namorando ali naquele carro... O risco de assalto. Podem até ser presos. Imagina só!

— Deus queira que não aconteça nada — pediu Beth sem saber quem estava ali. Depois mudou de assunto: — Ainda bem, dia de trabalho cumprido. Vou pegar minha bolsa no hospital e vamos para casa...

Logo depois a ambulância desapareceu com sentido ao hospital.

Lia se desesperou ao sentir a força de Gabriel. Reclamou que o jovem a estava machucando, o que não surtiu efeito. De posse do colar e do brinco, Gabriel pressionou Lia para tirar o brinco que faltava. A mulher, atrapalhada, nervosa, não conseguia tirar a peça da orelha. Gabriel, nervoso, suando pela tensão do momento, puxou o brinco da orelha da mulher, o que fez Lia soltar um grito de dor. Ouviu ainda Gabriel dizer num tom cínico, antes de sair correndo:

— Prazer em conhecê-la.

Lia sentiu o sangue numa das mãos, as pernas trêmulas, seu corpo estava tomado por um medo que quase a fez desmaiar. Encostou-se no carro e ainda com dificuldade viu o vulto de Gabriel tomar distância.

Lia não soube explicar como, mas apanhou o carro e saiu guiando desesperada. Com a claridade das ruas iluminadas, Lia pôde ver no retrovisor sua orelha machucada. Ao ver o sangue, sentiu-se tonta e parou o carro junto à guia, em frente a um bar. Estava tão desesperada que não enxergou o hospital ali próximo.

Lia saiu do carro pedindo ajuda. Um grupo de pessoas saía do hospital. Era troca de turno. Ao ver o tumulto, duas delas, tomadas de muita simpatia e amor ao ofício, ofereceram-se para ajudá-la. Ao ver o estado da orelha da mulher, uma delas apanhou um pedaço de gaze que tinha em sua bolsa e deu para Lia pressionar o local, no intuito de estancar o sangue.

— Vem comigo, o hospital é logo ali. Precisa limpar o local, fazer um curativo...

Assim foi feito. Durante o procedimento de limpar o machucado, anunciaram a necessidade de pontos e ouviram o relato de Lia:

— Foi um jovem. Ele parecia tão educado. Pediu ajuda, estava com problema no carro... Quando vi, estava sendo agredida por ele.

— Deve ser para comprar drogas. Está cheio desses moços por aqui — comentou uma delas, baixinha de cabelos vermelhos e curtos.

— Uma maldade. Peço tanto a Deus por eles. Agora procura ficar tranquila — sugeriu a outra ao ver a marca vermelha no pescoço de Lia. — Precisará ir a uma delegacia, fazer Boletim de Ocorrência. Você consegue descrevê-lo?

— Não! — gritou Lia completamente perturbada. — Não o vi direito. Foi tudo rápido. Ele não estava armado, mas era violento, forte. Quando chegou ao meu carro para pedir ajuda, parecia tão educado, meigo, de repente se tornou outra pessoa...

A baixinha de cabelos vermelhos se despediu e saiu apressada. Disse que tinha que apanhar o filho na casa da sogra e ainda fazer o jantar para o marido. A outra sorriu, voltou-se para Lia e falou:

— Você não tem condição de dirigir assim. Pode chamar alguém para vir até aqui para apanhá-la e auxiliá-la na delegacia?

Lia pensou em Edson. Era dele que ela precisava naquele momento, mas sabia que só o tinha pela metade. Depois de pensar, respondeu que Mariana, sua prima, poderia ajudá-la naquele momento. A enfermeira, paciente, fez a ligação para a moça. Considerou-a educada, prestativa e preocupada.

— Pronto! Informou que daqui a pouco estará aqui. Tenho que ir embora agora. Acabou o meu plantão. Boa sorte!

Lia sorriu sem graça, sentindo o rosto repuxar pelo curativo, ainda com dor. Ouviu a mulher que a atendera gentilmente ser chamada. Lia, então, estudou o rosto da mulher à sua frente e, ainda que atordoada, lembrou-se da única foto que vira da esposa de Edson. Achou muita coincidência, tinha os mesmos traços, mas os cabelos... Teve a certeza quando leu o crachá da mulher que fez o curativo em sua orelha: Elizabeth Jardine Souza. Depois de ler o nome no crachá, Lia olhou para o rosto de Beth, que lhe deu um sorriso antes de sair. Lia ficou chocada com a circunstância.

Capítulo 10

Beth deixou o hospital lamentando a situação, mas, como de hábito, ao passar pela porta do hospital, era como se tivesse deixado ali mais uma ocorrência de violência, mais uma entre tantas que já presenciara. No momento em que se direcionava ao estacionamento, recebeu a ligação de Margarida. Foi uma conversa rápida, mas divertida, banhada de risos, saudades... Ao finalizar a ligação, Margarida voltou a frisar:

— Amanhã estarei em São Paulo. Pena que estará trabalhando. Tudo bem, a gente se encontra na primeira oportunidade. Não se esqueça de avisar o Denis para ir me buscar — começou a rir. — Colocar aquele folgado para trabalhar. Chego à tarde, mas ligo para ele do caminho para avisá-lo do horário exato que estarei na rodoviária. Tia Donária vai adorar me ver, não acha?

As duas começaram a rir. Na sequência, bem animada, Beth ligou para Alessandra e contou a novidade. Não houve festa por parte de Alessandra, mas Beth não atribuiu o descaso à visita de

Margarida, e sim à dificuldade de engravidar da moça. Pensou por um instante em acreditar na tal força de Margarida para ajudar a filha. Beth encerrou a ligação deixando beijos para o casal.

Na volta para casa, Beth passou na casa da mãe, para dar a notícia pessoalmente. O comentário de Donária foi ácido:

— Nossa, quantos preparativos! A rainha das cartas chega amanhã? Tenho só uma cama de abrir e fechar, terá que se acomodar nela...

— Mãe, não era a senhora que estava empolgada com a chegada dela?

— É mesmo, dona Donária — confirmou Rita, que chegava com café para servir à cunhada. — Não falava em outra coisa a não ser da consulta que faria...

— Sim, com certeza. Vamos ver o que ela diz do Estevam sempre dormindo do meu lado, e todas as noites...

— Lá vem a senhora com essa bobagem. Crendices — comentou Beth acendendo o cigarro e já correndo para a varanda. — Já sei, estou saindo.

— Fumar na minha cozinha, não! Espero que a Margarida Deise também não fume mais — depois de uma pausa perguntou, encostada no beiral da porta: — Beth, será que ela tem poder mesmo?

— Até onde falam, a Margarida só arrumou confusão, foi até presa — afirmou Rita.

— Mãe, a senhora conhece a Margarida, é cheia de moda aquela minha prima. Ah! Não se esqueça de avisar o Denis para ir buscá-la na rodoviária. Faz tempo que ela não vem a São Paulo...

Rita não gostou da ideia de ver o marido buscar a prima, menos ainda ao saber que ficaria hospedada em sua casa, mas não disse nada, como sempre.

Mariana, logo que recebeu a ligação de Beth, mesmo sem saber que era mãe de Gabriel, o causador da confusão, saiu apressada. A pedido de Lia, Mariana não revelou ao pai onde estava indo, apenas disse que se encontraria com uma amiga. Antes de ligar o carro, a moça telefonou para Gabriel, queria que ele a acompanhasse até o hospital, mas caiu na caixa postal.

Lia desatou a chorar quando viu a prima. Saíram sem problemas do hospital. Mariana respeitou o silêncio de Lia e só se manifestou quando ouviu a prima pedir para ir à delegacia.

Era noite, mas alguns jornalistas que estavam na delegacia por outra ocorrência, logo focaram Mariana Fidélis e, na direção do carro, correram para fotografá-la. A moça rapidamente conseguiu acesso ao interior da delegacia sem ser importunada. Educadamente, Mariana pediu auxílio para deixar o local com a prima, para evitar as manchetes no dia seguinte envolvendo o nome Fidélis. Depois de duas horas de espera, Boletim de Ocorrência elaborado, um jovem encaminhou as mulheres para a saída dos fundos. Os jornalistas não viram a saída estratégica. Mais calma e grata pela discrição de Mariana, Lia lembrou-se do seu carro deixado no hospital.

— Não se preocupe, prima. Vou pedir para o motorista vir buscá-lo. Agora procure descansar — recomendou Mariana carinhosamente.

Em casa, Gabriel, trancado no banheiro, lavou as peças roubadas de Lia. Olhou para o espelho e sorriu. Por alguns segundos não se conheceu ao ver o seu reflexo embaçado.

No meio da noite, Alessandra acordou com sede e foi à cozinha pegar água. Da rua vinha claridade, por isso não acendeu as luzes do apartamento. No entanto, ao retornar para o seu quarto, no momento em que passava pela sala, observou o aparelho de som ligar e uma música tomou conta do ambiente. Para sua maior surpresa, era a música que a fazia se lembrar de Rafael.

Alessandra, emocionada, acomodou o copo sobre o móvel, encostou-se às almofadas e deixou-se envolver pela música.

Rafael estava presente, com o mesmo sorriso jovial. O espírito do rapaz sentou-se ao lado da moça. Carinhoso, acariciou os cabelos da jovem. Alessandra estava quase adormecida quando percebeu que outra música tocava no rádio. Foi então que levantou-se, contrariando Rafael, e desligou o rádio. Depois de apanhar o copo com água, a moça seguiu para o seu quarto.

No dia seguinte, durante o café, Alessandra se recordou do sonho que tivera com Rafael, como na época em que namoravam. E comentou com Luciano o acontecido quando fora apanhar água. Luciano riu e contou:

— Eu, sem querer, programei o rádio para ligar. Preciso achar o manual para desativar a função. Ficou com medo, meu bem?

Alessandra sorriu aliviada, mas ainda pensando na coincidência da música que tanto marcou o seu relacionamento com Rafael tocar naquele momento. Aquilo não saiu da sua cabeça, assim como o sonho que tivera com Rafael.

Quando Alessandra se viu sozinha, logo depois da saída de Luciano, ligou para Beth e, após os cumprimentos, a moça anunciou num tom assustado:

— Mãe, eu sonhei com o Rafael.

Silêncio.

Beth estava surpresa e feliz com a ligação da filha pela manhã. No entanto, ao ouvi-la falar de Rafael, percebeu o seu semblante mudar.

— Filha, procure esquecer esse homem.

— Foi tão real.

— Aquele rapaz faz parte do passado. Do que adianta ocupar o seu presente, que tem tanto a ser feito, com as lembranças dele? Já conversamos sobre isso... — Beth foi ainda mais firme quando percebeu Alessandra, frágil, fazer ligação da sua felicidade com a época em que estavam juntos. — É fácil, minha querida, a gente olhar para trás e só ver os momentos bons e esquecer os difíceis. Não quero fazê-la lembrar o que passou.

Ficaram ainda por mais alguns minutos conversando. Não houve atrito, foi reconfortante, um bálsamo para Alessandra, já para

Beth foi um sinal de alerta. A mãe de Alessandra não queria acreditar no suposto entendimento de Margarida em alguns assuntos, mas sentiu necessidade de conversar com a prima sobre esse caso.

Mariana Fidélis ainda tinha as sequelas da agressividade de Gabriel em seu corpo. Os braços tinham sombras do roxo por terem sido pressionados pelo rapaz. Entretanto, a modelo só guardava com ela as alegrias, os beijos e abraços do jovem pelos corredores do shopping. O amor que Mariana julgava sentir anulava todos os defeitos que Gabriel pudesse ter.

A moça foi encontrá-lo num barzinho, no horário por ele combinado. Mariana, logo nos primeiros minutos de conversa, relatou o ocorrido com a prima de forma simples, mas, ao perceber a falta de interesse do namorado, mudou de assunto:

— Minha prima foi assaltada, tive que buscá-la e levá-la à delegacia. Eu liguei para você, mas...

— Eu vi sua ligação perdida quando acordei — mentiu o jovem desinteressado no assunto, não vendo associação com o que fizera com Lia.

— Quanta violência! Você não faz ideia do que fizeram com ela...

Gabriel começou a beijá-la, e a moça foi se calando até que o assunto foi esquecido e deixado de lado.

Comédia chegou naquele momento, para surpresa de Gabriel. Feitas as apresentações, Comédia informou tê-la visto uma vez rapidamente e outras várias por meio da publicidade. Tímida, sem estrelismo, Mariana não deu crédito aos comentários e apenas riu. Antes de Comédia sair, Mariana fez um convite:

— O que acha de a gente marcar um encontro de casais?

Comédia se animou; Gabriel nem tanto, mas Mariana tomou força e fez valer sua vontade ao estipular:

— Confirmado, então, ainda esta semana. Eu quero conhecer sua namorada, Comédia. Ela foi tão simpática e prestativa. Sabia que a Milena ajudou o Gabriel a comprar um presente para mim? Quero muito conhecê-la. Deixa seu telefone que eu ligo para você. Tenho uma sessão de fotos esta semana, mas vou consultar minha agenda e com certeza terei um dia vago.

Gabriel não queria vínculos, nem que Mariana participasse de sua vida, dos seus amigos, mas o tempo vinha trazendo essa aproximação. O jovem se viu sem condição de proibir Comédia de passar o telefone para Mariana. Gabriel também ficou irritado quando viu a alegria de Comédia ao ligar, na frente do casal, para Milena e anunciar o encontro.

Gabriel sorriu, mas, se tivesse armado, teria atirado no amigo, só para interromper aquela amizade toda que vinha nascendo entre os dois.

O ônibus estava de saída da rodoviária de Aparecida, última parada, quando Margarida soube, depois de consultar o motorista, o horário que desembarcaria em São Paulo. Na sequência, toda eufórica, ligou para a casa de Donária e deu o recado para Denis apanhá-la na rodoviária. Rita, séria, cumpriu o pedido e deu o recado ao marido.

O ônibus estacionou na plataforma no horário informado pelo motorista. Eram três da tarde, com um sol do meio-dia, tamanho o calor. Já percorrendo o corredor do ônibus para descer, Margarida pôde, através dos vidros, observar Denis entre as pessoas que se aglomeravam do outro lado da porta de vidro. Denis estava de bermuda, camisa desabotoada deixando à mostra uma corrente grossa pesando sobre a barriga saliente.

Margarida, mesmo há muito tempo sem vê-lo, não teve dúvidas de que era o primo. Ela desceu do último degrau do ônibus toda faceira, sorridente, como se estivesse numa festa. Usava os cabelos na altura do pescoço, bem escovados. Calçava uma sandália rasteira; sobre a bermuda, justa e clara, uma blusa coral, da qual o decote servia de apoio para os óculos escuros. No pescoço era possível ver o pingente com a letra D em destaque. Logo que viu o primo, a mulher chacoalhou a mão, deixando à mostra as pulseiras cobrindo parte do braço até o cotovelo.

— Podia ter pegado um táxi. Não precisaria ter me incomodado — reclamou Denis ao cumprimentar a prima.

— E o que você é? Não é taxista? Depois vou pagar a corrida. E só girar o taxímetro quando eu estiver acomodada no banco traseiro.

— Se ainda tivesse vindo de avião... mas de ônibus, buscá-la na rodoviária?! — debochou Denis.

— Está irritado porque deixou de jogar esta tarde, né? Não me olha assim, eu bem o conheço.

Denis desistiu, sabia que não intimidava a prima, era assim desde criança, com resposta para tudo e todos. Não poupava ninguém.

Ao ver o carro estacionar, Donária correu até o espelho, retocou a maquiagem, pediu mais uma vez a opinião da nora sobre a roupa nova que estava usando.

— Está ótima, dona Donária.

— Não quero que ligue para os parentes do interior e diga que estou acabada, uma velha caquética como deve estar a mãe dela.

Em seguida correu para receber a sobrinha, toda sorridente, bem diferente do dia anterior, quando Beth anunciou a sua chegada. Donária ficou apreciando a sobrinha, elogiando. Tal comportamento fez Rita pensar:

"Que falsa essa minha sogra!..."

Feitos os cumprimentos, Margarida quis saber onde era o banheiro. A mulher, como se estivesse em casa, apanhou toalha, sabonete e foi para o banho. Ainda pediu à tia o xampu, pois o que trouxera do interior derramou na bolsa.

De banho tomado, já esparramada no sofá, Margarida foi tomada por um interrogatório feito por Donária:

— Margarida...

— Deise, tia — corrigiu apressada. — Deise Dias.

— Por que Deise? Deise...

— Sonhei com esse nome e pensei que teria mais sorte...

— E Dias? Não é mais Jardine? Pelo que me lembro...

— Dias é o nome do homem que eu amei.

— Você se casou? — investigou Donária. — Nem chamou a família...

— Não, tia, não me casei. Ele já era casado. Esse foi o problema. Então fiquei com o amor e o nome dele.

— Meu Deus!

Rita, do canto, onde ajustava umas peças de roupas, tentava conter o riso.

— Se enamorar de um homem casado?

— Tia, cuidado com julgamentos. Depois... — Margarida respirou fundo, algo que não era do seu costume e prosseguiu: — Minha vida foi mais divertida do que se tivesse casado com o Denis. Deus me livre! Já pensou ter que morar com a senhora? — questionou em tom divertido. Depois se levantou, foi até Rita e, como se fossem intimas, abraçou a outra e cochichou: — Desculpe-me, prima, mas a tia é muito chata.

Rita, aos poucos, foi tomando simpatia pela destrambelhada da Margarida. Tivera a oportunidade de vê-la poucas vezes, em festas, ou mesmo em fotos ou ouvido comentários sobre ela. Sabia do relacionamento juvenil que tivera com Denis, e isso a deixava enciumada; porém, Margarida, sempre bem-humorada, deixou claro que era farra de adolescentes.

— E essa história de que você vê tudo, daqui para a frente?... — perguntou Donária muito interessada.

— Noutra hora tia, agora estou cansada — desconversou a mulher e mudou de assunto: — Estou ansiosa para ver a Beth. Que saudade da minha prima!

— Acho que só amanhã. A Beth trabalha hoje até tarde. Quando sai mais cedo, ela sempre passa por aqui — comentou Rita num tom mais amistoso.

— E sua pequena, Rita? Me conta.

Rita largou tudo que estava fazendo para falar da filha. Desmanchou-se em elogios, qualidades. Nesse momento, Margarida anunciou num tom diferente, com os olhos fixados aos de Rita:

— Ela vai precisar muito de você, do seu amor. Vai ser o único sustento para mantê-la em pé — depois alterou o assunto novamente, sem notar o ar preocupado que deixou instalado no rosto de Rita: — Acho que eu vi a Milena no casamento do... nem me lembro mais. Ninguém mais casa nesta família, né, tia?

— Não, a última foi a Alessandra.

Como se tivesse sido anunciada, Milena entrou na cozinha. Margarida fez uma festa, abraçou, beijou e fez elogios à menina. Milena, a princípio, ficou encabulada, mas depois se entregou ao momento.

— Está triste. Não encontrou quem procurava? — perguntou Margarida.

"Essa mulher é bruxa? Como sabe que não encontrei o Comédia?"

— Já tive a sua idade — tornou diante do silêncio da moça, e também como se tivesse lido os seus pensamentos. — Linda, não corra tanto atrás. Espera ele vir até você.

As horas foram passando, e Rita ainda presa aos comentários de Margarida.

Depois que todos se recolheram, quando se viu sozinha na cozinha, sentada na cama de abrir e fechar dada por Donária, Margarida, entre suas orações, proferiu um trecho de uma prece do Evangelho Segundo o Espiritismo:

"Minha alma vai encontrar-se por um instante com outros Espíritos. Que venham os Bons ajudar-me com os seus conselhos. Meu Anjo Guardião, fazei que ao acordar eu possa conservar uma impressão durável e benéfica desse encontro!"

Minutos depois de adormecida, Margarida se desprendeu do corpo físico e, como se estivesse noutro local, num cenário tranquilo, leve, foi ao encontro do espírito de Rosa, que a cumprimentou num tom sereno:

— Minha irmã, é sempre bom encontrá-la — pegou as mãos de Margarida e fitou seus olhos. — Fico muito feliz que tenha atendido os meus conselhos. Em São Paulo, ao lado de pessoas que foram de grande importância na sua vida, você será de grande valia para ajudar os espíritos de Estevam e Rafael a encontrarem a paz, os seus lugares...

— Será que sou a pessoa certa para essa missão?

— Não poderia ser outra — insistiu Rosa sorrindo. — Atente-se ao seu coração. Sintonize-se com as boas inspirações, com os conselhos que levará com você...

Margarida ficou ali, em silêncio, apreciando cada palavra, absorvendo os ensinamentos, a direção a ser tomada.

Capítulo II

Quando Lia acordou na segunda-feira para trabalhar, percebeu que a orelha ainda estava inchada e sensível. No café da manhã, a mulher justificou ao tio que a orelha inflamara por conta de um brinco. Mariana, que estava presente, confirmou a versão, mencionando ainda que já tivera problema semelhante.

Lia não pretendia trabalhar com a orelha daquela forma, mas Mariana a convenceu do contrário. A moça apareceu cedo no quarto de Lia e a incentivou a ir trabalhar. Depois de empurrá-la para o banho, Mariana apanhou no seu quarto alguns lenços. Escolheu no armário uma roupa alegre e fez a prima se vestir. Depois arrumou na cabeça de Lia um lenço de estampa com detalhes azuis em combinação com a roupa que vestia. Com cuidado cobriu as orelhas e fez um laço na altura da nuca. Para fechar, apanhou os óculos escuros e delicadamente ajeitou-os no rosto de Lia. Pronto! Um belo disfarce que, quando refletido no espelho, fez Lia se sentir bem melhor, sem notar o curativo que levava numa das orelhas.

Prestativa, Mariana ainda foi levá-la até o trabalho.

Lia chegou ao departamento e tratou de se empenhar em seu trabalho. Ninguém notara o curativo na orelha, muitos ainda elogiaram a disposição do lenço. Logo que viu Edson chegar, sentiu o coração acelerar. No almoço, na primeira oportunidade, Lia soltou o que estava engasgado:

— Estava precisando falar com você — revelou numa voz sentida.

— Saudade de mim? — perguntou num tom irônico.

— Eu fui ao encontro, no endereço que você marcou. Só que fiquei espe...

— Encontro?

— Sim. Combinou de me encontrar... — vendo o ar de espanto de Edson, Lia pegou o celular e mostrou a mensagem. — Olha aqui, você me mandou...

Edson ficou lendo e relendo a mensagem. Apanhou o aparelho em sua mão e leu mais uma vez, certificou-se do número. Ficou pasmado.

— Fiquei esperando você e acabei sendo assaltada. Fui parar no hospital, depois delegacia. Um horror.

Edson pensou rápido. Mais uma vez consultou o horário do envio da mensagem e depois puxou pela memória onde estava.

"Foi a hora que cheguei ao apartamento, estava no banho... Lógico, Gabriel! Brincadeira de mau gosto. Por isso não encontrava o celular. Achei estranho que estivesse numa das gavetas da cômoda, e desligado", pensou o homem diante das várias reclamações de Lia, já tomada por lágrimas.

— Minha querida, desculpe-me. Eu tive um imprevisto. Não tive como ligar para avisá-la. Sabe como é... — mentiu Edson, certo de que tomaria satisfação com Gabriel.

Lia estava muito carente, tanto que não tardou em desculpar Edson.

— Ele levou aquele conjunto de joias que você me deu, lembra? Colar e brincos de ouro branco...

— Não se preocupe, outros e ainda mais bonitos virão — prometeu Edson segurando a mão de Lia rapidamente, pois, como estavam perto do local de trabalho, ambos temiam ser vistos na intimidade.

Edson estava possesso com Gabriel. Ficou pensando no que o filho fizera e até onde o filho seria capaz de ir.

Milena ficou radiante com a ligação de Comédia. Sentiu-se em êxtase só de imaginar um encontro com ele. Não fazia questão da presença de Gabriel, seu primo, mas tinha interesse de conhecer Mariana.

O namoro entre Comédia e Milena se restringia aos encontros na plataforma dos trens, na porta do condomínio, uma vez no motel, por insistência de Comédia, e só. Agora um barzinho com os amigos era o seu sonho, pois assim se sentia sua namorada de verdade.

Estava na loja quando recebeu o convite. O sorriso desapareceu ao perceber que não tinha roupa nova para o tal encontro. Como se apresentaria? Recapitulou o guarda-roupa e percebeu que as roupas eram usuais, do dia a dia, sem nenhuma novidade.

Então, quando saboreava sua marmita requentada, o feijão pastoso sobre o arroz papado acompanhado por uma omelete e uma asa de frango, Milena pôs as vistas sobre o estoque. Apaixonou-se por uma peça rosa, notando de imediato a combinação com um jeans desbotado que possuía. Ainda naquele dia, sem o temor da primeira vez, ela apanhou a peça e escondeu no fundo da bolsa.

Milena saiu toda sorridente, despedindo-se da coreana. A dona da loja, que na ocasião comia algo estranho extraído de um recipiente de isopor, trocou um olhar com o segurança que estava plantado na porta da loja.

Milena não notou, pois seus pensamentos, suas preocupações, estavam no encontro com Comédia e seus amigos. E sua inquietação no momento era qual calçado colocar. Pensou nos três pares que tinha socados no cesto atrás da porta do banheiro, mas não achou nenhum bom.

Edson ficou horrorizado com a situação narrada por Lia. Passou a tarde pensando na brincadeira infeliz de Gabriel. Prova disso que saiu apressado da Fidélis & Cia quando acabou o expediente.

O homem, nitidamente nervoso, chegou aflito, observando cada canto da casa. Chamou por Beth, e pelo silêncio deduziu que a esposa não estava. Depois de percorrer alguns cômodos, encontrou Gabriel em seu quarto, deitado sobre uma colcha em tom verde em concordância com a decoração do quarto. O rapaz mantinha os olhos fechados e, pelo balanço dos ombros, estava em sintonia com a música que ouvia no iPod. Edson fechou a porta com força para despertar o filho, mas não teve resposta. Gabriel continuou com os olhos fechados, distante.

Depois de observá-lo por alguns instantes, numa respiração ofegante, Edson colocou as mãos nos ombros do filho e o despertou brutamente. O jovem saltou da cama procurando entender o que estava havendo, o que não demorou a acontecer, pois Edson despejou toda a angústia que sentira à tarde ao saber do que fizera com Lia.

— Moleque! Não vejo outro nome para isso. Como você pôde armar tal situação? Mandou a Lia para uma rua deserta e, em meu nome, combinou um encontro!

— A mocinha já foi reclamar da travessura para o super-herói?...

Edson se exaltou e novamente pegou o filho pelos braços, apertando-os.

— Não estou com tempo para brincadeira. Quer me atingir, é isso? — perguntou Edson enquanto via o cinismo de Gabriel, que ria da cena. — Como você é cruel. Sabe a consequência desta sua infantilidade? Ela foi assaltada. Agredida física e emocionalmente. Parou no hospital...

— Já sei por que está nervoso — concluiu Gabriel ainda rindo. — O super-herói não teve como salvar a mocinha. Pobre coitada. Fico agora pensando se fosse com a dona Beth, se teria a mesma preocupação...

— O que está dizendo?

— Sim, porque com a sua amante a história é outra...

Edson não conseguiu mais se segurar e bateu no filho, no rosto, mais de um tapa. O jovem não reagiu, não chorou, apenas se defendeu do pai, tanto que se esquivou indo em direção ao corredor do apartamento, de acesso ao banheiro, onde se trancou.

Edson, desesperado, arrependido por ter levantado a mão para o filho, voltou para o quarto de Gabriel e sentou na cama. As lágrimas do patriarca vieram logo depois, sentidas, quentes, doídas. Lembrou-se do filho pequeno vindo em sua direção, pedindo colo, mexendo em seus papéis. Nunca levantara a mão para o menino. Agora, diante da provocação de Gabriel, não se conteve. Duas frases foram o bastante para explodir o que vinha armazenando havia muito tempo.

Duas horas depois, quando os ânimos já estavam mais calmos, Beth em casa, sem saber de nada, Edson pensou em conversar com o filho, pedir-lhe desculpas, dizer o quanto estava triste pelo episódio daquela tarde. Já calculava uma conversa de pai e filho, longe do apartamento, num lugar mais tranquilo, e depois do jantar... depois...

Mesa posta, Beth da lavanderia, onde recolhia algumas peças de roupa, que ela mesma fazia questão de lavar, gritou para que o marido e o filho fossem jantar.

Edson chegou encabulado, sem olhar para Gabriel, que era o único à mesa. Edson estava tão envergonhado, cabisbaixo, que não percebeu de imediato a surpresa de Beth quando juntou-se aos dois.

— Que linda! — exclamou Beth fascinada ao desembrulhar o pacote discreto que era mantido entre o seu prato e os talheres.

Edson levantou os olhos que, pela primeira vez na mesa, se encontraram com os de Gabriel. O homem nesse momento sentiu a satisfação nos olhos de Gabriel. Depois, já cativado pela alegria de Beth, Edson ficou transtornado ao ver o objeto nas mãos da esposa.

— Meu bem, que presente bonito! — Beth levantou o colar que reluziu com a luz do ambiente. — Este colar é de ouro branco. Deve ter custado uma grana, Edson!

— Mãe, não se preocupe com isso agora. Que coisa feia! O papai está lhe dando um presente. Não se pergunta o preço. Está ansiosa para saber...

— Não sei se mereço... — disse Beth sinceramente.

— Beth... — iniciou Edson sem jeito, ainda sob o golpe da surpresa.

Gabriel, num tom superior, interrompeu:

— Tenho certeza de que o papai não pensou em outro pescoço que não fosse o seu quando viu a peça. Aceite! — virou-se para Edson e, encarando-o, completou: — O colar foi feito para você, não acha, pai?

— Onde vou usar? Nossa, já preciso pensar numa ocasião especial... — comentou eufórica com o presente, sem perceber a tensão existente entre o marido e o filho.

Tomada pela emoção, Beth foi beijar o marido, quando o percebeu pálido, gelado. Assustada, perguntou se estava bem, sentiu o suor frio escorrendo pela fronte de Edson e pediu a Gabriel:

— Meu filho, pegue o aparelho de pressão. Preciso medir a pressão do seu pai. Não parece bem.

— Estou ótimo, Beth. Deve ter sido...

— A emoção do momento — completou Gabriel sorrindo.

— Pega lá dentro, Gabriel. O aparelho está sem pilha. Tem na gaveta.

— Não sei onde guarda. Melhor a senhora mesmo pegar, já sabe lidar com aquilo — respondeu o rapaz friamente.

Beth aquiesceu e desapareceu num dos quartos da casa. Gabriel e Edson ficaram sozinhos.

— Eu pensava que você tivesse brincado com a Lia quando a mandou para aquela rua deserta, que o assalto tivesse sido consequência da situação, mas pensar que você fosse capaz de roubar a peça...

— Para o senhor ver do que sou capaz — acrescentou se levantando. Finalizou ao sair da mesa: — Nunca mais você me bate. Nunca mais. Ah! Não tive como aproveitar os brincos, um deles quebrou quando fui ajudar a sua amante a tirá-lo. Uma pena! O conjunto estava lindo. Tem bom gosto, papai.

Edson sentiu-se diante de um estranho. Ficou por algum tempo assim, com o olhar perdido no horizonte, inerte aos comentários de Beth.

— Está ótima sua pressão. Deve ter sido o calor mesmo. Que bom! — comemorou Beth toda feliz, acomodando o aparelho de aferir pressão na caixa. Apanhou o colar carinhosamente e completou ao beijar o marido: — Já está pronto para outra, querido.

O coração de Edson disparou.

Margarida acordou cedo, sentindo-se leve. Saboreou o café com Rita e depois, a contragosto, insistiu em lavar as louças. Conversaram por algum tempo. Mais tarde a hóspede sentou-se com a tia e o primo para acompanhá-los no café.

— Vai tomar café de novo? — indagou Denis à prima.

— Vou. O café e os salgados da Rita devem ser repetidos. Depois, eu posso comer, viu que mantenho a forma? — ressaltou ao se levantar e dar uma volta sorrindo. — Continuo com o corpinho dos vinte e pouco. Enquanto outros...

— É indireta para mim?

— Não, é direta mesmo. Está horrível! — Margarida olhou para Rita, que ria do diálogo dos primos, e considerou: — Não se preocupe, prima, é o nosso modo carinhoso de tratamento. Tia, não fecha a cara, sei que estou mexendo com o seu bonequinho lindo — indo depois beijar Donária, que não deixou de rir.

Essa era Margarida, sem limites, transparente e divertida. Isso foi provado mais tarde, quando Beth chegou à casa de sua mãe. Margarida saiu correndo desesperada, agarrou-se à prima e, entre beijos e lágrimas, expressou quanta saudade sentia. Para Beth não foi diferente, sentia a mesma emoção.

Ficaram horas sentadas, conversando. Ora aproximava-se Donária para reclamar de alguma coisa, ora Rita, depois de estender as roupas ou adiantar o almoço, juntava-se às duas para conversar.

Eram mais que somente primas, eram muito amigas, de muitos segredos, situações, bailes... Margarida era mais nostálgica, lembrava-se das músicas, letras, e ainda exibia os passos que fazia na época da discoteca. Rita se lembrou dos discos de vinil guardados e Margarida arrumou um jeito de tocá-los. Aquele momento foi divertido. Margarida fez Beth dançar a música de quando conhecera Edson. Rita mostrou o que sabia, para surpresa das mulheres presentes. Até Donária entrou na folia e dançou alguma coisa. A idosa, tomada de juventude, sacudia e girava sobre os saltos o corpo repuxado pela idade, enquanto os brincos dourados pareciam ter vida própria ao se balançar em volta do pescoço.

— Não sabia que a mãe frequentava discoteca.

— Estou surpresa, tia — espantou-se Margarida.

— Eu via na novela e treinei no banheiro — revelou Donária.

Todas riram.

— Eu lembro que minha mãe não gostava que fôssemos dançar...

— Eu me lembro disso, Margarida — ao observar o olhar de reprovação da prima, Beth consertou rapidamente: — Deise. Você se trocava no banheiro aqui de casa...

Donária ficou em silêncio. Voltou à época em que o marido era vivo, que a irmã casada, mãe de Margarida, morava por perto. Ficou aliviada quando soube que a irmã, com a família, iria embora para o interior. Era como se com eles também fossem muitos segredos, nos quais não tinha vontade de remexer. Por isso deixou a filha, a sobrinha e a nora, e tomou destino a outro cômodo.

Rita logo saiu também, com a desculpa de arrumar suas trufas para mais tarde serem vendidas na estação do trem. E Beth anunciou sua partida, era seu dia de folga, mas tinha muitas outras coisas para resolver. Deixou alinhavados alguns programas com a prima.

— Beth, preciso visitar a Alessandra. E muito. Pode me levar até ela? — pediu Margarida num tom sério, bem diferente da mulher descontraída de até então.

— Lógico. Eu até gostaria muito que você...

Margarida ficou com os olhos focados num dos cantos da casa. Rapidamente pegou a mão de Beth e começou a falar:

— Haverá muitas mudanças em sua vida. Muitas, e estão perto de chegar. Ele está procurando você.

Beth puxou as mãos e, rindo, quis saber:

— Que bobagem é essa? Do que está falando. Ele quem?

— O seu amor.

— Deise — falou já se acostumando com a novidade do nome da prima. — Sou casada. Isso não é para outra pessoa? E o que é que está dizendo, tanta coisa, que vai acontecer, ele está chegando...

— Você faz pouco do que estou falando. Pode, agora, parecer estranho — fez uma pausa e prosseguiu: — Vocês vão se reencontrar. Ele é mais novo que você.

Beth tentou interromper, mas não conseguiu. Margarida foi rápida, enérgica:

— Você, noutra vida, morreu primeiro que ele, que veio anos depois, e está procurando você...

Beth começou a rir alto, desconsiderando a conversa da prima. Já no portão, quando Beth estava indo embora, depois de se despedir das mulheres presentes na casa, perguntou à prima:

— Depois você me conta sobre esse novo amor, mais novo...

— Que amor mais novo? — perguntou séria.

— O que me disse agora há pouco, em casa.

— Não me lembro.

Beth começou a rir, já se convencendo de que tudo era brincadeira de Margarida, mais uma entre tantas. Só que, depois de rodar alguns quarteirões, quando parou diante do semáforo, Beth jogou a cabeça no encosto do assento e pensou nas palavras da prima:

"Ele é mais novo que você... Você, noutra vida, morreu primeiro que ele, que veio anos depois, e está procurando você..."

Capítulo 12

O carioca Cristiano vivia em São Paulo no apartamento que fora de seus tios. Próximo de completar quarenta anos, ele era alto, olhos claros e marcantes, barba bem aparada e corpo atlético. Desde pequeno passava as férias na casa dos tios na terra da garoa. Sua mãe, ocupada com mais quatro filhos, não se importava em ceder Cristiano ao único irmão, noutra cidade. O casal paulista, que não tivera filhos, via em Cristiano a generosidade de Deus, por isso tratava o sobrinho como filho.

Na juventude, depois do falecimento dos pais num curto intervalo, Cristiano viu os irmãos seguirem os seus caminhos e o dele já estava traçado: São Paulo. Cristiano vivera momentos felizes ao lado dos tios. Quando o tio ficou viúvo, Cristiano, na ocasião um rapaz cheio de sonhos, entre eles o de ser jornalista, permaneceu ao lado do tio, trabalhando com ele na imobiliária e estudando à noite.

Depois de formado, Cristiano deixou o seu sonho de lado e se dedicou aos negócios do tio, cuja saúde estava debilitada, vindo a falecer algum tempo depois. A imobiliária não era grande, mas tinha um nome de décadas e muita credibilidade, por isso era muito procurada. Para Cristiano, dedicar-se ao jornalismo, de que tanto gostava, significava deixar a imobiliária, o que para ele era um sinal de ingratidão para com o tio e tudo o que fizera por ele, pelo tratamento, carinho, educação...

Ainda assim, Cristiano, paralelamente ao trabalho na imobiliária, fazia seus cursos para aprimoramento. Descobriu também paixão por fotografia e uniu o útil ao agradável. Fazia algumas reportagens e fotos dos flagrantes que via pela cidade e enviava para alguns jornais, sem grande repercussão.

Certa vez, quando levava um cliente para visitar um apartamento que estava à venda na imobiliária que herdara, Cristiano presenciou um assalto num bar que resultou na morte de um cliente. Rapidamente Cristiano pegou o equipamento que sempre mantinha no carro e registrou as fotos e o vídeo da ação, inclusive do culpado durante a fuga. Isso o fez perder a venda do apartamento, pois o cliente saiu disparado pela rua movimentada e entrou num táxi em sentido contrário. Cristiano não se preocupou. Com as fotos e as imagens nas mãos, além de uma matéria bem redigida, ele foi a um jornal de circulação nacional, mas não obteve sucesso; resolveu ousar e foi a uma emissora de TV. A princípio não houve interesse, mas depois de narrar o episódio detalhadamente e tentar mostrar o material, foi então direcionado para uma sala no quinto andar do prédio da emissora.

O material, depois de muita expectativa de Cristiano, foi analisado por um rapaz mais jovem do que ele esperava, que tinha uma voz altiva e vestia um terno desalinhado. Ofereceu dinheiro pelo material, mas Cristiano pediu emprego. O homem explicou que naquele momento o quadro estava completo, mas que deixasse seus dados no departamento de Recursos Humanos.

O homem ficou observando Cristiano sair. Olhou mais uma vez o texto que tinha nas mãos e o considerou muito bem-feito, mas temia concorrência, e mais: o autor do material era bonito, seguro, facilmente poderia impressionar a diretoria, o que poderia causar tumulto na sua redação, e não queria que nada saísse errado na sua administração, que completava apenas dois meses. Conceito embutido em sua cabeça na época da faculdade por um professor retrógrado. Por esse motivo, o homem jogou o texto no lixo. Quanto às fotos e imagens, o responsável pela redação enviou-as a uma pessoa da equipe e deu o prazo de meia hora para apresentar o texto em sua mesa.

Cristiano saiu feliz, com dinheiro no bolso pelo material e certo da oportunidade de se firmar no universo com que sonhava. Já fazia planos de contratar mais alguns corretores para auxiliar na imobiliária, a fim de manter o sonho do tio aceso, e o dele também.

À noite, como uma criança diante de um desenho preferido, Cristiano se acomodou no tapete da sala com um prato farto no colo em frente à TV. Estava ansioso para ver o seu trabalho estampado na televisão. No segundo bloco, para sua surpresa, foi lido um texto pobre, diferente do seu, e algumas das fotos e o vídeo ilustraram a notícia. Pouco antes de acabar a notícia, no rodapé da tela, numa cor apagada, apareceram os créditos com o nome de Cristiano, vídeo e fotos amadores.

Cristiano teve uma noite péssima, um sentimento de traição e ira. Durante o café, viu dois jornais sobre a mesa, era hábito do tio ler pela manhã, que Cristiano manteve após o seu falecimento. Viu as fotos do crime que presenciara estampando alguns jornais. Saiu logo cedo, apressado, pois tinha um cliente três horas mais tarde para conhecer um sítio no interior. Foi parar na porta da emissora de TV. Não foi atendido. No entanto, era obstinado e se aproveitou do encantamento da recepcionista ao vê-lo para ter acesso ao telefone e ligar para a redação. Cristiano apresentou-se como o autor da matéria e mentiu ao dizer que tinha outra para mostrar. Rapidamente, diante do sucesso da primeira, Cristiano foi recebido pelo mesmo rapaz apático do dia anterior, e desta vez o atendimento foi mais rápido.

O sorriso desapareceu quando Cristiano revelou não ter outra matéria, que queria, diante do furo obtido, a oportunidade de trabalho. Novamente o homem, sem interesse algum, repetiu não ter vagas. Cristiano se exaltou ao cobrar o texto, pelo fato de as suas fotos também estarem em outros jornais. O rapaz sorriu e atribuiu ao contrato assinado os direitos totais da emissora sobre o material pelo valor pago.

Cristiano já não via motivo para continuar ali. Saiu apressado, despedindo-se friamente do rapaz. Recordou as palavras frias ditas pelo outro, lembrou-se do dinheiro que recebera e também do papel que assinara quase sem ler, na euforia de conseguir um emprego na redação da TV, em que dava à emissora plenos direitos das imagens.

Pensativo, controlando sua revolta, com o sentimento de ter sido usado, Cristiano entrou no elevador. Estava sozinho, esmurrando as paredes, quando a porta abriu em outro andar. O homem disfarçou ao ver a moça entrar. Ela tinha aparência frágil, falava num celular, mas não conseguia tirar os olhos de Cristiano.

— Modelo? — perguntou a moça para Cristiano depois de encerrar a ligação.

— Não, sou...

— Tenho uma proposta para você...

A moça começou a falar disparadamente até o térreo. Antes mesmo de deixar Cristiano se manifestar, a jovem tirou uma foto dele e, com uma habilidade que deixou o homem assustado, enviou a foto para um dos números e depois ligou dizendo:

— Encontrei o modelo para a campanha. Tenho certeza de que será um sucesso. Viu a foto? Mandei agora...

— Moça, calma, eu não sou modelo... — tentou interromper Cristiano, mas sem sucesso.

— Ótimo! Aprovado? — a moça falou ao celular e segurou a mão de Cristiano. — Não acredito que vamos conseguir fechar com o cliente. Há três meses que ando como uma louca atrás de um modelo.

Depois que desligou, já no térreo, a moça pediu para Cristiano esperar. Perguntou o seu nome e se apresentou como sendo de uma agência de publicidade e também fotógrafa e estava recrutando um modelo com o perfil como o dele, que tinha chance de um contrato importante com uma marca internacional de roupas.

— Acho que, se parasse para me ouvir, entenderia...

— Meu nome é Juliana. Este é o meu cartão. Meu querido, é a sua chance. Pense melhor. Eu lhe dou um prazo até dez horas da manhã. Espero que sua resposta seja sim.

Cristiano pensou em jogar o papel no lixo, mas achou a moça simpática, divertida e precipitada também. Não deixou de rir da situação, o que o fez esquecer-se do episódio vivido minutos antes. Passou os olhos pelo cartão antes de guardá-lo no bolso:

"Juliana Souza. Agência de Publicidade..."

Cristiano chegou a tempo de cumprir sua agenda, pegar o cliente e apresentar o imóvel. Era um sítio e, para a sorte da imobiliária, a venda foi concretizada. Ele estava muito pensativo, pois não saía da sua cabeça a indiferença do jornalista, todavia o convite de Juliana o deixou ainda mais incomodado. Sempre recebia elogios, mas nunca tivera proposta para ser modelo, ainda mais naquela idade. Já estava deitado quando percebeu que talvez fosse um caminho que Deus lhe apresentava e, assim, ligou para Juliana.

Juliana atendeu no primeiro toque, como se estivesse à espera da sua ligação, e foi direta, com a urgência de sempre, a dizer:

— Que bom que ligou! Sabia que pensaria melhor sobre o assunto. Amanhã no endereço do cartão, combinado? — antes de Cristiano responder a moça completou: — Agora vá dormir. Já quero tirar algumas fotos suas amanhã e não quero vê-lo de olheiras. Depois a foto não sai boa e culpam os fotógrafos. Não tem photoshop que resolva...

Cristiano confirmou a presença e desligou rindo, considerando Juliana uma maluca, mas com a sensação de que estava no caminho certo.

A agência ocupava um sobrado antigo, tijolos à vista, com uma iluminação suave sobre o letreiro e muito arborizada também. Cristiano chegou dez minutos antes do combinado e ficou apreciando o local. Juliana chegou apressada, nada diferente do último encontro que tiveram, celular na mão e, ao vê-lo, saiu puxando-o pelo braço para o interior do estabelecimento, como se já fossem conhecidos antigos.

Lá, sentados, Juliana serviu uma xícara de café a Cristiano, mesmo sem perguntar se era sua preferência.

— Precisa se manter acordado. Temos muito trabalho hoje.

A mulher se adiantou a mostrar o contrato a Cristiano, que ficou surpreso com a quantia que receberia pelo trabalho, por ser um valor superior ao que imaginara. Juliana ainda explicou sobre o cliente e todos os outros detalhes.

— Já tive uma ideia, logo que o vi. Vamos tirar umas fotos em Jericoacoara, conhece? — Cristiano não se deu ao trabalho de responder. Ela prosseguiu: — Maravilhoso...

— Traje social, pelo que falou. As fotos serão tiradas lá?

— O cliente gosta do contraste. Já fizemos outros trabalhos e foram muito bem aceitos. Você embarca hoje à noite para o Ceará. A gente se encontra lá. Eu vou logo após o almoço, já quero arrumar a equipe, localizar os pontos...

Cristiano ficou assustado com toda aquela urgência e também envolvido com a ideia de Juliana. Ele ainda tentou argumentar, mas não houve chance:

— Eu tenho alguns negócios antes de ir, será que pode...

— Que bom que você entendeu a urgência! Preciso entregar esse material ao cliente ainda amanhã. O dono da agência contratou uma publicitária e também fotógrafa, mas acha que eu faço mágica — abriu um sorriso antes de continuar. — Vou apresentá-lo ao pessoal da agência, o pessoal da equipe... Ah! Precisa também acertar os detalhes da viagem, suas despesas, vai para o estúdio fazer algumas fotos, seus cabelos precisam de uns toques também, suas medidas...

Cristiano, já em casa, antes de embarcar, ligou para dois corretores conhecidos e fechou um acordo para trabalharem na imobiliária. Agiu assim, mais uma vez, no intuito de manter vivo o sonho do tio. Deixar a imobiliária para ele era como se tivesse abandonando o tio, e isso não estava nos seus planos.

Jericoacoara, situada a trezentos quilômetros de Fortaleza, foi considerada, em 1994, por um jornal americano, uma das dez mais belas praias do mundo. Praias lindas, dunas, lagoas de água doce, pousadas aconchegantes, ruas recheadas de areias, nativos simples e receptivos... Por fim, foi nesse cenário que Cristiano se viu da noite para o dia. Depois de desembarcar em Fortaleza, Cristiano foi conduzido por um carro alugado pela agência até Jericoacoara, o que levou algumas horas, que não foram percebidas, devido à beleza que surgia diante dos seus olhos.

Cristiano teve uma hora para o banho, descanso, fazer ligações, enfim, tudo estabelecido por Juliana, o que o fez se sentir num regime militar. Uma hora depois, conforme combinado, Juliana bateu na porta do seu chalé. A moça, ditando ordens, jogou no seu colo várias roupas, nem levou em consideração o rapaz conversando no celular com os corretores da sua imobiliária.

Meia hora depois, sob um sol escaldante, Cristiano, cercado por uma equipe de seis pessoas, vestido em traje social, era fotografado, enquanto suas poses eram dirigidas por Juliana. A mulher, perfeccionista, ditava ordens, aproveitava todos os ângulos. Ora o homem aparecia saindo de uma ruela, ora estava próximo de um barco, ora correndo em direção ao mar, ora escalando dunas... Exibia a camisa desabotoada, com a gravata nas mãos, e noutro momento a marca era posta em close...

— Que ideia insana! — reclamou Cristiano. — Roupa quente, gravata, num lugar desses! Meus pés desaparecem na areia quando piso...

— Pensou que vida de modelo era moleza? Está ficando lindo, Cristiano. Você vai gostar do resultado. Já mandei uma amostra para o chefe, que adorou. Uma pessoa da equipe transmitiu o material numa lan house — virou-se para um dos seus auxiliares e pediu: — Água para o modelo, maquiagem. Vamos, gente! Rápido. Não posso perder essa luz. Mais uma muda de roupa para daqui a quinze minutos...

Exausto, Cristiano pensava em dormir embaixo do chuveiro, mas Juliana marcou um jantar com a equipe num dos maravilhosos restaurantes da redondeza. Foi muito animado. Logo Cristiano se viu sozinho com Juliana e descobriu nela uma moça frágil, sensível, bem diferente de quando estava trabalhando. Ainda que tomados pelo cansaço do dia, os dois acabaram se estendendo para a vida noturna do vilarejo. Os jantares e as danças noturnas se repetiram por uma semana, pois, diferentemente do combinado, o trabalho ultrapassou os três dias do projeto.

A carência aproximou o casal e o envolvimento aconteceu. Cristiano partiu com a sensação de que aquele encontro poderia se prolongar, mas não viu em Juliana essa vontade. Por isso se despediram como amigos. Juliana resolveu ficar no vilarejo, alegando ter outros projetos pelo litoral, e na semana seguinte embarcaria para o Canadá.

Outros trabalhos surgiram no decorrer dos meses. Cristiano os aceitava, sempre dizendo que seria o último, porém havia se afeiçoado a Juliana e esperava, a cada trabalho, a oportunidade de reencontrá-la, o que não acontecia. Quando completou exatamente três meses da sua estada em Jericoacoara, Cristiano teve a surpresa de receber Juliana na porta de sua casa. Ela, sempre ansiosa, disparou nos cumprimentos:

— Estou grávida — analisou o rosto surpreso de Cristiano e prosseguiu: — Eu tinha que lhe contar assim, logo. Do contrário me faltaria coragem.

O celular de Juliana tocou antes mesmo de ela ouvir Cristiano. Era Beth. A moça, ao atender, disse ao homem pálido à sua frente:

— É a minha cunhada. Vamos combinar um encontro para apresentá-los. Tenho certeza de que vão se dar muito bem.

Beth, enquanto falava ao telefone, tratou de abrir as janelas para ventilar o apartamento. Acabara de chegar a sua casa e tinha em seus planos conversar com a cunhada. Depois dos cumprimentos, Beth perguntou sobre a gravidez:

— Estou ótima! Nem enjoos tenho sentido — respondeu Juliana, tirando o aparelho do rosto e fazendo a Cristiano um pedido: — Posso entrar? — ao colocar o fone no ouvido, Juliana percebeu Cristiano desajeitado, tentando disfarçar o nervosismo, ao mesmo tempo que receptivo, conduzindo a moça para o interior da casa como se esta estivesse doente. Esse gesto fez Juliana rir, depois continuou com a cunhada: — E você, como está? Já contou para o meu adorável irmão que ele será tio?

— Não! — respondeu Beth apressada num tom baixo, com receio de que aquela notícia pudesse chegar aos ouvidos do marido.

— Tudo bem — comentou num tom divertido. — Deixa a barriga começar a aparecer mais que vou tirar uma foto e enviar para o e-mail dele. Beth, desta vez você fica viúva.

Beth não deixou de rir. A conversa ainda se prolongou por mais alguns minutos e, entre os assuntos, Beth contou à cunhada sobre a visita de Margarida e as notícias do resto da família.

A porta do apartamento abriu quando Beth deixou o aparelho de telefone sobre a mesa. Era Edson, visivelmente abatido. Depois de um beijo rápido nos lábios da esposa, Edson certificou-se de que estavam sozinhos e, ao ter a afirmação de esposa, disparou:

— Recebi uma ligação da escola de inglês onde Gabriel deveria estar...

— Deveria? Ele tem feito o curso duas vezes por semana no período da tarde.

— Isso não acontece há um mês — afirmou num tom tenso ao se recordar da voz da jovem que ligou no seu trabalho para perguntar por Gabriel. — Eu também fiquei surpreso — mentiu Edson, pois não conseguira se esquecer das crueldades que o filho era capaz de fazer. Ao saber da ausência de Gabriel no curso, Edson teve mais um complemento do perfil que o rapaz vinha demonstrando.

— Temos que conversar com ele. O que será que está havendo? — especulou Beth nitidamente preocupada com a notícia.

— Hoje eu conversei com um amigo — expôs Edson na sequência, interrompendo a esposa. — Ele é dono de um posto de gasolina e tem um emprego de frentista para o Gabriel.

— Para o Gabriel? Mas e os estudos? De frentista, Edson? Com a faculdade...

— Estágios a partir do ano que vem. Consultei alguns amigos. Depois, ele gosta de carros. Passará o dia vendo-os, e de vários modelos.

Edson, depois de muito pensar, concluiu que o jeito para frear o filho era ocupar sua vida. Depois que viu Gabriel oferecer as joias que fora de Lia de bandeja para Beth, percebeu que o rapaz não estava de brincadeira nem estava preocupado em se arriscar. Por conta de todos os últimos acontecimentos, incluindo a falta constante do rapaz ao curso, Edson recorreu ao amigo, que se prontificou a ajudá-lo.

— Beth, na idade dele, a gente já trabalhava, ajudava em casa. Entendo sua preocupação em facilitar a vida do nosso filho, só que já passou da hora de ele fazer suas escolhas, seguir o seu caminho, e para tanto precisa ter senso de responsabilidade, obrigação, disciplina, do contrário pensará que a vida é uma estrada sem limites. Precisamos deixar de ser o corrimão dele.

Beth tentou argumentar, mas acabou concordando com o marido, tanto que ficou acertado de ela mesma conversar com o filho a respeito.

Edson ficou aliviado com a conversa. Pensava que assim, ocupando Gabriel, estaria livre de suas tramas.

Capítulo 13

Alessandra resolveu se adiantar e foi à casa da avó para visitá-la e também rever Margarida. A moça gostava de Margarida e a chamava de tia. Chegou pouco depois de Beth sair. Rita foi recebê-la no portão.

— Sua mãe acabou de sair. Mais um pouco vocês se encontrariam.

— Ainda bem que já foi — afirmou o espírito de Rafael ao lado de Alessandra. — Ale, vai lá e não demora. Não vou entrar, sua avó faz muitas perguntas. Volto daqui a pouco para a gente ir para casa.

— Tia Rita, que bom vê-la! — exclamou sinceramente, já livre do espírito de Rafael, distante daquele que hostilizava a família. — Eu fui ao shopping e, como soube que a tia Margarida estava aqui, não pude deixar de visitá-la.

— Só assim para eu ver minha neta — reclamou Donária ao se aproximar e abraçar a neta, que sorriu e não rebateu a provocação.

Margarida apareceu logo depois e recebeu a jovem toda festiva, como de costume. A mulher, muito intuitiva, disparou:

— Engraçado, eu estava na janela do quarto quando você chegou e parecia que estava acompanhada.

— Deve ser o Rafael. Ele tinha essa mania, deixava a Alessandra na porta e desaparecia, depois assoviava e minha neta saía correndo — divertiu-se Donária.

Rita, ao ver a reação séria de Alessandra diante da brincadeira, mudou de assunto. Margarida ficou séria, como se tivesse entendido o que havia acontecido, mas, na sequência, a mulher desatou a rir, conversar e também saborear os quitutes de Rita. Falaram por mais meia hora, o tempo de permanência de Alessandra na casa da avó. Em meio à conversa, Alessandra interrompeu bruscamente, como se tivesse ouvido o assovio de Rafael, e tratou de se despedir das mulheres da casa.

Alessandra estava indo em direção ao portão, acompanhada por Donária e Margarida, quando esta sentiu a presença de Rafael, despediu-se e voltou para dentro de casa. No caminho, já ouvindo o carro de Alessandra sendo ligado, Margarida se virou para o portão e acenou para a filha de Beth.

— Margarida, viu como minhas netas são bonitas? — perguntou o espírito de Estevam.

Margarida rapidamente tornou para a direção de Estevam. O frio aumentou. Estevam teve a sensação de ter sido escutado.

— Desiste, Estevam. Desiste — aconselhou Rosa. — Você e Rafael estão presos a este mundo por sentimentos tão pequenos. Precisam se libertar disso, alcançar a liberdade, o ensinamento...

— A minha sobrinha me ouviu...

— Você só conseguiu, nestes anos todos presos à vida que um dia teve, influenciar Milena. O que não fez bem, como já disse.

— Mas consegui.

— Pode daqui a pouco não conseguir mais. Ela pode reagir a tudo isso e mudar. Até quando pensa que viverá de migalhas?

Estevam demonstrou-se agressivo e Rosa desapareceu, sem tirar do rosto o semblante leve e iluminado.

No interior da casa, Margarida fez suas preces e pediu alívio das sensações que sentira naquela última meia hora. Rosa aproximou-se e a abraçou. Margarida sentiu-se calma, leve e pensou:

"Se esse for o meu desafio, vamos em frente. Que os bons espíritos estejam comigo."

Beth pensou muito sobre a conversa que tivera com o marido. Desejava ao filho uma vida mais leve, por isso amortecia as dificuldades que a vida podia oferecer. Dava ao rapaz faculdade paga, cursos, dinheiro, roupas de grife, no intuito de compensar sua falta e também de amenizar sua vida. Ficou muito decepcionada ao saber que Gabriel não frequentava o curso que vinha pagando todos os meses. Não pelo valor pago, mas pela confiança que vinha se quebrando. Começou a analisar também o comportamento do jovem ultimamente, o distanciamento que tinha com o pai, com a família. De primeiro, entendia como um comportamento típico de adolescente, porém já não estava mais nessa fase, teria de ver a vida de forma diferente. Entendeu ali a necessidade de ouvir Edson.

Gabriel chegou e foi direto para o banho. Beth estava sozinha em casa e esperou o rapaz aparecer na sala onde estava para iniciar a conversa. No começo não foi fácil, Beth escolhia as palavras, procurava manter a voz amena, o que era da sua natureza.

— Meu querido, estive pensando, um trabalho lhe faria bem agora. Estuda de manhã e à tarde se ocupa com o trabalho...

— E meu curso?

Beth respirou fundo e foi sutil ao dizer:

— Já liguei para a escola e cancelei sua matrícula. Acho que não estava se interessando, foram contabilizadas algumas faltas.

Beth fez uma pausa para esperar a defesa do filho, o que aconteceu rapidamente:

— A professora não vai muito com a minha cara, deve ter me dado faltas...

— Não tem importância agora, Gabriel — finalizou passando a mão na cabeça do filho. — Se tem identificação com o curso, poderá fazê-lo aos sábados. Eu me informei e soube que há vagas.

Gabriel sentiu-se envergonhado diante da mentira estampada em seu rosto e da solução de Beth para o assunto. O rapaz resolveu aceitar a proposta de emprego escondendo a sua revolta diante da novidade. Beth ficou feliz pela aceitação e explicou, conforme informação passada por Edson, onde o jovem poderia se apresentar, com data e horário.

— Seu pai ficará orgulhoso de você, meu filho. Ele mesmo se encarregou em contatar um amigo, dono do posto de gasolina, para conseguir o emprego — revelou Beth.

"Logo vi que isso era ideia do meu pai. Tem volta", pensou Gabriel.

O jovem sentiu o abraço da mãe e abriu um sorriso forçado.

O que Salvador Fidélis mais zelava era por sua vida pessoal. Depois da viuvez, o máximo que conseguiram especular era que morava com a filha e uma sobrinha que viera do interior de Minas Gerais para ajudá-lo. De resto nada sabiam da sua vida sentimental. Não permitia a interferência de seus funcionários na sua vida particular, porém a presença de Lia na Fidélis vinha comprometendo essa estabilidade. Era um homem muito ocupado em manter de pé o seu império, em fazer o dinheiro render. A maior parte do seu dia era na empresa, em reuniões, em viagens, fechando contratos, acordos milionários...

Para sua surpresa, Salvador soube naqueles dias, por intermédio de Luciano, diretor da área jurídica de sua empresa, sobre o bom desempenho de Lia no departamento. O empresário pensava em mandá-la de volta para a casa da irmã, chegara a pensar em comprar a passagem de ida para presenteá-la, mas o relatório apontado por Luciano o fizera mudar de ideia. Logo depois que Luciano saiu de sua sala, Salvador fez uma ligação:

— Oi, meu amigo, isso mesmo, já reconheceu minha voz, eu mesmo, Salvador Fidélis. Preciso de um favor, é o seguinte...

À noite, durante o jantar, na presença de Mariana, Salvador anunciou para Lia, num tom ríspido, sem emoção:

— Seus dias estão contados aqui em casa.

— Como, tio? — perguntou Lia surpresa.

O velho, que até então mantinha o rosto voltado para o prato, levantou-se e observou a sobrinha arrumar o lenço na cabeça.

— Poderia tirar esse lenço durante a refeição, não acha?

— Eu... — iniciou Lia visivelmente desconcertada.

— Tratamento, papai — socorreu Mariana ao ver o constrangimento de Lia em mostrar a orelha ainda machucada. — Um creme maravilhoso que não pode...

— Quanta bobagem! — murmurou e continuou em voz alta: — Primeiro pensei em mandá-la de volta para sua mãe...

Lia ouvia apertando os talheres nas mãos, enquanto pensava:

“Velho ridículo, acha que sou uma menina, que depois do favor feito pode ser devolvida para aquele fim de mundo...”

— ... No entanto soube do seu desempenho e acho justo que tenha um lugar para você — entregou à moça um envelope.

Lia leu apressada, não acreditando no que via diante de seus olhos. Logo depois, emocionada, agradeceu ao tio o apartamento oferecido.

— Quero ver sua mudança ainda esta semana — ordenou o velho levantando-se da mesa.

— Tio, preciso conhecer o lugar, mobiliar, contratar empregados...

— Está mobiliado. Empregados?! Preciso rever seu salário. Depois o condomínio é tranquilo, os cômodos são confortáveis. Vi tudo por fotos enviadas pelo corretor ao meu e-mail — fez uma pausa e analisou a sobrinha. — Quero sua mudança ainda nesta semana — ratificou Salvador antes de desaparecer numa escada de acesso ao piso superior.

Mariana, feliz com o apartamento oferecido pelo pai, correu para abraçar Lia. Simpática, a herdeira do império Fidélis desejou o melhor para a prima. Esta, por sua vez, pensava:

"Ele me odeia. Fiz tanto por ele, e me quer pelas costas. Tanto dinheiro. O importante é que consegui um apartamento..."

— Comédia, tenho uma proposta irresistível para você — anunciou Gabriel num sorriso sedutor.

Gabriel, ao ver a euforia do seu discípulo, anunciou:

— Meu pai arrumou um emprego num posto de gasolina, mas eu já tenho uns lances para resolver e preciso de você. O emprego é seu. Preciso que se passe por mim — antes de Comédia dizer algo, Gabriel prosseguiu: — Outro dia comentou que estava com um tênis ruim, acho que é a oportunidade de ter uma grana.

— Quer que eu me passe por você?

— Por um mês. Passa rápido... Preciso da sua força.

— Eles vão pedir documentos, como vou fazer?...

— Está tudo pensado. Já vou providenciar os documentos.

No dia seguinte, convencido por Gabriel, Comédia apresentou os documentos falsos para o dono do posto.

— Filho do Edson Souza. Que prazer conhecê-lo! — falou o homem numa felicidade de dia de Natal ao lado da família. — O dono do posto é amigo do seu pai, pediu para recebê-lo — o homem de aparência acabada, cabelos grisalhos, examinou os documentos apresentados e perguntou: — Gabriel Jardine Souza?

— Isso mesmo — mentiu Comédia numa voz amedrontada. No mesmo instante olhou para o outro lado da rua e pôde ver Gabriel encostado num poste, sorrindo. Naquele momento sentiu-se confiante.

— Você começa amanhã — afirmou o gerente do posto, desta vez examinando o rapaz. — Acho que temos um uniforme que vai servir em você. Vou pedir para passar naquela salinha ali — indicou o homem, apontando para uma sala pequena, encostada numa loja de conveniência. — Uma moça que cuida da contratação vai dar todas as instruções necessárias — segundos depois, ao ver o rapaz tomar distância, o gerente do posto de gasolina o chamou: — Gabriel? — depois de insistir, o jovem se voltou, pois não estava acostumado a ser chamado por outro nome. — Boa sorte — desejou o homem.

Comédia acenou com a cabeça, num gesto de agradecimento, e pensou:

“Espero que os planos de Gabriel deem certo”.

Cristiano ficou observando Juliana conversando com a cunhada e assim permaneceu ao vê-la desligar o aparelho. Ansiosa, a moça tratou de conhecer o apartamento dele. Ela falava sem parar, diversos assuntos, a maioria sobre trabalho, sobre as fotos, a repercussão da campanha produzida em Jericoacoara. Cristiano assistia em silêncio, ainda perplexo com a novidade, tanto que a cortou com a pergunta:

— Como assim, grávida?

— Grávida! — replicou com naturalidade.

— Espere um pouco, você foge de mim. Sim, foge, porque não quis nada a sério quando nos conhecemos...

— Um amor de verão. Ficou lá, nas dunas, presenciado pelo pôr do sol...

Cristiano se alterou de uma forma que ele mesmo se assustou:

— Um amor de verão? Foi isso que significou para você?

— Não sou romântica. Nunca fui.

— Não sou palhaço para abrir a porta da minha casa e receber uma notícia assim...

— Não se espante, não quero me casar — Juliana havia se desarmado com a fúria de Cristiano, por isso, num tom ameno, voz embargada, ela continuou: — Eu só estou pensando na criança. Só nela. Não quero me casar, mas quero o pai da minha filha ou filho, sabe lá Deus, por perto — havia uma carência no fim da frase que fez Cristiano sentir-se emocionado. Nesse momento foi abraçá-la.

A conversa se prolongou por mais algum tempo, logo Juliana ficou à vontade para mudar de assunto. Cristiano, embaraçado, ofereceu um quarto desocupado para a moça.

— Obrigado, Cristiano. Eu não pensava em voltar para São Paulo. Não tenho boas recordações. Estava de passagem quando nos encontramos. Parece até que foi para encontrá-lo para o trabalho. Eu estava em reunião no prédio quando o encontrei...

— Eu percebi. Do que está fugindo? Da vida?

Juliana se fez de desentendida e, sem responder, mudou de assunto:

— Já tive uma residência fixa quando morei em Minas Gerais, depois, nesse trabalho que tenho, muitas viagens... Quando fui contratada, foi a primeira pergunta que me fizeram, se eu tinha disponibilidade para viajar. Adorei a ideia. Eu me desfiz do apartamento que tinha e passei a morar em flats, hotéis, pousadas... é tudo tão prático.

Durante o jantar, Cristiano perguntou como ela descobrira sobre a gravidez. Ela, sorrindo, naquele jeito misto de frágil e ansiosa, contou:

— Sentia muita fome, sono, essas coisas de grávidas — ria ao relatar, o que fez Cristiano acompanhar a alegria. — Usei esses testes de farmácia, e logo soube — mentiu a moça.

Antes de dormir, já na cama oferecida por Cristiano, no silêncio do seu travesseiro, somente com a luz do abajur acesa, Juliana começou a observar o quarto grande, de decoração antiga e conservada. Perdida em devaneios, ela lembrou-se da forma real de como descobrira a gravidez. Sentira dores fortes na barriga durante o trabalho de seleção de fotos, momento em que foi levada ao hospital. Lá fora surpreendida com a notícia da gravidez. Enquanto todos comemoravam a descoberta, Juliana disfarçava sua angústia. No dia seguinte, conseguiu uma consulta de encaixe com o seu médico, que, ao saber da gravidez da moça, foi severo ao sentenciar:

— Você não poderia ter esse filho. Sabe disso, não é mesmo? Venho acompanhando sua doença, e uma gravidez é pôr em risco a sua vida...

— Vou ter meu filho — revelou categórica. — Vou ter!

Capítulo 14

Comédia foi o primeiro a chegar ao barzinho, num encontro organizado por Gabriel. Ele estava cansado pelo dia corrido no posto de gasolina, onde se passava pelo amigo. O trabalho era sempre em pé, abastecendo diversos veículos, calibrando pneus, completando ou mesmo trocando óleo. Tinha a sensação de que não suportaria mais uma semana. Durante esses pensamentos, ouviu uma voz suave acompanhada de um perfume igualmente inebriante. Era Mariana. Comédia disfarçou ao vê-la tão bonita, radiante, pareceu para o jovem um brilho a mais naquela noite. Simpático, o jovem a cumprimentou. Havia visto a moça poucas vezes, mas a simpatia e a delicadeza dela tornavam possível ser lembrada em qualquer outra ocasião.

— Pensei que estivesse atrasada — comentou Mariana rindo. — Gabriel disse que viria direto. Comentei com ele de apanhá-lo...

Gabriel logo apareceu e se juntou à namorada e ao amigo. Trazia nas mãos uma rosa, um gesto romântico que deixou

Comédia impressionado, como se estivesse diante de um estranho, pois não conhecia esse lado do amigo.

— E sua prima, Gabriel? Estou curiosa para conhecê-la. Preciso agradecer pelo bom gosto e por ter trocado a peça. Deve ter me achado uma chata por isso.

Como se faltasse o seu nome ser pronunciado, Milena chegou à porta do barzinho. Assustada pela beleza do lugar e tímida, apertava a alça da bolsa sustentada no ombro esquerdo. Estava simples, com a blusinha furtada da loja onde trabalhava sobre o jeans novo, presente de Beth num dos seus aniversários. A moça usava os cabelos presos, como de costume, e nos pés um par de sandálias rasteiras, que foram alvo dos comentários irônicos de Gabriel ao cumprimentá-la.

— Poderia ter se produzido mais. Esse cabelo preso faz você parecer mais velha... E essa sandália? Comprou na feira?

Milena desconsiderou os comentários e, logo após cumprimentar Comédia, foi a vez de ser recebida pela simpatia de Mariana.

As duas, Milena e Mariana, como se fossem velhas conhecidas, em poucos minutos estavam muito bem entrosadas.

Um garçom aproximou-se da mesa e comunicou a Mariana Fidélis o interesse de um jornalista em tirar uma foto. A moça não viu empecilho. Minutos depois, Mariana, abraçada com Gabriel e ao lado de Comédia e Milena, era fotografada para uma revista. No momento em que Mariana respondia algumas perguntas ao jornalista, Comédia foi ao banheiro e Gabriel sentiu-se à vontade para conversar com a prima:

— Pode me agradecer por participar deste mundo.

— Não estou aqui por você — afirmou Milena séria.

— Não?! Achei que por gratidão. Se preferir, posso facilmente despachá-la para o subúrbio onde mora — irônico, completou: — Acho até que combina mais com aquele lugar. Acorda, menina! Se não fosse eu, você estaria agora deitada ou debruçada na janela sonhando com o príncipe encantado. Você é do tipo que acredita nisso.

— Como você é ridículo!

— Sabe muito bem do que sou capaz — fez uma pausa e observou a blusinha que a moça usava. Milena percebeu na hora e colocou as mãos, como se dessa forma pudesse impedi-lo do comentário a seguir: — Essa blusa que está usando... É daquela espelunca onde trabalha, não é? Então foi de lá que você trouxe aquela porcaria e tentou me enganar. Cuidado, menina.

Milena sentiu-se assustada, seus olhos lacrimejaram, mas a moça sustentou as lágrimas quando ouviu a ameaça do primo:

— Se não quer perder esse cenário, o Comédia, melhora esse tratamento, princesa do subúrbio — depois, friamente, desatou a rir.

Mariana chegou nesse momento e, ao ver Gabriel rindo, quis saber o motivo. O jovem naturalmente disfarçou:

— A Milena está toda agradecida pela noite. Não é mesmo, prima?

Mariana beijou o namorado e não percebeu o ar sério e fuzilador que Milena lançava ao primo.

Comédia voltou do banheiro todo amoroso e foi beijar Milena. Nesse momento Gabriel levantou-se, tirou uma caixinha do bolso e deu para Mariana, que recebeu emocionada. Comédia começou a pedir discurso e foi atendido por Gabriel que, numa frase, revelou o motivo do presente:

— O símbolo do nosso amor. Que esse anel seja muito especial!

O casal, visivelmente apaixonado, recebeu aplausos dos frequentadores do local. Mariana sentia-se a mulher mais feliz do mundo. Comédia não entendia os planos de Gabriel, que a princípio só falava em dinheiro e agora demonstrava amor. Milena ficou apreciando o anel no dedo de Mariana e se questionava onde Gabriel conseguira dinheiro para uma peça daquele valor.

A noite se estendeu ainda por algumas horas. Comédia foi levar Milena em casa, enquanto Mariana, depois de várias declarações e beijos, deixou Gabriel na portaria do seu prédio.

Mariana Fidélis chegou em casa radiante. Ao passar pelo corredor, com destino ao seu quarto, viu a luz do quarto de Lia acesa. Consultou o relógio, era tarde, ainda assim arriscou uma breve conversa com a prima:

— Oi, eu vi a luz acesa — Alegou Mariana ao bater na porta e entrar.

— Pode entrar. Não repara a bagunça. Estou arrumando minhas coisas. Vou me mudar amanhã para o apartamento novo.

— O papai foi tão generoso! Adorei o que fez para você.

— Eu também. E preciso ser rápida, pois do contrário ele me expulsa daqui. Tenho a sensação de que a qualquer hora chegará uma notificação para desocupar o lugar. Viu o tom com que falou para eu deixar a mansão?

— Deixa de ser exagerada!

As duas começaram a rir. Mariana já estava na porta do quarto, despedindo-se de Lia, quando mostrou o anel à prima. Enquanto Lia admirava a peça, Mariana dizia ter sido presente do namorado, que fizera surpresa no barzinho diante dos amigos.

Em meio aos relatos, Lia ficou séria e comentou num tom sentido:

— Linda joia. Eu já tive peças assim, de ouro branco. Lembra que fui assaltada? — Lia, ao perceber que seus comentários estavam sendo responsáveis pelo tom sério que tomara conta do local, tratou de se animar e perguntou: — Já está na hora de conhecer esse jovem romântico, apaixonado. Quero ser a primeira!

Lia não sabia, e Mariana nem desconfiava, que a joia era a mesma. Não tinham como saber precisamente, pois Gabriel providenciara com um profissional para que o par de brincos que fora de Lia, roubado por ele, fosse derretido e transformado naquele anel.

Lia acordou antes de todos na mansão e, mesmo contrariando os mandamentos do tio, o empresário Salvador Fidélis, providenciou seu desjejum na cozinha. Depois apanhou seu carro e acionou o GPS para guiá-la até seu novo endereço.

No trajeto, Lia pegou congestionamento, desvios de ruas em razão de obras e, por fim, no trânsito, ligou no celular de Luciano a fim de avisá-lo de seu atraso no trabalho. Alessandra atendeu e se dispôs a lhe dar o recado.

Quando Lia chegou ao local, rodou o quarteirão duas vezes para encontrar o estacionamento do prédio. Então, mesmo correndo o risco de ser multada, ela parou o carro sobre a calçada, sob protestos de alguns pedestres. Sem descer do veículo, abaixou o vidro do carro e perguntou ao porteiro, que veio atendê-la prontamente.

— Por favor, estou procurando esse endereço. Pode me informar onde é? — perguntou, mostrando o papel amassado ao porteiro.

— É aqui mesmo, dona.

— Aqui?! — Lia esticou o corpo para visualizar melhor o prédio e teve vontade de sair correndo do lugar. Sem opção, prosseguiu: — Onde é o estacionamento do prédio? Tenho um apartamento aqui.

— Não tem estacionamento, não, dona.

— Como não? Eu ocupo a cobertura...

O porteiro examinou o papel que tinha nas mãos mais uma vez e leu o endereço em voz alta, depois revelou:

— Não, dona, o seu apartamento não é cobertura, fica no penúltimo andar.

Lia, sem jeito, muito decepcionada, agradeceu e ficou um tempo assimilando a situação. Ao dar partida no carro, percebeu que ele estava sendo puxado. Desceu desesperada, pois o seu carro estava sendo guinchado e não havia percebido.

Depois de brigar, conversar, a mulher conseguiu sair do local com o carro. Deu mais uma volta no quarteirão e conseguiu vaga num estacionamento próximo ao prédio onde moraria.

Lia saiu do carro toda desajeitada, levando com ela alguns pertences. Vendo a sua dificuldade, os manobristas do estacionamento ajudaram-na a levar malas e bolsas até o prédio onde o tio lhe cedera um apartamento.

Ainda seduzida pelo conforto, Lia, no centro da recepção, rodeada de malas e bolsas, perguntou ao porteiro, o mesmo que a atendera antes, onde estava o elevador social. O rapaz, sem disfarçar o riso, informou não ter outros elevadores no prédio, somente aqueles dois.

Desta vez Lia não agradeceu. Entrou no elevador com dificuldade, arrastando seus pertences. Sua surpresa foi ainda maior ao abrir a porta do apartamento. Era bem diferente do esperado. O espaço era menor do que onde vivera até então. Ficou paralisada, sem ter ideia de onde colocar suas coisas. A mobília era simples, nova, de cores neutras, enquanto as paredes eram altas, janelas antigas, o que dava aspecto de apartamento antigo recém-reformado. Entrou no banheiro pedindo a Deus que tudo fosse um breve pesadelo. Após usá-lo, tomada por um nojo, acionou a descarga, a água subiu, avançou a borda do vaso sanitário e rapidamente correu pelo piso do pequeno banheiro, tomando em seguida o corredor de acesso à sala e aos quartos. Lia começou a gritar.

— O que é isso, amor? — perguntou Luciano ao sair do banho, somente com a toalha em volta da cintura.

Alessandra estava arrumando a mesa do café quando viu, numa das mãos do marido, a caixa de anticoncepcional envolvida num saco plástico. Rapidamente a moça tomou das mãos do marido.

— É meu!

— Estranho, estava no cesto de roupas.

"Preciso achar outro lugar para guardar meus comprimidos. Ele nunca mexeu ali, como foi descobrir?"

— Alessandra? Ouviu o que perguntei?

— Sim, meu amor. É um remédio para azia. Eu tomei numa noite dessas. Devia estar com muito sono quando o guardei lá, porque outro dia estava pensando onde eu havia deixado a caixa...

Luciano se deu por satisfeito. Confiou na esposa e não teve curiosidade de tirar a caixa do saco plástico, ler a bula do remédio ou mesmo consultar os benefícios que o produto poderia oferecer.

Alessandra, já confiante, mudou de assunto:

— A Lia ligou. Disse que tem que resolver algo particular e chegará mais tarde. Pediu para avisá-lo.

— Obrigado. A Lia é sobrinha do Salvador Fidélis.

— O dono da empresa?! — perguntou eufórica.

— Sim. Ela trabalha na minha equipe. É minha funcionária. Muito amiga do Edson também. Almoçam juntos. Eles se dão muito bem — comentou sem maldade, somente ressaltando a amizade.

— São amantes! Eles têm um caso, Ale — denunciou Rafael aproximando-se do casal. Como se fosse de casa, o jovem puxou uma cadeira e sentou-se, servindo-se de uma bolacha.

Alessandra, sempre influenciada por Rafael, comentou num tom malicioso:

— Amigos? O papai nunca me contou isso. A mamãe também não.

— Já está vendo maldade onde não há, Alessandra. São apenas amigos. O Edson sempre foi muito discreto. Não é homem de levar os assuntos do trabalho para casa. Você sabe disso...

Rafael mais uma vez se manifestou:

— Ele bem que poderia deixar a Beth. Acho que os dois combinam mais. Chama a Lia para jantar na sua casa. Vocês vão se dar bem.

— Luciano, ela parece tão simpática. O que acha de convidá-la para jantar com a gente um dia desses?

— Sim, pode ser. Acho que será divertido. A Lia é uma pessoa agradável...

Rafael levantou-se e aproximou-se do ouvido de Alessandra. Carinhoso, depois de beijar levemente seus cabelos, sussurrou:

— Perfeito, meu amor. Lembra como você gostava quando eu fazia isso?

Alessandra começou a rir. Luciano, contagiado pela alegria da esposa, perguntou do que ria. A moça respondeu.

— Foi uma lembrança que voltou. Só isso.

Capítulo 15

Duas horas depois de ver o apartamento inundado, de contar com o auxílio do porteiro, da síndica e de algumas domésticas que trabalhavam nos apartamentos vizinhos, Lia resolveu ir embora. Apanhou o carro no estacionamento e foi direto para a empresa onde trabalhava. Furiosa, Lia entrou no elevador e acionou o vigésimo andar, da presidência. No hall, Lia se deparou com o primeiro mundo, tal a elegância dos móveis, a educação e simpatia da secretária, a imponência dos sofás escuros, de couro, as sombras das palmeiras de folhas brilhantes que chegavam a enganar por parecerem artificiais. No entanto, a mulher não reparou nos detalhes, estava furiosa quando invadiu a sala do seu tio, Salvador Fidélis.

— O que houve? Veio me avisar de algum incêndio, minha sobrinha? — perguntou num tom debochado, com um semblante tranquilo.

A secretária vinha logo atrás, desculpando-se, quase em lágrimas, temendo pelo seu emprego. Salvador a dispensou com uma das mãos e voltou-se para a sobrinha:

— Estou ansioso para saber o motivo da invasão.

— Não vou morar naquela espelunca em que me jogou.

— Sabia que viria me agradecer. Não imaginava que fosse tão cedo — comentou rindo ao repousar a caneta sobre os papéis que tinha na mesa de vidro e descansar o corpo numa cadeira giratória de encosto alto.

Lia ficou alguns segundos segurando-se para não agredi-lo fisicamente. Observou os olhos miúdos e brilhantes escondidos atrás dos óculos de armação fina e leve. Viu-se diante de um leão, por isso resolveu mudar a postura:

— Tio, não é justo.

— Posso saber o quê? Ah! Não gostou do presente? Acho que minha irmã lhe deu educação para não rejeitar um presente, e sim agradecer.

— É pequeno...

— Por que grande? Acho que não pensa em ter filhos agora, pensa? É uma região nobre do centro de São Paulo. São apartamentos construídos na década de cinquenta. Paredes reforçadas, cômodos amplos. Gosto da região, já fui a muitos restaurantes, teatros. É uma área maravilhosa. E pelo que vi das fotos, o apartamento está reformado.

— Não tem estacionamento. Meu carro quase foi guinchado.

Salvador começou a rir.

— Desculpe-me, minha querida, esqueci de avisá-la desse detalhe. A maioria dos apartamentos do centro da cidade não tem estacionamento nos prédios. Depois, pode se considerar privilegiada, pois está próximo de metrô, pontos de táxis...

— Não é nem cobertura!

— Com o que ganha não conseguiria pagar o condomínio de uma. Mais alguma coisa? — questionou consultando o relógio, demonstrando início de uma irritação.

— O encanamento — acrescentou timidamente, sem coragem de revelar ao tio o episódio da água da privada invadindo o apartamento.

— Já soube. Causou danos não só no seu apartamento, mas também nos apartamentos dos vizinhos. Ligaram aqui para reclamar. No primeiro dia, Lia? — ele fitou o rosto espantado da sobrinha diante da rapidez da notícia. — A Fidélis já se encarregou de realizar os reparos, pagar o prejuízo que causou aos vizinhos e ao condomínio. Sugiro que tenha uma reserva para emergências como essa...

— Tio, não...

Impaciente, Salvador foi severo:

— Não quero tê-la no jantar esta noite. Conversa com o Luciano e pega o resto do dia de folga. Aluga um carreto e some com suas coisas da minha casa — ordenou Salvador asperamente.

Lia quis enfrentá-lo, mas Salvador foi incisivo:

— É morar naquele apartamento ou voltar para o interior de Minas Gerais. Aliás, eu já comprei sua passagem, de ida, sem volta, para lá. Pode até voltar, mas não às minhas custas.

"Monstro", Lia pensou ao sair. Estava com a mão na maçaneta da porta quando ouviu do tio algo que a fez apertar ainda mais forte o objeto que permitia abrir a porta.

— Lia, espero que não dê trabalho aos vizinhos. E não precisa agradecer. Só de ter vindo a minha sala já compreendi como está grata. Ah! Essas horas que está cuidando de assuntos particulares, da mudança, serão descontadas do seu salário.

A mulher voltou-se para o tio para lhe responder, mas, antes que disesse qualquer coisa, Salvador começou a rir e emendou:

— Brincadeira. Li recentemente numa dessas revistas especializadas que os colaboradores cobram a aproximação dos seus líderes. Não vou descontar nada de você, do seu dia de trabalho. Até porque precisará de cada centavo para se manter. Foi só um teste para ver se a brincadeira é válida.

Lia saiu batendo a porta. Salvador disparou a rir. Ligou para a secretária e pediu:

— Pode me trazer um copo de água, ou melhor, um café. Da próxima vez, peço que as visitas sejam anunciadas, estamos entendidos?

A moça tentou argumentar, mas Salvador foi enérgico:

— Por que não chamou os seguranças? Não pago seguranças para enfeitar o prédio. Não são acessórios das palmeiras. Tenho a impressão de que o número de palmeiras corresponde ao número de seguranças que tenho na empresa. Estão sempre um do lado do outro.

Edson fora o portador do recado de Lia para Luciano, de que ela tiraria o dia de folga para acertar sua mudança da casa do tio para o apartamento no centro da cidade. Edson tentou, discretamente, animá-la com a mudança, mas não teve muito êxito. No decorrer da tarde, lembrando-se do filho, ele resolveu contatar o posto de gasolina para saber do seu desempenho no local, como frentista. Para sua surpresa, os comentários foram os melhores:

— Menino tranquilo, atento, uma ótima indicação...

Edson relaxou o corpo na cadeira enquanto ouvia pelo telefone o gerente do posto de gasolina fazer os mais diversos elogios.

— A única coisa que não tem agradado é a tatuagem que ele tem no braço. Sabe como é, o dono é conservador, entende que esse tipo de coisa pode não ser bem compreendida pelos clientes...

O pai de Gabriel desligou o telefone agradecido, sem fazer a mínima ideia de que o filho tinha uma tatuagem no braço. Sentiu o quanto era distante da vida de Gabriel, pois nem sabia da tatuagem. Na verdade, Edson desconhecia que as boas referências eram a respeito de Comédia, que vinha ocupando a vaga usando o nome de Gabriel.

Mais tarde, durante o jantar, ao lado da esposa, Edson, sem olhar para o filho, que estava na cadeira à sua frente, perguntou:

— Fez uma tatuagem no braço, Gabriel?

— Gabriel? Seu pai está lhe fazendo uma pergunta — Beth chamou a atenção ao ver o filho indiferente, fones nos ouvidos.

Edson repetiu a pergunta, visivelmente irritado com o filho, e obteve a resposta:

— Não, ainda não. Pretendo fazer no braço.

Edson e Gabriel, depois da última discussão que tiveram, vinham se tratando ainda mais formalmente. Cumprimentos rápidos e frios. Beth já havia se atentado a isso, mas não quis interferir. Sentia que a ideia de trabalho não fora bem-aceita por Gabriel. Edson ficou em silêncio ao se lembrar da conversa que tivera com o gerente do posto: "A única coisa que não tem agradado é a tatuagem que ele tem no braço...". Edson, então, compreendeu que o gerente do posto se confundira com relação à tatuagem. O assunto saiu do foco de seus pensamentos quando seu celular tocou. Era Lia em lágrimas, pedindo ajuda, dizendo que não conseguia ficar no apartamento, mas se desculpando por ligar aquela hora... Edson, diante da situação, levantou-se apressado e avisou a Beth:

— Vou ao posto de gasolina. Preciso abastecer. Amanhã tenho reunião logo cedo e preciso economizar tempo — mentiu o homem enquanto acomodava a carteira e os documentos do carro nos bolsos da calça.

— Posso ir com você. Amanhã é minha folga...

— Não! — respondeu rápido, num tom bem compreendido por Gabriel, que assistia à cena certo do encontro do pai com sua amante. Como prova, Edson ficou encabulado, abaixou a cabeça e saiu rapidamente da sala de jantar, justificando-se para a esposa: — Minha querida, pode ficar, comece a aproveitar o seu dia de folga. Vou lavar o carro. Isso vai levar tempo.

Beth não insistiu, viu o marido sair e resolveu ligar para Alessandra. Luciano atendeu, muito simpático, e logo colocou no viva-voz. Sempre fazia isso para que Alessandra também pudesse participar da conversa. O genro de Beth perguntou por Edson, e ela reproduziu o que ouviu do marido minutos antes:

— Foi ao posto abastecer. Comentou que tem uma reunião logo cedo e precisa...

— Reunião? — perguntou Luciano inocente. — Não me lembro de reunião logo pela manhã.

— Ele foi se encontrar com a Lia, Ale — sussurrou o espírito de Rafael no ouvido de Alessandra.

— O que o seu Edson está aprontando, mamãe? — perguntou Alessandra num tom de desconfiança.

Luciano reprovou a ação da esposa e mudou de assunto. Beth, tomada de confiança pelo marido, não deu crédito aos comentários da filha, e outros assuntos surgiram até o término da ligação.

Beth não percebia os sinais que chegavam até ela.

Minutos depois, Edson chegou ao apartamento de Lia. Ficou surpreso com o prédio, pois era muito diferente do padrão de vida que ela tivera nos últimos anos, mas preferiu disfarçar e salientou as qualidades do lugar, a independência que conquistaria a partir daquele momento. E assim, aos poucos, Lia foi secando as lágrimas e aceitando os fatos.

Mais animada, Lia apanhou um folheto que havia sobre as suas caixas, era de uma pizzaria. Correu ao telefone e percebeu que estava mudo, então apanhou o telefone celular e pediu pizza. Desligou o aparelho e o jogou sobre o sofá, que ainda estava coberto por lençóis.

— Nem telefone fixo eu tenho aqui...

— Talvez seja melhor não ter. Uma economia a mais...

— Está parecendo o meu tio falando assim. Aquele monstro!

Edson começou a rir e aproximou-se de Lia. Olhando nos olhos da mulher, ele disse o quanto estava feliz por estar ali, ao seu lado. Lia se animou, e naquele momento passou a cuidar do apartamento como se ali fosse um canto para os dois. Referenciava os objetos com frases como:

— Nosso quarto ficará bom assim... Veja a nossa cama... Meu amor, o que você acha de colocar isso no banheiro?... Que cor prefere na nossa sala? Pensei num tom mais alegre na parede do sofá...

Edson foi se envolvendo com a situação, completamente seduzido pela vivacidade de Lia ao descobrir naquele local a sua felicidade. O homem começou a perceber que talvez ali também pudesse ser o seu lugar. Por poucos minutos, Edson sentiu uma paz, distante do olhar censor de Gabriel, dos problemas do dia a dia que Beth fazia questão de participar-lhe. Era muito atraente ouvir Lia falar: "Meu amor, já mandei o chaveiro fazer uma cópia das chaves do apartamento para você. Ah! Aquele quartinho, eu pensei que poderia fazer um escritório para você, para responder os seus e-mails, ler seus livros... Que lugar prefere na mesa? Quero que você escolha...". Enquanto em casa, de Beth, Edson ouvia: "Edson, você colocou a conta no débito automático? A pia do banheiro está entupida, chama alguém para ver isso... Precisa diminuir o espaço que tem no escritório. Daqui a pouco nem você consegue mais entrar lá...".

Edson, lentamente, percebia que já não tinha espaço no apartamento em que vivia com Beth e o filho, pois era sufocado por problemas, enquanto via ao lado de Lia um lugar seu. Foi pensando nisso que Edson, sentado no sofá, recebeu a proposta de Lia:

— Meu bem, quando você vem para cá? Só falta você...

Durante o jantar, Margarida estranhou o comportamento de Donária. A matriarca da casa, sempre muito vaidosa, vestida como se fosse a uma festa, toda perfumada, sentou-se à mesa recomendando a Rita que colocasse mais um prato ao lado do seu, lugar que fora um dia ocupado por Estevam.

Até esse ponto, Margarida se conteve, mas, ao ver Milena chegar toda singela, cumprimentando cada um da casa, explodiu. Margarida teve essa reação porque presenciou a bronca que Donária deu na neta ao vê-la colocar a bolsa sobre a cadeira que Donária havia designado ao marido.

— Menina, quantas vezes tenho que dizer que essa cadeira é do seu avô?

— Tia, ele já faleceu! — falou Margarida em defesa de Milena. Nesse momento percebeu o ar sério de Rita, que compartilhava do mesmo pensamento que a hóspede, mas temia expor o que pensava para a sogra.

— Ele vem jantar comigo. Toma café da tarde também. Já lhe contei que ele dorme na minha cama. Eu sinto ele lá, do meu lado...

— Tem hora que diz graças a Deus por ele não estar mais aqui, que ele a humilhou tanto, agora o acolhe como se fosse um santo...

— Não queira saber o que eu vivi, minha sobrinha — desabafou num tom sentido.

Rita balançou a cabeça e Margarida resolveu que não tinha como convencê-la do contrário.

À noite, depois da novela, quando todos na casa já estavam dormindo, Margarida fez seus agradecimentos e suas preces, e se deitou. Minutos depois, foi ao encontro do espírito de Rosa. Esta a recebeu de braços abertos, como sempre fazia ao vê-la.

— Minha irmã, como sou grata por me ouvir. Terá, no decorrer dos próximos dias, momentos de inspirações de grande valia para ajudar nossos amigos...

— Não consigo ver em que posso ajudá-los.

— Suas palavras serão escoras preciosas para sustentar muitos amigos. Presenciará encontros, decepções, revelações, grandes emoções...

Margarida abriu um sorriso ao se sentir útil a alguém. Depois relatou:

— Outro dia, quando Alessandra esteve na casa da tia Donária, eu tive a sensação de que ela estava acompanhada. Era o Rafael? E, quando ela foi embora, percebi a presença do tio Estevam. Qual é a relação? O que isso quer dizer?

Rosa sorriu, e nos seus olhos era possível notar o brilho da emoção.

— Tudo tem o seu tempo, minha irmã. Logo compreenderá tudo mais claramente. Adianto que os espíritos de Estevam e Rafael estão presos a sentimentos inerentes à vida, e devemos nos policiar.

— Estão presos ao ódio, mágoas...

— Também ao amor, à espera do pedido de perdão que não tiveram em vida. Não só a sentimentos ruins os espíritos ficam presos. Alguns também entendem que os bons sentimentos que viveram são fortes o bastante para mantê-los entre os que um dia lhes foram afetuosos.

Rosa abraçou Margarida mais uma vez, beijou-a levemente no rosto e depois partiu. Margarida voltou ao corpo que, naquele momento, reparava suas energias.

No café da manhã, Edson foi cobrado por Beth:

— Você chegou tarde? Nem vi a hora...

— Demorou para lavar o carro. Também encontrei um amigo e fomos tomar algo para fechar a noite. Posso?

— Lógico! — afirmou Beth rindo diante da irritação do marido. Compreendeu que ele não estava num bom-dia. E assim decorreu o café, Beth puxando assunto, procurando encontrar o bom humor do marido, mas em vão. Diante do silêncio que prosseguia, Beth falou: — O Gabriel não irá com você hoje. Não tem aula... — logo depois disparou: — A Juliana está em São Paulo, é capaz que venha nos visitar...

— Não faço questão.

— É sua irmã!

— Sabe, Beth, a gente chega à certa altura que não vê mais importância em manter algumas coisas...

— É sua irmã, não é uma coisa...

— Não falo só disso. O nosso casamento, por exemplo — de repente, e inesperadamente para Beth, Edson desabou os seus sentimentos sobre aquele casamento e confessou, abertamente, que não via interesse em mantê-lo. Falou com a força da sedução que ainda sentia dos momentos que tivera com Lia em seu apartamento. Saiu de lá certo de que pedir a separação seria o melhor a fazer. Por tudo isso, Edson agiu no calor da emoção e jogou as cartas na mesa para Beth. Só não contou o real motivo: Lia.

Beth fora pega de surpresa, não esperava aquela revelação.

— O que pretende, Edson?

— Separação, Beth.

Mais uma vez, Beth sentiu a estabilidade de anos de casamento ruir num café da manhã. Ela ficou muda, sem reação. Era verdade que tivera no decorrer do matrimônio, durante algumas brigas, a vontade de deixar o casamento, mas era aconselhada por Rita, e pelo próprio amadurecimento, de que a separação não seria a solução. Agora, sem brigas, num tom cordial, Edson pedia a separação.

— Edson, eu não sei o que houve, mas vamos conversar...

Edson consultou o relógio e levantou. Apanhou a maleta que tinha sobre o sofá e se despediu da esposa.

— Depois a gente conversa — já na porta, Edson se voltou para Beth e, ao vê-la inerte na cadeira com uma xícara nas mãos, finalizou: — Vamos resolver isso logo, antes que a amizade também deixe de fazer parte das nossas vidas.

Beth fechou os olhos ao ouvir a batida da porta. As lágrimas vieram na sequência, junto com o silêncio. Ficou assim alguns minutos, inconformada, recapitulando desde o dia em que conhecera Edson até aquela manhã fatal. Teve a sensação de que não saberia viver sem ele. Levantou-se enfraquecida, foi ao banheiro, onde jogou água nos olhos, na nuca e, ao ver o seu rosto refletido no espelho, percebeu as lágrimas aparecerem novamente.

De volta à sala, Beth ligou para Alessandra, precisava desabafar. Caiu na secretária eletrônica. Beth deixou numa voz chorosa o recado:

— Filha... me liga quando puder. Preciso conversar com você.

Alessandra estava do lado do aparelho, mas, ao identificar o número da mãe, resolveu não atender. Quando ouviu a voz de Beth diferente da habitual alegria, esticou a mão para atendê-la, mas o espírito de Rafael mais uma vez a influenciou. O rapaz, delicadamente, pegou o braço da moça e a impediu de apanhar o aparelho. Rafael ficou bravo:

— Deixa ela. Começou a ter o que merece...

Depois de não ser atendida pela filha, Beth recorreu à casa da mãe. Quem a atendeu foi Margarida.

— Margarida?!

— Não, foi engano — respondeu Margarida. Ao perceber que era a voz de Beth, continuou a brincadeira. — Mais um pouco eu desligo. Melhor: vou desligar e você liga de novo. Pede para falar com a Deise Dias, ok?

— Deise, ele vai me deixar — revelou Beth já chorando.

— Quem, criatura? — perguntou Margarida, preocupada com a voz da prima.

— Você pode vir para cá? O Edson...

— Sim. Eu vou à imobiliária mais tarde. Bem, está agendado para depois do almoço...

— Eu te espero. Preciso de você. Não comenta com ninguém.

Uma hora depois Margarida descia do táxi de Denis, que recebeu o dinheiro com cara feia.

— Obrigada, primo. Agora trata de rodar para pegar cliente. Nada de ir para a roda de jogo.

Denis deu partida no carro, deixando Margarida aos risos.

— Ela pensa que dependo dessas corridas mixurucas dela para conseguir dinheiro. Tem algo maior e, se tudo der certo, vou conseguir mais dinheiro com as minhas viagens de táxi — disse Denis a si mesmo, sozinho no interior do veículo, enquanto dirigia entre os carros que se movimentavam à sua frente.

Quando Beth abriu a porta do apartamento, Margarida percebeu o quanto a prima estava triste. Beth contou em detalhes a conversa que tivera com Edson.

— Você é feliz nesse casamento com ele?

— É o pai dos meus filhos! Esperava envelhecer com ele...

— Calma. Ainda não aconteceu. Talvez tenha sido um momento de raiva, por algum motivo. A gente não acorda bem todos os dias...

— Não é um assunto que a gente decide num momento de raiva, Deise.

Margarida sabia disso, e mais: era caso muito bem pensado e parecia haver uma terceira pessoa na relação, mas não tivera coragem de insinuar isso à prima. Margarida não cedeu só os ouvidos e o ombro para Beth. Preparou também um chá, contou várias outras histórias que vivera no interior do Estado, muitas fizeram Beth se esquecer do momento que estava vivendo.

— Eu, tão egoísta, preocupada com o meu umbigo, nem perguntei como está. Você comentou sobre imobiliária?

— Sim. A tia Donária é só para passeio, uma visita. Nossos santos não se encontram para mais de duas horas juntas — ria ao falar. — Desculpe-me, é sua mãe, mas a minha mãe já falava isso. Depois, eu quero atender uns amigos de São Paulo, e preciso de um espaço — consultou o relógio e levantou-se acelerada. — Tenho meia hora para chegar lá e você vai comigo.

Beth tentou recusar o convite de visitar apartamentos para alugar, preferia ficar em casa, deitada, chorando e remoendo as palavras de Edson, mas Margarida não permitiu e praticamente a jogou debaixo do chuveiro. Quando Beth saiu do banho, Margarida já havia separado um vestido leve, colorido, assim como um par de brincos e uma corrente para a prima usar.

— Deise, a gente vai a uma imobiliária, não a uma festa.

— Em dias como esse, em que a gente não está lá muito bem, é que temos que nos produzir, enfeitar-nos mais...

— Se fosse filha da dona Donária, não pareceria tanto — observou Beth rindo, já mais recuperada da situação.

— É bem melhor vê-la assim, rindo. Combina mais com você. Agora vamos!

Capítulo 16

Cristiano estava dirigindo, já próximo da imobiliária, quando o celular tocou. Era Juliana. Apressado, o homem aproveitou o sinal amarelo, acelerou e estacionou o veículo todo torto, ocupando duas vagas, em frente à imobiliária. Só que não teve tempo para atender Juliana. Por estar muito ansioso em falar com ela, nem saiu do carro, foi logo ligando para o seu número. Três toques depois, Juliana atendeu sorridente.

— Juliana, você pode me explicar o que houve? Ontem passou aquela noite agitada. Fui ao seu quarto, estava ardendo em febre. Só adormeceu depois...

— Que bonitinho! Você ficou cuidando de mim?

— Não seja irônica. Você não estava bem. Recusou-se a ir ao médico. Hoje de manhã fui até o seu quarto e já havia saído.

— Saí, sim. Tenho um projeto para terminar. Preciso apresentar em uma reunião...

— Juliana, eu não estou preocupado só com a sua saúde. Não preciso lembrá-la de que está gerando um filho que também é meu, preciso?

Silêncio.

— Na próxima consulta eu quero acompanhá-la. Estamos entendidos?

Cristiano sentiu remorso por ter sido tão agressivo, mas sentiu necessidade diante da imparcialidade de Juliana. Depois, diante do silêncio, procurou amenizar a situação:

— Ju, está me ouvindo?

— Sim.

— Não quero que você se sinta sozinha. Eu percebo que quer me poupar de alguns assuntos, esquiva-se de algumas perguntas. Estou com você.

Juliana balbuciou algo, mas Cristiano não pôde ouvir porque naquele instante começou uma sucessão de buzinas ensurdecedoras. Sem conseguir prosseguir a conversa, Cristiano encerrou a ligação e jogou o aparelho no piso do carro. Olhou para a sua direita e, depois de baixar o vidro do carro, pôde ver um carro próximo da calçada, sinalizando, querendo entrar na vaga do estacionamento da imobiliária, mas para isso Cristiano precisava tirar o seu das duas vagas que ocupava.

Habilidoso, Cristiano acionou a marcha a ré e abaixou o vidro para se desculpar, no entanto revidou os comentários da motorista do outro carro:

— Você viu o que causou? — perguntou a mulher agitada. — Tem carteira de habilitação? Olha atrás do meu carro, a fila. Estava esperando o barbeiro resolver o que iria fazer da vida. Ainda por cima deve ser surdo. Ah! Estava no celular...

— Tinha uma vaga do outro lado — começou a rir diante do nervosismo da mulher. Riu ainda mais ao ver a mulher no banco do carona tentando acalmar a motorista. — Se bem que acho que não iria conseguir colocar lá. Respondendo a sua pergunta: tenho carteira de habilitação, sim. E posso indicar a escola para você, está precisando.

A mulher pisou no acelerador com a intenção de atingir o veículo de Cristiano, mas ele foi ágil e retirou o veículo sem tirar o sorriso do rosto.

Minutos antes. Já pronta, no hall, esperando o elevador, Beth tentou desistir de acompanhar a prima até a imobiliária, mas foi em vão. Margarida a empurrou para o elevador e o tempo todo a encorajou. Margarida ainda quis dirigir o veículo, mas Beth se mostrou bem para fazê-lo.

Quinze minutos depois, Beth entrava na rua da imobiliária. A mulher deu seta com indicação para acessar a vaga do estacionamento, mas viu um carro ocupando duas vagas em frente à imobiliária. Irritada, embora não fosse do seu feitio, Beth disparou:

— Viu isso? Olha que mal estacionado.

Não demorou e uma fila de carros se formou atrás do seu. Tensa e ainda apreensiva pela possibilidade de separação, Beth, para surpresa de Margarida, começou a buzinar e a falar mal do motorista do carro.

Margarida tentava acalmá-la.

— Fique calma. Logo ele sai. Olha lá — apontou para o carro. — Está saindo.

O carro saiu de ré. O vidro foi baixado. Cristiano começou a falar algo, mas Beth logo disparou:

— Você viu o que causou?

A discussão ainda durou alguns segundos. Beth acelerou ao ouvir a resposta de Cristiano, mas não atingiu o carro dele, como era a sua vontade. Pela primeira vez estacionou o carro rapidamente, ocupando a vaga com perfeição. Entrou na imobiliária agitada e sendo acalmada por Margarida.

Margarida, esfuziante, aproximou-se do balcão e se anunciou. Informou ter ligado no dia anterior, interessada no aluguel de um apartamento. O corretor, atencioso, apanhou a agenda e, depois de consultá-la, avisou:

— O corretor que vai atendê-la já deve estar chegando...

— Melhor a gente ir embora. Não está dando nada certo — sugeriu Beth.

— Ele vem chegando — o homem aumentou a voz e falou ao que entrava no estabelecimento: — Cristiano, sua cliente. A moça que falou contigo sobre o apartamento.

As duas mulheres se voltaram para a porta. Cristiano aproximou-se delas e estendeu a mão para Beth, apresentando-se:

— Oi, sou o Cristiano, muito prazer. Você é Deise?

Beth ficou paralisada ao vê-lo com a mão estendida à sua frente, sorrindo. Margarida desfez a situação e esclareceu:

— Não, eu sou a Deise — apertou a mão do homem. — Muito prazer.

Cristiano virou-se para Beth, e Margarida fez as devidas apresentações:

— Essa é a Beth, minha prima. Ela veio comigo...

— E já vamos embora.

— Por quê? — perguntou Cristiano observando o distanciamento de Beth. — Já sei. Eu me atrasei. Eu estava a duas quadras daqui quando me lembrei do compromisso e voltei. Tive que sair correndo por conta de uma maluca que queria estacionar aqui... — fez uma pausa e naquele momento reconheceu o rosto de Beth, agora sem óculos escuros, a mulher que brigara pela vaga do estacionamento.

Beth virou-se para Margarida e disse ao sair puxando pela prima:

— Vamos embora.

— Não, espera. Eu quero ver o apartamento — insistiu Margarida sem dar importância para o episódio ocorrido na chegada à imobiliária. — Estou interessada em conhecer o apartamento.

— Ótimo! Veja as fotos... — Cristiano voltou-se para Beth e sussurrou: — Bem se vê que a falta de educação não é de família.

Beth pediu para repetir, mas ele começou a rir e Margarida logo começou a questioná-lo sobre o apartamento.

— Vamos conhecê-lo agora. Se sua prima preferir, pode ficar aqui. Voltamos em poucos minutos.

— Eu vou! — afirmou Beth decidida.

Cristiano não deu importância. Já no carro, em direção ao apartamento, Cristiano dirigia e respondia as perguntas de Margarida, detalhando o espaço, o preço, a localização. Entre um comentário e outro, Cristiano, pelo espelho retrovisor, fixava seus olhos nos de Beth, que ocupava o banco traseiro. Beth desde o início o apreciara, embora não admitisse.

Houve naquele momento a intensidade de um reencontro.

Milena ainda estava seduzida pelos elogios de Comédia. Embora Gabriel fosse do contra, sempre tentando colocá-la para baixo, a moça procurava se lembrar das doces palavras do namorado.

No trabalho, durante o almoço, lembrando-se do modelo que usara e despertara comentários do namorado, Milena começou a olhar a pilha de roupas que se formava à sua frente e, como se estivesse diante do seu guarda-roupa, sem nenhuma preocupação, apanhou mais um item. A moça deixou a marmita de lado, ainda pela metade, e se colocou na frente do espelho. Ajustou a blusa sobre o corpo e sorriu. Percebeu que a cor realçava seus olhos, sua pele, deu uma olhada rápida no corredor de acesso à loja e depois guardou-a na bolsa.

Passou a tarde feliz, pensando no próximo encontro, quando usaria a peça e receberia de Comédia o mesmo carinho. Ambiciosa, a moça, pouco antes da saída, apanhou mais uma blusinha e aproveitou a marmita vazia para escondê-la. Pontualmente, no horário de todos os dias, Milena se preparava para sair da loja quando foi surpreendida pela brutalidade da coreana, dona da loja, que puxou a bolsa do seu ombro. Milena não percebeu, mas havia algum tempo a dona da loja vinha acompanhando os seus movimentos. Foi tudo muito rápido, não demorou e o segurança, já combinado com a dona da loja, apareceu e a segurou por um dos braços.

A dona da loja, nervosa, falava na sua língua de forma acelerada, gesticulava muito, enquanto Milena tentava se esquivar da mão do segurança que apertava seu braço. Em meio à agitação, Milena pôde ouvir, num português pronunciado com dificuldade pela dona da loja:

— Polícia. Leva, leva...

A coreana abriu a bolsa de Milena e de lá tirou a peça da sua loja amassada dentro do saco plástico. Milena começou a chorar, tentava apanhar a bolsa das mãos da coreana, mas o segurança não deixava. A bolsa caiu no chão. A marmita, com o impacto, saltou da bolsa, bateu no piso de cimento da loja e abriu, revelando mais uma blusa da loja escondida.

— Polícia... — gritou a coreana empurrando Milena da loja.

Já no corredor, puxada pelo segurança e sendo observada por todas as pessoas das lojas vizinhas, Milena perguntou ao segurança para onde ele a levaria. Ele, sisudo, foi taxativo:

— Vou levá-la para a polícia. Você se meteu numa encrenca, moça.

— Polícia? Não!

Cristiano, já de volta à imobiliária, estava satisfeito com o negócio fechado. Sempre simpático, sinceramente agradecido, Cristiano acompanhou Margarida e Beth até o carro. Beth sempre calada, distante, enquanto Margarida era divertida e estava nitidamente feliz com o negócio. Cristiano esperou as mulheres se acomodarem e, mais uma vez, da janela do carro, do lado da motorista, estendeu a mão para Margarida, porém com o olhar em

Beth. Provocador, ao percebê-la impaciente, girando a chave no contato, disparou quase num sussurro no ouvido de Beth:

— Depois eu lhe mando o cartão com o contato da autoescola em que tive aula. São ótimos para treinar manobras para estacionar.

Beth pensou em descer do carro, mas preferiu acelerar o veículo sem responder. Margarida nada entendeu e perguntou o que Cristiano havia dito, mas não houve resposta.

Na imobiliária, Cristiano comentou com outro corretor que Margarida havia ficado com o apartamento, o que resultaria num lucro para a imobiliária:

— Elas já foram embora. Margarida ficará com o apartamento. Parece que tem pressa — fez uma pausa e sorriu ao comentar: — Deve morar com a chata da prima e está ansiosa para se livrar dela.

Dez minutos depois, Cristiano estava alimentando uma planilha, providenciando os contratos, quando, para sua surpresa, viu Juliana chegar. O homem levantou-se e foi ao seu encontro.

— Estava aqui perto e resolvi passar para conversar com você. E, como pode ver, estamos ótimos. Eu cheguei a avisá-lo que passaria aqui. Você ouviu? A ligação caiu, e eu não tive como ligar de novo. Resolvi...

— Eu não ouvi. Tinha uma maluca buzinando, querendo a vaga do estacionamento. Eu acabei saindo, e a mulher me deixou tão perturbado que só depois me lembrei que tinha uma cliente.

— Ela deve ter deixado você fora de si, para ficar assim.

— E como! — Cristiano fez uma pausa e se recordou de Beth.

Juliana interrompeu seus pensamentos já saindo da imobiliária. Cristiano a acompanhou.

— Soube que você recusou um trabalho da agência.

— Sim. Não é minha praia. Você sabe disso. Jornalismo é o meu sonho. Trabalhar...

— Trabalhar numa emissora de televisão...

— Sim.

— E o que está fazendo para isso acontecer? Não se esqueça de que é o pai do meu filho. E filho gera custos. Vai sustentá-lo com a imobiliária?

— Meu tio praticamente me sustentou...

— Estou brincando. Não me leve a sério — fez uma pausa. — Ah! Preciso almoçar com a minha cunhada. Estou em São Paulo há alguns dias e ainda não a encontrei. Ir a casa dela significa encontrar o meu irmão.

— Não está a fim de vê-lo?

— Quero encontrá-lo. Estou esperando a barriga crescer mais — começou a rir e prosseguiu: — Minha cunhada é uma irmã, uma pessoa muito querida. Quero revê-la e também apresentá-la a você. Tenho certeza de que vão se dar muito bem.

— Tudo bem.

— Ótimo! — exclamou toda simpática ao entrar no carro. Antes de dar partida, comentou: — Vou ligar para ela ainda hoje.

Diante do silêncio, Margarida insistiu:

— O que houve? Está calada desde a hora que saímos da imobiliária. O Edson?

— Sim. Também. Acho que hoje não é o meu dia. Viu o sujeito da imobiliária? Que grosso!

— Achei bem-educado. Bonito também. Viu os olhos dele?

— Vi o quanto foi mal-educado. Péssimo motorista!

— Não concordo. Dirige bem — fez pausa e sorriu. — Já sei, ainda encabulada com o primeiro encontro. A briga pela vaga no estacionamento?

Beth desconversou e disparou a buscar defeitos em Cristiano, enquanto Margarida o defendia. A discussão amigável das primas foi interrompida pelo toque de celular de Beth, que foi atendido por Margarida. Era Juliana. As duas conversaram como havia muito não faziam, pelo tempo em que não se viam.

— A Beth está dirigindo, Ju. Que bom falar com você! Espere um pouco que vou colocar no viva voz.

Depois de acionada a tecla do celular, as três mulheres começaram a conversar. Então Juliana fez o convite:

— Quero convidá-las para um almoço amanhã. O que acham?

— Não poderei. Estou de mudança. Tenho que pegar as chaves e organizar as coisas por lá. Você entende, não é? — lamentou Margarida.

— Lógico! E você, Beth? Será bom encontrá-la. Depois, o pai do meu filho, ou filha, que está por vir estará lá. Quero muito que você o conheça. Tenho certeza de que se darão muito bem.

— Tudo bem, pode contar com ela — respondeu Margarida pela prima, ao vê-la em silêncio.

— Está tudo bem, cunhada? — perguntou Juliana.

— Sim, está — replicou sorrindo. Pensava em Cristiano no momento, no que poderia ter respondido para aliviar a sua raiva.

— Então combinado. Amanhã. Sabe o restaurante que fica na avenida Paulista...

— O nosso preferido? Sei qual é. A gente já se encontrou lá uma vez...

— Sim, faz algum tempo, mas passei em frente e o restaurante ainda existe.

Conversaram mais alguns minutos, riram com as piadas de Margarida e a ligação foi encerrada. Margarida, ao devolver o celular da prima na bolsa, percebeu uma ligação perdida.

— Tem uma ligação perdida. Da tia Donária. Ela ligando? O que será que aconteceu?

Capítulo 17

Milena, quando saiu da loja onde trabalhava, sob a acusação de roubo, sentiu-se num pesadelo. No começo sentia medo de pegar peças da loja, fez por pressão do primo, no intuito de agradá-lo e não perder Comédia, seu namorado. Depois, diante da necessidade de dinheiro, apanhou uma quantia do caixa, e não demorou em abastecer o seu guarda-roupa com os mais variados itens que a loja possuía. Portanto, depois da primeira peça subtraída, o ato virou um vício. Temia, mas a ambição de ter um modelo diferente, de cor variada, era maior que o medo. Agora, depois de ter sido pega, saindo da loja arrastada pelo braço, exposta aos olhos dos curiosos, receava o que estava por vir. Passou a admitir uma vergonha de que não era conhecedora. Sentia-se apavorada.

O segurança, de mãos ásperas, rosto de poucos amigos, arrastou a moça até o seu carro e a fez entrar. Ele deu partida no veículo e o guiou em silêncio por alguns minutos, rodou o quarteirão duas vezes, quando sua voz rude interrompeu os soluços da moça.

— Chega, moça! Vou lhe deixar aqui.

Milena olhou ao redor, através do vidro embaçado do carro, e buscou pela delegacia, pois estava pronta para prestar esclarecimentos pelos furtos praticados. Estava perto da estação Brás do trem. A menina, visivelmente assustada, ainda olhou para o rosto do segurança, e em seus olhos era possível visualizar o pedido de piedade. Milena olhou mais uma vez para fora e viu dois policiais. O coração da moça acelerou e as lágrimas vieram em seguida.

— Desça — ordenou o segurança.

Milena ouviu um barulho. Era o braço do segurança sobre suas pernas abrindo a porta do carro do lado do passageiro.

— Onde é a delegacia?

— Salta logo, moça. Faz isso antes que eu mesmo dê a volta e tire você à força do carro. — Estudou o rosto da moça antes de prosseguir: — Achou mesmo que a coreana maluca iria entregá-la para a polícia? Ela não tem como prestar queixa, está mais suja que você, além de estar irregular no país.

— Não vai me prender? Dar queixa?

— Não! — começou a rir. — Ela desconfiava de você e quis ter certeza e dar um susto. Você perdeu o emprego e a referência. Pode ter certeza. — Olhou para Milena como amigo e aconselhou: — Moça, eu sempre a via como uma filha. Esforçada, trabalhando, pegando o trem lotado. Fiquei imaginando minha filha. E, sinceramente, desejei que ela fosse como você. Não quis acreditar quando soube que roubava a loja. Esse mundo é para perdidos. Saia dele.

— Fala como se...

— Sou ex-presidiário, viúvo e divido o terreno da minha sogra com os meus cunhados. Não tenho paixão pelo trabalho, mas preciso dar exemplo para os meus filhos. Minha sogra vive dizendo que sou um duro, que não tenho condição de sustentar meus filhos, que ela deixa de comprar os remédios para dar alimento para eles — interrompeu o discurso já arrependido de ter revelado sua vida. — Agora desça, vai, moça, antes que eu mude de ideia...

Milena já estava longe.

O segurança ficou olhando Milena desaparecer entre as pessoas que acessavam a entrada da estação do trem.

Desnorteada, sentindo-se a mais solitária dos seres, Milena passou o bilhete de trem e se juntou às pessoas que esperavam pelo transporte. Quando ele chegou, Milena apertou a alça da bolsa junto ao corpo e entrou no impulso. Pensativa, começou a chorar. Percebeu que outras pessoas a observavam, por isso resolveu descer na estação seguinte. Consultou o relógio e resolveu encontrar Comédia no posto de gasolina.

A recepção não foi das melhores. O rapaz, agora empenhado no trabalho, não queria ser demitido, pois desejava comprar um tênis com o pagamento no fim do mês. Milena, então, contou rapidamente o que acontecera a ela. Omitiu a parte do furto, do segurança e simplificou dizendo:

— Fui demitida.

— Sério, amor? — indiferente às lágrimas da moça, Comédia deu um jeito de dispensá-la. — Não posso ficar conversando aqui. O gerente, aquele cara que está de olho aqui, já cismou com a minha tatuagem, e agora você chorando...

— Tudo bem, eu já vou indo.

— Sinto muito, amor.

Não era verdade.

Milena apanhou o ônibus com destino ao terminal e logo depois desceu no ponto de ônibus do seu bairro. Antes de entrar em casa, Milena secou as lágrimas e ensaiou ser uma pessoa forte para dar a notícia à família.

Entrou lentamente, na tentativa de adiar o assunto.

— Minha neta, ainda bem que chegou. Sua avó está sozinha — avisou Estevam para Milena.

A moça passou pelo avô e cruzou os braços com a sensação de frio. Ao entrar na cozinha, viu Donária no escuro, cabeça baixa. Perguntou se estava tudo bem e se surpreendeu ao ver a avó levantar a cabeça: seu rosto estava sem maquiagem, parecia ainda mais envelhecida, seus olhos estavam inchados, como se tivesse chorado durante horas.

— Minha neta — pronunciou Donária, levantando-se com dificuldade, indo em direção à neta. — O Denis.

— O que houve com o meu pai, vó?

— Está preso. A Rita foi para a delegacia. Eu liguei para a Beth, que está com a Margarida. Acho que logo estarão aqui...

— Preso?!

Denis nunca foi uma pessoa devota ao trabalho. Quando jovem, no primeiro emprego na rua Boa Vista, como mensageiro, fez de tudo para ser dispensado. Conseguiu, depois de seis meses de trabalho. E nos empregos seguintes continuou da mesma forma, moroso, sempre atrasado, com várias desculpas para aliviar as horas de atraso e faltas.

Beth, diferente do irmão, sempre esforçada e estudiosa, fazia de tudo para vê-lo empregado, pois isso fazia Donária feliz. Foram vários empregos. Beth muitas vezes emprestou-lhe dinheiro, mas na verdade nunca houve devolução. Muitas e muitas indicações para uma colocação. E, quando era demitido, Denis voltava para casa com cara de choro lamentando-se:

— Não deu certo. O fulano não gostava de mim, desde o início. Sicrano estava me perseguindo. Eu lhe contei, mãe, a senhora sabia.

A velha balançava a cabeça concordando e logo acolhia o filho nos braços. Beth, atenta às malandragens do seu irmão, soltava:

— É mesmo? Será que não foram os atrasos? Ou desta vez não foi o dinheiro que pegou emprestado com o seu colega e se negou a devolver. O assunto chegou ao conhecimento do chefe...

— Calúnia! Viu só, mãe?

Donária saía em defesa do filho, era surda e cega para os defeitos dele. Beth, numa dessas vezes, depois de travar uma briga com o irmão por conta disso, foi tomar seu banho. Donária aproveitou a ausência da filha e mexeu em sua bolsa. A mulher, sem dó, tirou de lá o dinheiro que seria destinado ao curso de datilografia de Beth e deu ao filho dizendo:

— Toma, meu filho. É para procurar outro serviço. Tenho certeza de que encontrará um bom emprego, e à sua altura.

O rapaz pegava o dinheiro e agradecia Donária, elevando o seu corpo no ar, fazendo os brincos se mexerem ainda mais. Denis, com o dinheiro nas mãos, saía correndo para o bar mais próximo. Lá bebia e alimentava outro vício: o jogo.

Nessa época conheceu Rita. Duas semanas depois de ter perdido o emprego, e novamente com o auxílio de Beth, Denis conseguiu uma vaga de repositor num mercado. Lá, acomodando latinhas de ervilhas na prateleira, conheceu Rita, que procurava o produto para fazer uma torta de liquidificador. Não demorou e a mulher foi morar em sua casa. O empregador logo o dispensou, a exemplo dos outros empregos e pelos mesmos motivos. Por anos foi açougueiro, balconista de uma padaria durante dois anos, um recorde, vendedor de uma loja, tendo perdido este último emprego por suspeita de roubo. Considerando-se um injustiçado, passou alguns anos dependente do dinheiro arrecadado dos salgados e das trufas que a mulher vendia na estação do trem, e também do dinheiro da aposentadoria de Donária, que muito incentivava a boa vida do filho.

Beth resolveu ajudar ainda mais o irmão, pois estava preocupada com a sua situação, vendo a sobrinha crescer sem um exemplo de pai, a cunhada se desdobrando em trabalho e, por fim, Donária se queixando da falta de dinheiro.

Generosa, Beth financiou um táxi para o irmão usando suas economias, com a promessa dele de ressarci-la dali a dois anos, o que não aconteceu. Anos se passaram e não houve agradecimento; houve, sim, ingratidão, já que não cumprira a sua parte em devolver o dinheiro para a irmã e ainda se juntava a Donária para falar mal das condições do carro:

— Mãe, ela financiou um carro muito simples, sem ar-condicionado. O povo quer conforto. Quem vai querer pegar o meu carro?

— Miserável! Fazer isso com o próprio irmão!

Denis não era confiável, era muito mimado e não entendia o esforço da irmã em ajudá-lo. Era aliado de Donária quando o assunto era extorquir dinheiro de Beth.

Por aqueles dias, pouco antes de Margarida se hospedar em sua casa, Denis tivera de um amigo de jogo, no terminal de táxi, uma dica para conseguir mais dinheiro. E o caçula de Donária, ambicioso, seguiu à risca. Começou a circular próximo à casa de shows. Lá, diante da dificuldade de conseguir transporte, os clientes pagavam mais caro pela viagem. Conseguia, dessa forma, arrecadar uma boa quantia, bem superior às corridas diárias, dentro da lei. Havia reclamação dos clientes, mas Denis se gabava em lembrar ao passageiro que outros lá fora se interessavam pelo seu táxi.

No dia em que deixou Margarida na portaria do prédio de Beth, Denis não estava brincando ao dizer: "— Ela pensa que dependo dessas corridas mixurucas dela para conseguir dinheiro. Tem algo maior e, se tudo der certo, vou conseguir mais dinheiro com as minhas viagens de táxi".

Logo na primeira noite faturou uma grana boa e foi agradecer ao tal amigo que lhe dera a dica. Este, por sua vez, não tinha cara de bons amigos, era um tipo muito folgado e chegou bem próximo de Denis, pedindo um favor como sinal de agradecimento. Convenceu Denis com a seguinte história:

— Deu tudo certo? Não lhe disse? É uma mina de ouro. Não tem problema nenhum. As pessoas querem ir para suas casas e pagam o preço que você estabelecer. O amigo poderia me fazer um favor? Vou entender como um gesto de gratidão pela dica que lhe dei. — O homem, que mastigava um palito de dentes, fez uma pausa, observou os olhos inocentes e atentos de Denis, e continuou: — Tenho uma irmã que mora na zona sul. A pobre precisa de remédios e eu tenho dado uma ajuda a ela. Como sabe, sou aposentado, tenho problemas de saúde, por isso sempre me vê pela praça só conversando com os amigos. Então, pode levar para ela essa encomenda? A minha saúde me limita...

Denis, numa gratidão que ninguém conhecia, colocou-se à disposição do sujeito.

— Claro que posso.

— Duas vezes por semana, sempre à tarde. Espero que não tenha problema...

O homem, que se dizia amigo de Denis, ao vê-lo se distanciar, foi até o orelhão e, depois de dois toques, foi atendido. Meio num código anunciou:

— Já consegui o transporte. Fácil. O nome dele é Denis. Acha que é esperto... — disparou a rir.

Um mês se passou nessa rotina: levar remédio para a irmã do amigo na zona sul, duas vezes por semana. Parava o carro na porta da casa e uma mulher calada, aparentemente debilitada, apanhava o pacote e se recolhia.

Denis chegou a comentar com Donária sobre sua boa ação, o estado precário da casa e a saúde debilitada da mulher. Donária, acariciando os cabelos do filho que tinha em seu colo, dizia toda pomposa:

— Meu filho, que orgulho! Beth precisa saber disso, dessa sua generosidade...

Um dia, no momento da entrega, aproximou-se um carro da polícia. Denis ficou paralisado, enquanto a mulher, antes com aspecto debilitado, saiu correndo com a vitalidade de uma adolescente. Denis, a princípio sem entender o que estava acontecendo, foi abordado por um policial que disparava palavras rápidas e não compreendidas por Denis, que era revistado. Quando viu seu carro sendo inspecionado, sentiu medo, que aumentou ainda mais quando Denis ouviu de um dos policiais:

— O senhor está preso.

— Preso? O que eu fiz, chefia? Não entendi...

— Vai nos acompanhar até a delegacia, prestar esclarecimentos...

Nesse momento Denis foi empurrado na parte traseira do carro da polícia e, na condição de acusado, não pôde ouvir a conversa dos dois policiais na porta da casa. Um deles constatou:

— Ela fugiu. A casa está vazia. Não tem nem móveis lá. Não encontrei nada de suspeito. O pacote era droga, com certeza, mas não conseguimos alcançá-la. Já acionei viaturas da região. Com ela, a prova do crime.

Ao entrar no carro, o policial que ocupava o banco do carona dirigiu-se num tom sarcástico a Denis:

— Acabou, companheiro. Logo vamos encontrar sua parceira e pronto, mais uma quadrilha de traficantes de drogas será desmontada.

Denis sentiu o corpo tremer.

Na delegacia, envergonhado, ligou para Rita. Esta, desesperada, em lágrimas, largou a cesta de trufas com uma colega que tinha uma barraca de roupas na estação do trem e saiu correndo com o celular na mão. Ligou para Donária. A velha, sem chão, tentou localizar a filha.

Donária estava naquela angústia havia horas, sem notícias do filho. Tinha somente informações superficiais da prisão de Denis.

Milena tentou manter a calma. Nas horas seguintes, seus problemas, de ter perdido emprego e a indiferença de Comédia diante do seu desespero, foram desaparecendo, pois só pensava no pai preso sem encontrar motivo para a situação.

Beth e Margarida chegaram no momento em que Milena enchia a xícara de chá de Donária e pedia calma à avó. Donária saiu desesperada em direção a Beth e contou tudo de forma atropelada, entre lágrimas.

— Meu irmão está preso? Vamos para a delegacia — propôs Beth, que pegou o telefone e ligou para Edson. Fez duas ligações e caiu na caixa postal. — Vamos indo. Mãe, acho melhor você ficar em casa. Assim que tiver alguma notícia, eu ligo...

A velha gritou que iria junto. Correu em frente do espelho e arrumou os cabelos com os dedos, depois apanhou o par de brincos e avisou que estava pronta. Milena também disse que queria ir.

— Então vamos todas — sugeriu Margarida ao ver Beth desnorteada.

— Vamos! Para qual delegacia ele foi levado, mãe? O que a Rita falou? Só preciso passar em casa antes. Não consegui falar com o Edson e estou sem o telefone do Luciano no celular novo. Vou ligar para a Alessandra.

O carro, minutos depois, parava em frente ao apartamento de Beth, que saltou com Milena, enquanto Margarida ficou no veículo com Donária. Beth, ainda que apressada, cumprimentou o porteiro e tomou o elevador para seu apartamento.

Ao abrir a porta, encontrou Gabriel deitado no sofá com uma bacia de pipoca, vendo filme. A mulher estranhou o filho em casa àquela hora, mas, ao lembrar-se do irmão preso, não deu atenção à situação. Enquanto Beth tentava contato com Alessandra, sem êxito, Gabriel conversava com a prima:

— Já soube da novidade. Perdeu o emprego que tinha naquela pocilga?

— O Comédia lhe contou?

— Ele me conta tudo. Sei de tudo, prima. O que o tio Denis aprontou? — perguntou rindo, num tom debochado a que Milena preferiu não responder, retirando-se para junto da tia, do outro lado da sala.

Milena ficou ao lado da tia, assistindo à frieza de Gabriel vendo televisão, como se nada estivesse acontecendo, enquanto Beth, desesperada, deixava uma mensagem para Alessandra:

— Filha, sou eu. Me liga, por favor — era possível perceber a voz fraca e chorosa. — Seu tio Denis foi preso. Estou indo para a delegacia. Precisamos do Luciano. Não consegui falar com ele, não tenho o celular dele no meu aparelho novo...

Beth foi ao quarto, apanhou um talão de cheques e colocou na bolsa. Na porta, depois de pegar as chaves da casa e do carro, Beth anunciou, enquanto desligava a televisão a que Gabriel assistia, mesmo diante dos protestos do rapaz:

— Vamos, mexa-se!

— Mãe, o filme...

— Acho que não entendeu o que eu disse, seu tio está preso — Beth falou num tom que Gabriel se alarmou: — Estamos indo para a delegacia. E você vai para a casa da Alessandra. Preciso encontrar o Luciano. Ele é um ótimo advogado. — Beth pegou dinheiro e deu para o filho: — Para o táxi, e rápido!

Desceram os três no elevador. Cada um com os seus pensamentos.

Beth deu partida no carro quando viu o filho desaparecer num táxi com destino à casa de Alessandra.

As quatro mulheres chegaram à delegacia e encontraram Rita desesperada. Todas falavam ao mesmo tempo, procurando notícias. Margarida, a mais calma, tentou colocar ordem na situação:

— Calma, gente. Fale Rita, o que você sabe? O que disseram até agora?

Capítulo 18

Edson saiu do trabalho com destino certo: o apartamento de Lia. A mulher já o esperava como uma esposa apaixonada nos primeiros dias de casamento. Preparara todos os detalhes para um jantar agradável. Teve o cuidado de arrumar as peças do apartamento para agradá-lo. Encomendou num restaurante o prato predileto do amado e providenciou um filme no gênero de que ele gostava para depois do jantar.

A recepção não poderia ser melhor. Ao sentir o abraço de Lia, Edson observou o apartamento e aspirou o ar de limpeza, sentindo a paz que tanto desejava. O homem estava no banho quando o celular tocou. Lia, rapidamente, apanhou o aparelho e verificou no visor o nome de Beth. A mulher, com o aparelho em uma das mãos, esperou os toques finalizarem e colocou o aparelho de volta no lugar. Não demorou, tocou de novo. Então Lia, temerosa de que a esposa de Edson acabasse com sua noite de amor, desligou o aparelho e acomodou-o de volta no bolso de onde o tirara.

A noite foi perfeita para os dois: um jantar maravilhoso, romântico, sem problemas, filmes, e ainda com direito a massagens. Lia, sempre envolvente e confiante de ter cativado o amor de Edson, foi ao seu quarto e voltou com um envelope nas mãos. Entregou-o a Edson, que ao recebê-lo perguntou:

— O que é isso?

— Consultei um advogado, meu amor. São os papéis para o pedido de separação... Sei o quanto é difícil para você, por esse motivo resolvi ajudá-lo... — falava baixinho, beijando o rosto de Edson.

O homem ficou estático e também embriagado com as palavras da amante.

Luciano já estava em casa, no banho, enquanto Alessandra ocupava a sala, fazendo anotações do que precisava para organizar o jantar em sua casa para receber Lia. O espírito de Rafael estava perto, debruçado no sofá, interferindo em seus pensamentos:

— Ela é filha do dono da empresa, precisa caprichar no jantar. Gosta de pratos sofisticados, parece que já morou fora do país. Tem que dar um jeito de chamar só o seu pai. Para sua mãe, diga que é um jantar de negócios... Coloca palmito, ela adora...

— Vou chamar o papai. Ela vai se sentir à vontade porque já o conhece, tem amizade. Palmito... como eu ia esquecendo dele na lista? A receita fica ainda melhor... — murmurava Alessandra sozinha, em meio às suas anotações, quando foi interrompida pelos toques do telefone. Logo identificou pelo número que era Beth. Deixou tocar até cair a ligação. Não houve recado, mas na segunda tentativa Beth deixou uma mensagem:

"Filha, sou eu. Me liga, por favor. ... Seu tio Denis foi preso. Estou indo para a delegacia. Precisamos do Luciano. Não consegui falar com ele, não tenho o celular dele no meu aparelho novo..."

Alessandra sentiu-se tentada a atender o telefone, chegou a estender a mão para apanhar o aparelho, mas o espírito de Rafael, que tinha muita influência sobre ela, ordenou:

— Não, Ale! Deixe ela, está tendo o que merece.

A moça, sem remorso, atendeu ao pedido de Rafael. Buscava a tecla para apagar a mensagem quando Luciano chegou à sala e perguntou quem era. Alessandra rapidamente deu uma desculpa:

— Já saiu do banho? Era dessas empresas oferecendo produtos. Já dispensei — depois, num tom apaixonado, anunciou o que fizera para o jantar e o conduziu até a mesa.

O jantar já havia terminado quando o interfone tocou. Era o porteiro anunciando Gabriel. Luciano consultou o relógio e pediu para fazê-lo subir. Alessandra perguntou quem era e teve como resposta o que temia: era Gabriel com a notícia da prisão do tio.

— Isso é hora de vir à casa dos outros sem avisar?

— Alessandra, é seu irmão. Por que tanta cerimônia? Parece que ficou alterada com a visita...

— Impressão sua — falou num tom seco.

Gabriel chegou com o jeito de sempre, sossegado, e só depois de alguns minutos, quando já estava acomodado no sofá, servindo-se da sobremesa que Alessandra lhe ofereceu, anunciou o motivo da sua visita. Falou sem emoção, como se estivesse contando um fato visto na televisão.

— O Denis está preso? Como assim, o que aconteceu? — surpreendeu-se Luciano, quando se virou para Alessandra e questionou: — Você sabia disso, Alessandra?

A moça, do canto onde estava, balançou a cabeça negativamente, mas não convenceu Luciano, que se voltou para o cunhado fazendo mais perguntas, sinceramente preocupado. Gabriel contou o que sabia, quase nada, e relatou algo que foi o estopim para a discussão a seguir:

— A mãe disse que não ligou para você porque está com o celular novo, e não conseguiu recuperar a agenda do que roubaram dela — Gabriel sentiu vontade de rir, mas não o fez. — Ela até ligou aqui, deixou mensagem.

— Aqui?! — indagou Alessandra preocupada, pois até aquele instante havia esquecido a mensagem registrada por Beth.

Luciano se voltou para Alessandra e a questionou, e novamente ela se fez de desentendida. Luciano foi até o aparelho e, ao apertar a tecla, foi possível ouvir a voz de Beth na sala. Gabriel falou ainda mais alto:

— Não disse? Ninguém acredita em mim mesmo!

Luciano estava com os olhos fixos na esposa ao ouvir a mensagem:

"Filha, sou eu. Me liga, por favor. ... Seu tio Denis foi preso..."

— Ale, você não apagou a mensagem? Burrice! Negou e deixou rastro... — sussurrou o espírito de Rafael, rodopiando pela sala, nervoso.

Alessandra se exaltou, nervosa, influenciada pelo espírito de Rafael, e acabou se entregando:

— Não queria trazer essa preocupação para você, Luciano, por isso não falei nada.

— Então era aquela ligação de quando eu estava no banho? Disse que era de gente oferecendo produtos — fez uma pausa. — Era sua mãe! Viu o teor da notícia, como estava preocupada?

— Não é problema nosso. Fácil agora arrumar problemas e despejar na nossa casa!

Luciano parou por um momento e estudou o rosto da esposa, achando curioso o seu comportamento, como se estivesse diante de uma estranha. Em meio à descoberta daquela Alessandra, Luciano se lembrou de quando sua mãe disse ter ligado para sua casa e deixado recado.

— Você já fez isso antes — constatou Luciano. — Alessandra, você ouviu um recado da minha mãe e apagou para eu não ouvir?

— Não sei o que está dizendo...

— Sabe, sim. Estou decepcionado com você — lamentou, saindo da sala. Estava ultrapassando a porta quando se voltou para a sala e afirmou:

— Gabriel, espere um pouco, vou me trocar. Vamos para a delegacia — virou-se para Alessandra e ordenou: — Ligue agora para a Beth e avise que estamos indo para lá.

— Ainda acho...

— Você vai também, Alessandra, ou estou pedindo demais em participar dos assuntos da sua família?

Gabriel ficou assistindo à cena e, depois que o cunhado desapareceu, sorriu para a irmã e acrescentou:

— É, mana, acho que não fui portador de boas notícias. A mãe quase me jogou no táxi para vir aqui. Se tivesse atendido a ligação dela, eu estaria agora vendo o fim do filme...

— De novo essa Beth no nosso caminho, Ale — falou o espírito de Rafael. — Manda esse moleque calar a boca, já que não consigo influenciá-lo.

— Cale a boca, Gabriel — pediu Alessandra visivelmente irritada.

Gabriel disfarçou o riso ao ver a irmã nervosa e perguntou:

— Não vai ligar para a mamãe? Pode deixar, vou quebrar o seu galho. Posso avisá-la de que você também vai para a delegacia?

Juliana, diferentemente dos últimos dias, chegou cedo em casa. Estava disposta, animada, e foi à cozinha preparar algo para o jantar. Depois de abrir os armários, encontrou um pacote de macarrão. Pensou numa opção rápida. Ao ver a água fervendo com um fio de óleo e sal, Juliana despejou pouca quantidade de macarrão. Tirou após alguns minutos e, logo que escorreu a água, colocou cuidadosamente o conteúdo numa travessa de louça branca. Preparou o molho rosé, com carne picada em miúdos e azeitona, e refogou no azeite com uma pitada de sal, depois acrescentou tiras de palmito e derramou sobre o macarrão. Cristiano chegou nesse momento e foi logo dizendo:

— O cheiro está no corredor.

— Um prato simples, de solteiro. Fiz alguns acréscimos, o suficiente para dois.

Cristiano saboreou o prato demoradamente, enquanto apreciava a mesa posta com cuidado e toques femininos.

— Está querendo me prender pelo estômago? Está maravilhoso!

— Não preciso — garantiu a moça rindo enquanto acariciava a barriga. — Eu já consegui. E como foi o seu dia?

O rapaz começou a rir. Depois fez silêncio, passou a mão pela barba e comentou:

— Estamos parecendo casados. É impressão minha?

— É. Somos, na verdade, modernos. Teremos um filho e somos civilizados o bastante para ter um bom relacionamento. Vem cá, você não respondeu como foi o seu dia.

— Tudo normal. Tirando a mulher com quem eu briguei hoje cedo... Já lhe contei? É uma péssima motorista, ficou toda nervosa porque eu estava em duas faixas e ela não conseguia estacionar na outra. O melhor foi que a prima dela era cliente, estava interessada num apartamento e ficou com o imóvel, contrariando a prima maluca...

— Esquece isso.

— É o que vou fazer. Espero nunca mais vê-la na vida.

— Então vamos mudar de assunto — sugeriu Juliana pegando o celular. — Vou passar uma mensagem para minha cunhada, para confirmar o nosso encontro. Vai gostar dela.

— Não preciso nem perguntar, pois é evidente o carinho que tem por ela.

— Muito mesmo. É uma irmã. Quando minha mãe morreu, eu tive apoio, amor e orientação dela, o que compensou a indiferença que recebia do Edson, meu irmão.

— Já faz tanto tempo que não se encontram. Será que o tempo...

— Não! Eu sou para ele a marca da traição. Nunca admitiu que a nossa mãe, viúva, tivesse outro relacionamento. Quando ela engravidou de mim, Edson era um adolescente mimado, o centro das atenções, e minha mãe resolveu não assumir o meu pai e me teve sozinha. Fez isso com a intenção de o Edson não se sentir desprezado. Como ele era egoísta! Acredita que ele fez minha mãe pedir perdão pelo romance que viveu com o meu pai?

— E o seu pai?

— Fui atrás e descobri que havia morrido no primeiro ano de casamento com outra mulher. Teve um ataque fulminante. Não tinha nem cinquenta anos.

Cristiano percebeu que o assunto a deixava triste, por isso procurou mudar o rumo da conversa:

— Então amanhã vou ter o prazer de conhecer sua cunhada?

— Sim. Sinto falta dela, dos meus sobrinhos. Estou há algum tempo na cidade e não os procurei...

— Teme encontrar o Edson?

— Sim. Brinco que vou fazer isso e aquilo, mas não sei como vou reagir ao encontrá-lo.

— Deixa o tempo correr. É o melhor que tem a fazer.

Juliana concordou e saiu comentando o seu dia na agência, ficava empolgada ao falar do trabalho, tanto que disfarçou e não respondeu à pergunta de Cristiano:

— E o médico? Quando será a próxima consulta?

Não houve resposta. Depois de um curto intervalo de silêncio, a moça, num tom de brincadeira, falou:

— Vou me deitar. Preciso descansar um pouco. A louça é sua. Fiz o jantar e pode tratar de arrumar a cozinha.

— É uma ordem. Mais alguma coisa?

Cristiano pôde ouvir as risadas de Juliana no outro cômodo no momento em que empilhava os pratos para levar até a pia.

Alessandra não foi à delegacia alegando fortes dores de cabeça. Essa foi a desculpa que Beth recebeu e ainda comentou:

— Coitada da minha filha. Deve ter ficado preocupada com a notícia...

— E muito, mãe. Você não tem ideia do quanto — ironizou Gabriel ao dar a notícia.

Luciano, depois de cumprimentar todos educadamente, o que era do seu feitio, foi em direção ao interior da delegacia. Antes pediu que tivessem calma, que esperassem. Tentou convencer Donária a ir para casa, mas a velha foi irredutível, não arredaria o pé da delegacia sem o filho.

Rita foi até uma barraca próxima à delegacia, onde comprou um copo de café com leite e serviu para a sogra. Milena mantinha-se ao lado da avó, e Gabriel, completamente incomodado com a situação, querendo estar longe daquele lugar, tentava falar com a namorada, mas o celular estava fora de área, por isso enviou-lhe mensagens. Depois Gabriel ligou para Comédia. Contou a ele onde estava e os últimos acontecimentos.

— Seu tio está preso? Que situação!

— Seu sogro, pai da sua namorada — concluiu Gabriel rindo.

— Que barra! O pai preso, demitida do emprego...

— Se é que se pode chamar aquilo de emprego...

Os dois começaram a rir, sempre indiferentes ao sofrimento de Milena.

Gabriel era desatento em alguns assuntos relacionados à família, não dava importância. Conversou com Comédia mais algum tempo sobre outros assuntos e finalizou a ligação, sem demonstrar nada pelo sofrimento de Milena. Depois Gabriel foi ao lado da prima e disse quase num sussurro:

— Falei com o seu namorado. Te mandou um beijo — mentiu Gabriel, pois gostava de mostrar para a moça apaixonada o domínio que exercia sobre Comédia.

Beth puxou Margarida pelo braço, foi fumar distante da família e desabafou:

— Ainda bem que está aqui! — observou Margarida num sorriso leve, amigo e lamentou: — Que dia horrível, estranho! Bem se diz que nada vem sozinho. Uma atrás da outra. Primeiro aquela conversa com Edson, separação, meu irmão preso. E sem contar aquele desagradável na imobiliária...

— O bonitão, corretor de imóveis? Ele deve ter alguma importância sim, para colocá-lo na sua lista...

— Não brinca. Estou falando sério. Sujeito insuportável. Viu que petulante? Acha que só ele sabe dirigir, sente-se o dono da verdade.

— E bonito também. Beth, eu podia ter combinado de pagar o aluguel na imobiliária, só para vê-lo. E você poderia ir comigo... — Margarida começou a rir.

— Deus me livre! Espero nunca mais vê-lo na vida.

Nesse momento chegou uma mensagem em seu celular.

— É da Juliana. Ela está confirmando o almoço. Quer que eu conheça o modelo com quem se envolveu e de quem está grávida. Disse que são só amigos, que ele é uma ótima pessoa. Eu vou porque acho essa moça tão sozinha, sem os pais, um irmão que a rejeita.

Margarida, como se estivesse em transe, mudou de assunto ao falar para a prima:

— Quando você o conheceu ele já era comprometido.

— Quem, mulher? Do que está falando?

— O seu amor, o que está procurando você.

— Lá vem você com essa história de novo. Conta de uma vez isso — pediu Beth, tomada por impaciência.

— Não sei tudo, vejo aos poucos. Vocês eram tão bonitos! O amor embeleza as pessoas. Uma tragédia marcou suas vidas...

Beth ficou séria e sentiu veracidade no que Margarida dizia. Percebeu-se diante de outra pessoa, mas também não era estranha. Beth ia perguntar algo, quando Margarida, como se despertasse da visão do passado, anunciou ao desviar o olhar para a saída da delegacia.

— Veja lá! Luciano e Denis estão vindo.

As duas mulheres saíram correndo e se juntaram ao resto da família. Rita e Donária abraçaram Denis. Todos perguntavam ao mesmo tempo, ansiosos por respostas, menos Gabriel, que se mantinha um pouco distante, com ar de riso nos lábios. Luciano aproximou-se de Beth e falou:

— Ele foi preso por acusação de formação de quadrilha. Drogas, Beth. Sorte que, quando foi detido, não encontraram nada com ele. Nem pouca quantidade para considerá-lo usuário.

— Graças a Deus!

— Havia meses policiais estavam no encalço deles. A moça que recebia a droga não foi encontrada. A casa onde seu irmão fazia as entregas estava completamente vazia. Foi alugada em nome de uma pessoa falecida. Denis foi liberado por falta de provas.

— E como ele entrou nessa?

— Um cara que conheceu no ponto de táxi. Não sabe nem onde mora. Contou que fazia o favor de entregar remédios à irmã desse tal amigo. Golpe. Denis foi usado para transportar o produto entre as partes. E tem um problema.

— O que houve?

— O carro foi apreendido. Multas, a documentação não está em dia, e a habilitação está vencida. Como motorista de táxi, esses eram os mínimos cuidados que ele deveria ter.

— Vamos dar um jeito nisso. Muito obrigado, meu genro.

Luciano abraçou a sogra e se lembrou de Alessandra, da desfeita da moça com a própria família. Nesse instante deduziu: "Nem sempre os filhos saem aos pais".

Edson chegou em casa tarde da noite. Fez de tudo para não despertar a atenção da esposa e do filho. No entanto, ao percorrer os cômodos, notou que estava sozinho. Estranhou a princípio, foi até a cozinha e não encontrou nenhum recado deixado pela esposa. Consultou o celular, que estava desligado. Ao ligá-lo, viu algumas ligações de Beth. Não ligou para a esposa, para evitar cobranças, por isso, friamente, foi tomar um banho. Depois vestiu-se com um pijama leve e foi saborear um copo de leite na cozinha. Nesse momento, Beth chegou acompanhada de Gabriel. Este último mal se despediu da mãe. Beth lhe deu um beijo de boa-noite.

Quando viu Edson, a mulher perguntou:

— Onde estava? Eu o procurei...

— Meu carro quebrou.

— Eu liguei para você...

— O celular descarregou.

— Deixei várias mensagens. O Denis foi preso.

Edson saiu mexendo o copo de leite na mão, numa atitude típica de desinteresse, e perguntou:

— O que ele aprontou desta vez? É, porque o seu irmão é capaz de muita coisa. Já foram várias as situações em que tivemos de socorrê-lo. Dinheiro, carro quebrado, gente cobrando na porta da casa da dona Donária, ameaças. Ser preso era o que faltava ao seu irmão.

Beth pensou em responder, defender o irmão, como era de costume, mas estava querendo paz na casa. Tencionava reverter a decisão repentina de separação proposta por Edson, portanto silenciou e foi acompanhar o marido até o quarto.

Tudo o que Edson falava era a ponto de briga, completamente irritado, incomodado com a situação em que vivia, naquele casamento desgastado, mas ele convertia em atacar a família de Beth.

— Ele foi vítima desta vez.

— Como sempre é. Você e sua mãe são duas ingênuas. Só vocês dão créditos às barbaridades que o Denis apronta. Acho que nem a Rita, como esposa, tem essa tolerância.

Beth ainda tentou convencê-lo do contrário enquanto tirava os brincos e removia a maquiagem. Poucos minutos de silêncio foram o bastante para Beth notar que conversava sozinha, pois Edson dormia. A mulher notou que o marido estava distante e indiferente aos seus problemas. A separação, naquele momento, tornou-se ainda mais próxima, real.

Capítulo 19

Gabriel, logo que acordou no dia seguinte, consultou o celular e ficou cismado por não haver registro de retorno de Mariana em seu celular. Por esse motivo, o jovem faltou à aula e, por conhecer o roteiro da namorada, resolveu esperá-la na portaria de um prédio onde a modelo fazia aulas de dicção.

Mariana ficou surpresa e também muito feliz ao vê-lo à sua espera. Pendurou-se no pescoço do jovem e o beijou longamente, depois deu a Gabriel a chave do carro e emendou:

— Me leva para onde você quiser.

A moça, declaradamente apaixonada, não percebia a frieza de Gabriel, que tinha um comportamento distante, pouco carinhoso.

— Liguei várias vezes, deixei mensagens e não houve retorno.

— Ciúme? — perguntou Mariana rindo. E, ao perceber o rosto do rapaz sério, com o olhar voltado para o horizonte, perdido entre os vários carros que se enfileiravam na frente do seu, resolveu relatar sua noite anterior: — Estive com uns amigos.

Gabriel percebeu algo estranho e foi questionador, de forma mansa, ardilosa, e aos poucos soube o que temia.

— Ele viaja hoje para Londres. Ficará um tempo. Já trabalhamos juntos em outra agência... Sim, já ficamos, isso há muito tempo... Não, eu não gosto dele... Fui encontrá-lo por amizade... Só nós dois... Ficamos só num barzinho... — nesse ponto as respostas de Mariana diante do interrogatório de Gabriel eram tensas. O rapaz foi se alterando devagar, mas a sua fúria foi ganhando força, de forma que vinha assustando a modelo. Tanto que Mariana procurou mudar de assunto, mas Gabriel era insistente, queria saber mais, e isso mais alimentava seu ódio, sua ira. Era possível ver os olhos vermelhos do jovem, sua revolta, a sensação de ter sido traído ao bater com força no volante do carro. Falava alto a ponto de chamar a atenção dos outros motoristas, mas Gabriel não se importava, queria saber mais: quem era o rapaz, o que significou na vida da moça, quanto tempo ficaram juntos, a que ponto a relação chegou...

— Não significou nada, meu amor... ficamos pouco tempo, acho que a carência nos aproximou... ficamos alguns meses, viajamos juntos uma única vez, para a Região dos Lagos, no Rio de Janeiro...

— Ontem... — a respiração de Gabriel era intensa, sua testa suava quando formalizou a pergunta: — Ontem vocês recordaram os bons momentos?

— Gabriel, isso é um desrespeito comigo. Estou com você e não sou capaz de traí-lo se é essa a sua preocupação.

— Será? — perguntou o jovem rindo cinicamente.

— Pare esse carro, Gabriel. Ficamos por aqui.

Gabriel acelerou o carro e começou a costurar o trânsito de forma a assustar Mariana, que pedia para o jovem não fazer aquilo, pois estava com medo. Mariana, ao pegar no braço de Gabriel, pôde sentir o quanto estava quente. O jovem parou por conta do semáforo e prosseguiu a discussão. Tomado por um ciúme sem fundamento, ele insistia na traição e a moça se defendia.

Mariana sentiu pavor de Gabriel, algo mais forte do que no dia em que foi por ele agredida no elevador do shopping. Tanto que pensou em descer do carro, tirou o cinto de segurança mas, ao perceber o silêncio do rapaz, procurou conversar, só que ele voltou a falar ainda mais alterado, a ponto de agredi-la. Gabriel aproveitou que o semáforo estava fechado, que a moça tinha se voltado de lado no banco do passageiro e, em meio à discussão, acertou o seu rosto com um soco e anunciou:

— Vou te matar!

O impacto não foi tão forte, mas a saliência do anel que o jovem tinha num dos dedos foi o bastante para ferir o rosto da moça. Mariana só percebeu o que de fato tinha acontecido quando levou a mão ao rosto, na parte atingida, olhou para a mão e viu o sangue. Ficou horrorizada. Tanto que não ouviu os pedidos de desculpas de Gabriel, desceu do carro apressada, em lágrimas, cortando entre um carro e outro.

Gabriel fez menção de descer do veículo e ir atrás dela, mas o carro da frente começou a andar e o de trás a buzinar, então resolveu acelerar, enquanto com a cabeça para fora do carro gritava o nome de Mariana com o propósito de detê-la. Os segundos que se concentrou em acelerar o veículo foram suficientes para perdê-la de vista. Apanhou o celular e começou a discar o número da jovem. Seus dedos estavam trêmulos, errou o número mais de uma vez.

Mariana, ainda assustada, corria entre os carros parados. Olhava para trás com medo de Gabriel alcançá-la. Olhou para o semáforo e observou que iria abrir para os carros, por isso começou a correr até um dos veículos próximo à faixa de pedestre e, muito cansada, apoiou as mãos no capô do carro e pediu ajuda. O motorista, distraído, conferia sua agenda e, ao vê-la, não teve reação. Mariana, rápida, foi até a porta do veículo e abriu. Depois de entrar no carro, num estado deplorável, com sangue pelo rosto e na camiseta, a moça pediu ajuda:

— Por favor, me tira daqui. Ele vai me matar — Mariana sentiu o celular que estava no bolso tocar, apanhou o aparelho e viu que era Gabriel. Seu coração disparou.

Cristiano, que era o motorista a quem Mariana pedira ajuda, sem nada perguntar acelerou o carro.

Margarida, durante a noite, teve outro encontro com Rosa. Desta vez, o local foi rapidamente reconhecido por Margarida, pois estavam no quintal da casa de Donária, próximo à varanda.

— Sempre muito bom encontrá-la, minha irmã. Tem sido muito importante a sua presença nesta casa, nesta família por esses dias.

— O dia foi tão agitado! Presenciei tanta coisa e não sei em que pude ajudá-los.

— Por vezes o nosso silêncio é o que conforta alguém em dificuldade, simplesmente pelo fato de estarmos presentes, apoiando, num abraço, num olhar...

Margarida virou-se para trás e pôde ver Estevam sentado sobre uma pedra que havia no quintal. Emocionada, a mulher perguntou a Rosa se era mesmo o seu tio. Houve a confirmação, no entanto não havia alegria nesta afirmação, o que preocupou Margarida. Rosa, pacientemente, envolvida por uma luz intensa e radiante, asseverou:

— Ele está preso, recusa-se a ir embora, a seguir para sua evolução. Pode ser por culpa dos seus parentes também, que ainda o mantêm preso à vida que tivera. Gostam de frisar e manter os costumes de como era quando estava vivo entre eles.

— Por isso se recusa a seguir?

— Sim. Está há anos assim, na dependência de se alimentar de fragilidades dos amigos encarnados, que o atraem pelos pensamentos negativos, pessimistas. Ele se recusa a partir. Agora eu peço pela nossa amiga Beth. Esteja presente, terá muitos problemas para resolver, de ordem judicial, financeira...

— Como poderei ajudá-la?

Rosa apenas sorriu. Deu um abraço apertado em Margarida que a fez sorrir. Sentiu uma lágrima escorrer pelo rosto. Depois viu Rosa desaparecer num caminho de luz vibrante.

Margarida acordou assustada. Levou a mão ao rosto e percebeu uma lágrima escorrendo. Não teve nítida lembrança do sonho, teve somente algumas cenas na memória que a fizeram sorrir.

Juliana, ansiosa para rever a cunhada, foi a primeira a chegar ao restaurante. Poucos minutos depois, Beth chegou e o reencontro aconteceu da melhor forma possível, entre abraços, beijos e elogios.

Beth ficou feliz ao ver Juliana madura, independente, mas ainda era possível ver os resquícios de fragilidade da menina calada, rejeitada pelo irmão. Só quem a conhecia havia muito tempo era capaz de ter essa constatação, pois Juliana sabia muito bem disfarçar sua história.

— Você parece preocupada, Beth...

Beth contou em detalhes os últimos acontecimentos, a começar pela decisão cada vez mais fortalecida de Edson em obter o divórcio, a prisão de Denis e também ficou tentada a falar sobre Cristiano, mas se conteve, pois se lembrou do comentário de Margarida de que estava dando muita importância para ele.

Juliana foi conselheira, mas não deixou de brincar também, o que tornou o papo muito descontraído.

— Que maravilha! Deus está dando a você a oportunidade de ser feliz longe do Edson. Sinceramente, é meu irmão, mas é um favor que ele está lhe fazendo. Pense nessa possibilidade.

— Você só o conhece como o irmão severo, que não a aceitou...

— O bastante para compreendê-lo. Hoje a gente ainda se fala, mas apenas o básico.

— E me conte, como está a gravidez? Está morando com o pai do seu filho e não estão juntos, como é isso?

Juliana pensou em contar o real motivo daquela aproximação de Cristiano, que sua gravidez era de risco, mas queria dar ao filho o que não tivera, uma figura paterna, no entanto respondeu sem perder o humor ou mesmo deixar transparecer a verdade:

— O modelo é lindo, você vai ver. Mas não é para ser. Sempre tive vontade de ser mãe e, ao vê-lo, percebi que poderia ser com ele. Deus concordou com os meus planos. Tenho minha profissão, viajo muito e um casamento pode não durar com isso...

— Já filho é para toda a vida e suas viagens podem ser interrompidas por eventualidades do dia a dia...

— O pai vai cuidar dela ou dele muito bem. A madrinha também estará por perto, tenho certeza de que tudo vai dar certo.

— Madrinha? Quem será?

— Você! Ainda pergunta? — Juliana começou a rir. — Minha criança estará em boas mãos.

— Obrigada pela consideração — agradeceu sinceramente feliz com a notícia. — Ju, você fala como se não estivesse aqui quando isso acontecer.

— Impressão sua — rebateu rapidamente. — Como disse, viajo muito, não poderei levar uma criança comigo, vou ter que contar com a colaboração dos poucos amigos.

Beth se convenceu da resposta e Juliana respirou aliviada. Um garçom se aproximou para anotar os pedidos, e Juliana se adiantou:

— Só bebidas por enquanto. Estamos esperando mais uma pessoa para fazer o pedido, obrigada. — Ao ver o garçom se distanciar, Juliana falou: — Você vai gostar dele. Tenho certeza de que irão se entender.

Conversaram mais alguns minutos, Juliana contou sobre suas viagens, suas experiências diante de diversas culturas, o lado bom do seu ofício e também o que não era tão agradável. Em meio a essa conversa, chegou uma mensagem ao celular de Juliana que, depois de ler, informou à cunhada:

— Não será hoje que você irá conhecê-lo. Ele não poderá vir. Pediu desculpas, disse que houve um imprevisto e explicará depois...

— Tudo bem. Acontece. O bom é que a gente poderá conversar mais um pouco...

Fizeram os pedidos dos pratos. Beth saboreou canelone aos quatro queijos, molho branco, catupiry... Juliana se deliciou com um prato diferente: bacalhau ao forno com direito a tomates, cebolas, batatas, ovos... E, antes do café, as duas experimentaram de sobremesa doce de abóbora com sorvete.

Juliana perguntou pelos sobrinhos e obteve de Beth respostas de uma mãe apaixonada, que só vê qualidades nas crias.

— Trabalhando num posto? Quero o endereço, quero vê-lo trabalhando. Fiquei surpresa, não achei que fosse aceitar assim, ainda mais uma proposta do Edson. A gente se fala pelo computador e sei da relação dos dois.

— O Edson me convenceu de que o trabalho poderia aproximar Gabriel da realidade, da responsabilidade. E acredito também que pode trazer ao meu filho uma aproximação maior com o pai...

Durante a conversa, Juliana não deixou de pensar em Cristiano, no que poderia ter acontecido. Beth volta e meia também se pegava pensando no corretor da imobiliária. Não sabiam que era a mesma pessoa e, mais, o que estava por acontecer.

Naquela manhã, quando Cristiano acordou, deparou-se com um recado fixado na geladeira, escrito à mão por Juliana. Era um lembrete para o encontro no almoço com ela e a cunhada, mais a recomendação de que sua presença era muito importante. Cristiano riu ao ler. Percebia a chance de aproximar-se do universo de Juliana, pois conhecia pouco da moça, que só deixava aparecer o que lhe era conveniente, como a profissão, que era sempre colocada em primeiro lugar em sua vida.

No período da manhã, Cristiano tratou de apresentar alguns imóveis para dois clientes. Remanejou um terceiro para outro corretor, para não se atrasar no almoço programado por Juliana.

Já estava no trânsito, em direção ao restaurante, quando parou no semáforo. Aproveitou o momento para consultar a agenda, quando um barulho na lataria do veículo, mais precisamente no capô do carro, chamou sua atenção. Ao levantar os olhos, o moço teve uma visão assustadora, tirada de um filme: uma moça bonita balbuciava por ajuda. Cristiano notou sangue em seu rosto, na sua roupa. Tudo foi muito rápido, logo a moça estava entrando em seu carro, sentando-se ao seu lado e pedindo ajuda. Pôde ouvi-la falar: "Ele vai me matar". Olhou para o sinal e estava aberto; só lhe restou acelerar o veículo.

Naquela situação, Cristiano não pensou em outra coisa a não ser ajudá-la. Não passou pela sua cabeça a possibilidade de a moça ser uma ladra, ou de que estivesse sendo vítima de uma armadilha para roubar seu carro, nada disso, somente pensou em amenizar o sofrimento da moça que pedia pela vida.

O homem, atento ao trânsito, cortou caminho numa das ruas e, ao parar num semáforo, pegou papel no porta-luvas e deu à moça, que agradeceu. Cristiano observou o seu rosto, e sua voz saiu pela primeira vez perguntando se estava bem. A moça, com lágrimas escorrendo pelo rosto, fez um gesto positivo, o que não correspondia à realidade. Cristiano dobrou na próxima rua à direita e acionou a seta do carro ao entrar no estacionamento de um hospital que havia na redondeza.

— Precisa ver isso no seu rosto. Parece que está bem machucado...

Mariana foi logo reconhecida pela enfermeira, que a levou para examinar o ferimento. Cristiano, ainda alheio à popularidade da moça, estranhou a movimentação pelo hospital. Aproveitou que a moça estava sendo atendida e resolveu passar uma mensagem para Juliana, pois pensou que ligar naquele momento poderia assustá-la. Não teria como deixar claro o que fazia num hospital com uma desconhecida.

Uma enfermeira, mulata, com quase dois metros de altura, andar desajustado, vestida de branco, e também extremamente simpática, apareceu para dar notícias:

— O senhor é o acompanhante da modelo?

Cristiano desconhecia o ofício da jovem e apenas afirmou que sim.

— Pode me acompanhar. Ela está em observação, mas já está bem. Não precisou levar pontos, mas terá que ficar com curativo para estancar o sangue. Ela comentou que foi agressão do namorado. Já fez Boletim de Ocorrência?

Cristiano pensou em responder que nem a conhecia, mas resolveu não dizer nada. Naquele momento olhou para uma das portas principais e viu a movimentação de gente querendo entrar no hospital.

— Já descobriram que tem gente famosa aqui — comentou a enfermeira que, ao ver a cara de desentendido de Cristiano, perguntou: — Você sabe quem é ela?

— Não. Eu apenas lhe dei carona. Parece que foi agredida, ameaçada e pediu...

— Mari Fidélis. Além de herdeira do império Fidélis, é também modelo que dá brilho a passarelas. Ela estampa várias publicidades, revistas... Muitos que estão lá fora trocariam de lugar com você por algo precioso para estar aqui e dar o furo numa dessas revistas semanais. Você não tem ideia do que são capazes de fazer.

“Faço ideia, sim, e como!” — pensou Cristiano.

Cristiano recordou os detalhes do rosto da moça que socorreu e teve lembrança de tê-la visto num programa de televisão, no entanto, só naquele momento percebeu de quem se tratava.

— Poderá acompanhá-la até a delegacia para registrar o Boletim de Ocorrência?

Cristiano afirmou que sim. Depois apanhou a moça que, agradecida, prometia ressarci-lo pelo tempo que gastou ao ajudá-la.

— Não se preocupe. Você está bem? A enfermeira falou de prestar queixa...

— Eu vou — não havia notória firmeza na voz da modelo.

— Quer que eu avise alguém? Sua família? Peço para acompanhá-la...

— Pode ir comigo? Temo faltar coragem se deixar para depois.

A enfermeira, já conhecedora de casos semelhantes, resolveu encorajá-la por notar sua insegurança.

— Você tem que denunciá-lo. Deve registrar a queixa pela agressão física e psicológica que sofreu. A mulher precisa ter essa coragem e lutar contra esse tipo de comportamento — voltou-se para Cristiano e falou: — O senhor fez certo em trazê-la para cá, já consta na ficha de atendimento a informação de agressão que sofreu. Agora é seguir, registrar a ocorrência na delegacia da mulher ou delegacia de polícia — fez uma pausa e concluiu: — Acredito que não seja fácil denunciar alguém que julgamos amar, ou que, até a agressão, era a pessoa responsável pela nossa felicidade, mas é uma forma de garantir sua proteção, faça isso pela sua vida.

— Já li que a mulher também tem direito a exame de corpo de delito no IML — comentou Cristiano.

— Sim, há casos de mulheres que, inclusive, têm lesões corporais em partes íntimas...

Meia hora depois estavam na delegacia. Foram pela saída das ambulâncias para despistar os repórteres que se aglomeravam na porta do hospital em busca de notícias. Eram várias as informações falsas que corriam entre os jornalistas.

— Mari Fidélis foi atropelada... parece que caiu da passarela... uma costureira, durante a prova da roupa, machucou a modelo...

Várias eram as especulações.

Na delegacia, Cristiano assistiu, a pedido de Mariana, à queixa prestada pela agressão feita por Gabriel. A moça, ainda transtornada pelos acontecimentos, fez várias pausas e, aos poucos, de forma minuciosa, contou o fato de que fora vítima.

— Foi a primeira vez? — foi uma das perguntas do delegado.

A moça respondeu que sim, mas não passou segurança e, com a insistência da pergunta, Mariana revelou:

— Teve mais uma vez. No shopping, há alguns meses, quando a gente completava aniversário de namoro... Atribuí à irritação dele a agressividade, pelo fato de não ter dado certo a troca de uma roupa que a prima dele havia comprado para mim. Gabriel ficou muito nervoso e...

O delegado virou para o escrevente e ditou mais algumas informações, depois se voltou para a modelo e orientou-a:

— Você será conduzida ao Instituto Médico Legal para realizar exame de corpo de delito. Vocês moram juntos?

— Não.

— Se assim fosse, ele teria que deixar o lar conjugal...

— E quanto ao Gabriel?

— Será intimado a responder algumas perguntas. Poderá também ter sua prisão decretada...

Capítulo 20

Denis acordou tarde, quase perto do horário do almoço, com os beijos carinhosos de sua mãe, dona Donária. A velha senhora fez essa recepção com uma bandeja cheia de quitutes que ela sabia que eram apreciados pelo filho.

O homem se desmanchou de alegria pela surpresa e pelo carinho da mãe que, com os seus excessos, quase dava a comida na boca do filho.

Rita assistia à cena impressionada pelo zelo que a mulher tinha com o filho. Ficou tão enjoada, que pegou sua cesta de trufas e se despediu, dizendo:

— Denis, é bom ir atrás do seu carro. Ver como vai pagar as multas que tem para regularizar o carro. O Luciano falou que está no pátio e corre o valor pelos dias...

— Deixe meu filho descansar! Isso é hora de dar ordens? — questionou Donária irritada com a nora.

— Hora de homem trabalhador, honrado, com dívidas para pagar, estar de pé, trabalhando, ou procurando emprego.

— Depois do que passou queria o quê? Que o Denis acordasse cinco da manhã para resolver os problemas?

— Era o mínimo de preocupação que deveria ter. De correr atrás de resolver os seus problemas.

— A Beth está vendo isso para mim — declarou Denis numa voz sonolenta, morosa e distante da preocupação exibida pela esposa.

— Você deveria se envergonhar disso. Na folga dela, Denis? É um problema seu. Talvez seja esse o problema, essa falta de responsabilidade com a própria vida.

— Está se preocupando com o meu filho, e a sua filha, por que está em casa? Acordou tarde e saiu com a Margarida. Não foi ao trabalho, faltou?

— Ela perdeu o emprego — revelou numa voz sentida. — Foi com a Margarida comprar umas peças para a casa dela.

— Milena está desempregada?! Pode colocá-la para procurar alguma coisa. Não quero encostada na minha casa.

— Não? Dona Donária, será só mais uma nesta casa, não é mesmo?

Donária nada respondeu, voltou-se para o filho e tornou a mimá-lo, como se fosse uma criança que na véspera tivesse ganhado a disputa de natação.

Cristiano sentiu-se responsável pela modelo, tanto que resolveu acompanhá-la também na realização do exame de corpo de delito. Enquanto esperava, sua cabeça trabalhava acelerada. Tinha nas mãos um furo que poderia levá-lo à realização do seu sonho: conseguir um emprego na área de jornalismo.

Logo que Mariana foi liberada, claramente enfraquecida e abalada, Cristiano continuou lhe dando seu apoio, tanto que ofereceu à moça um lanche, pois fazia tempo que não se alimentava. A modelo não recusou. Conversaram por algum tempo e o homem, como se fossem amigos de muito tempo, foi ouvinte do amor e ódio que a moça sentia por Gabriel. Cristiano, até onde podia, sustentava na moça a possibilidade de ser firme, de continuar com o processo.

— Seja firme. O amor pode ser forte, mas lembre-se de que a dor da agressão é ainda maior e pode enveredar para o fim da sua vida.

Mariana, já próxima de Cristiano, como se ele fosse um irmão, não teve outra reação a não ser abraçá-lo. Depois a moça foi até o banheiro e Cristiano ficou segurando seus pertences. Rapidamente, Cristiano abriu o envelope e nele apanhou os exames e o Boletim de Ocorrência, viu um lugar onde tiravam cópias e solicitou xerox dos documentos. Quando estava pagando pelo serviço, viu Mariana, lentamente, sair do banheiro e ir ao seu encontro.

Cristiano a deixou na porta de sua casa e na despedida lhe deu um papel com o seu endereço, telefone e o seu sobrenome, completando:

— Meu nome é Cristiano Ribeiro. Pode me chamar de Ribeiro, alguns me chamam assim. Tenho uma imobiliária. Conte comigo para o que precisar. Tenho certeza de que está fazendo o certo.

A moça saltou do carro mais uma vez agradecida e também deu o seu telefone para Cristiano. Meia hora depois, já no interior de sua casa, saindo do banho, um dos empregados veio avisá-la de que a imprensa estava no portão.

Os seguranças aproximaram-se com a intenção de impedir a movimentação, mas Mariana resolveu falar de uma vez sobre o ocorrido, e da sua forma. Um dos jornalistas, faminto por um acontecimento, foi logo perguntando, o que gerou abertura para outros:

— É verdade que foi agredida por uma costureira?

— Foi vítima de um atropelamento?

— Caiu da passarela, daí o machucado no rosto?

Várias eram as perguntas, e Mariana, sorrindo com dificuldade, pois o curativo repuxava seu rosto, declarou:

— Foi um acidente doméstico. Eu me cortei num processo de depilação. Foi só isso — houve riso de alguns, e Mariana acompanhou. Estava linda. Usava salto, o que lhe fazia parecer ainda mais alta, uma camiseta justa no corpo, um jeans escuro e os cabelos presos num coque alto.

Gabriel ficou transtornado com a agressão cometida contra Mariana. Mais tarde estava extremamente arrependido. Saiu de carro apressado, quase bateu nos outros veículos, sempre com o olhar atento na movimentação da rua, em busca de Mariana. Chegou a encostar o carro numa rua paralela à avenida principal, onde a modelo saltou, para procurá-la, mas não a viu.

Desistiu de circular pelas ruas em vão e foi parar na porta da mansão Fidélis. Obteve a informação de que ela não estava. Foi procurar Comédia, seu grande amigo. Chegou com uma aparência assustadora ao posto de gasolina. Comédia pediu dez minutos para o chefe e foi conversar com Gabriel, que contou o que fizera.

— Você é louco? Agrediu a moça? Tão meiga! — Comédia recordou-se do último encontro que tiveram, quanto ela era delicada, de perfume suave, simpática...

— Foi no impulso. Fiquei cego ao imaginar ela me traindo. Sair com um ex-namorado!... Isso para mim cheira a traição, a matar a saudade...

— Olha lá — Comédia apontou para a televisão. — Não é a Mari?

Os dois se colocaram embaixo da televisão miúda, grudada na parede mofada do barzinho onde estavam.

Era realmente Mariana Fidélis, respondendo a várias perguntas, muitas ignoradas pela modelo, principalmente as relacionadas à vida amorosa.

A entrevista televisionada era vista por Gabriel em silêncio. Ao terminar, o jovem virou-se para Comédia e constatou:

— Ela me ama. Viu que me preservou? Não quis contar o que aconteceu. Vou agora encontrá-la, entregar o carro, levá-la para comer alguma coisa... Você tem algum para me emprestar, Comédia?

Cristiano consultou o relógio depois que deixou Mariana Fidélis em casa. Estava muito ansioso. Abriu o porta-luvas, de lá tirou o envelope e depois as cópias do Boletim de Ocorrência, do atendimento médico no hospital, dos exames realizados...

O homem estava radiante. Lamentava, sinceramente, o ocorrido com a jovem modelo, mas viu ali a chance de conseguir acesso ao emprego que tanto desejava. Desta vez achou precipitado mostrar o que tinha em mãos. Considerou pouco, por isso recapitulou o depoimento de Mariana e um detalhe chamou sua atenção: a agressão no shopping. Encostou o carro no meio-fio, com o risco de ser multado, e leu atentamente a cópia do Boletim de Ocorrência. Lá, no documento, constava o local, a data e o horário aproximado da agressão.

No shopping, Cristiano conseguiu, sem muita dificuldade, acesso ao chefe de segurança, pois tinha lá na região muitos conhecidos, já que alguns dos imóveis eram administrados por sua imobiliária.

Saiu do shopping duas horas depois, levando com ele uma cópia das imagens que continham a agressão de Gabriel contra Mariana e também o telefone e e-mail de uma das funcionárias da administração. Ele pegou o papel com os contatos da moça e rasgou antes de jogá-lo no lixo. Entrou no carro e colocou a prova adquirida dentro do envelope.

— O dossiê Gabriel está se formando. Ninguém tem essas informações. Será o passaporte para a realização do meu sonho.

Se uma palavra fosse o bastante para atribuir a Mariana Fidélis, esta seria carência. Moça bonita, rica e de carreira promissora como modelo, levava no peito o vazio da falta da mãe, da ausência do empresário Salvador, seu pai, e por vezes sentia-se a mais solitária das pessoas. Tudo isso para ilustrar como foi dolorosa a tarde da modelo após a agressão, a passagem pelo hospital e pela delegacia. Trancou-se no quarto e deitou o corpo cansado, as lágrimas logo brotaram. Fizera vários planos, entre eles o de se manter firme, de não atender Gabriel, e nesta lista também constava o objetivo maior: tirá-lo do seu coração.

Depois de remoer o seu último encontro com o rapaz e a triste experiência de expor sua vida pessoal a quem não conhecia, Mariana adormeceu. Acordou minutos depois ao ouvir o celular tocar. Abriu os olhos vagarosamente, olhou o telefone sabendo quem a chamava. Leu o nome de Gabriel no visor e ignorou a ligação. Outras ligações aconteceram, mas a moça resistiu. Quando pensou em desligar o aparelho, viu uma mensagem do jovem. As palavras do rapaz eram apaixonadas, doces, envolventes, enfim, tudo o que Mariana precisava para amenizar sua dor e aliviar a raiva e o medo que sentia dele. Terminou de ler e sentiu necessidade de respirar o ar puro do jardim da mansão Fidélis.

A moça desceu para o jardim e foi passear entre os mais variados tipos de plantas, flores e rosas que ali existiam. Lembrou-se da sua infância correndo por entre as plantas, conversando com cada uma como se fossem suas amigas. Estava tão sensível que começou a chorar.

O telefone tocou. Mariana olhou o visor, certa de que seria Gabriel, mas era Cristiano. Educado, o homem foi logo se desculpando e perguntando como ela estava, se precisava de alguma coisa. A modelo agradeceu a preocupação e mais uma vez não deixou de demonstrar o quanto era grata pelo auxílio por ele prestado. Antes de finalizar a ligação, Cristiano acrescentou:

— Você fez o certo em denunciá-lo. Conte com minha amizade. Vi sua entrevista, que não quer se expor, mas também vejo nessa situação a oportunidade de você auxiliar muita gente com o seu depoimento. Eu posso ajudá-la... Posso ser testemunha, vi como ficou, a forma que a deixou. Esse rapaz pode fazer mais vítimas.

Mariana, sempre simpática, prometeu pensar sobre o assunto e finalizou o contato.

Não demorou e um empregado veio ao seu encontro. Avisou que Gabriel estava no portão querendo falar com ela. Mariana pensou um pouco e respondeu que iria atendê-lo. Tomou essa decisão, pois sabia que o jovem não iria deixá-la em paz e também porque se sentiu forte o bastante para resistir à tentação.

E realmente Mariana estava forte, ou pelo menos se sentia forte o suficiente para enfrentá-lo. No entanto, o coração da moça derreteu como manteiga no calor do fogo ao ver Gabriel encostado numa árvore, com uma das mãos no bolso e a outra segurando duas rosas, e um sorriso de iluminar um dia nublado. Esse simples cenário fez Mariana sentir-se como da primeira vez que o viu.

— São tão sensíveis que fizeram me lembrar de você — declarou Gabriel ao entregar a rosa para a moça. — Perdoe-me. Aqui está a chave do seu carro também.

Mariana aceitou a rosa e, num impulso, tornou-se firme. E assim foram os primeiros minutos conversando, indecisa, lutando entre a razão e a emoção. Gabriel se aproveitou disso, foi aos poucos se infiltrando, aproximando-se do corpo de Mariana, rodando, falando palavras que a fizeram se esquecer do acontecido e sentir-se num sonho. Sedutor, o jovem percebia tê-la envolvido em seus argumentos, beijava levemente seu ombro, falava o quanto a amava, o motivo da reação.

Ficaram abraçados um bom tempo, em silêncio. Mariana de olhos fechados e Gabriel com ar de riso pela façanha de tê-la nos braços novamente. Em meio a esse devaneio, Mariana declarou:

— Fui ao hospital, fiz também exame de corpo de delito e... — havia dificuldade de Mariana em continuar, mas foi encorajada por Gabriel. — Eu prestei queixa contra você na delegacia, por agressão.

— O que eu fui fazer com você! Estou me sentindo um monstro.

Gabriel sentiu o sangue ferver, mas tentou se controlar. Tinha Mariana ainda nos braços, e perguntou pelos detalhes. A cada novidade, o jovem era tomado por um impulso de agredi--la novamente, mas não o fez, resolveu ir embora levando com ele a promessa da moça de retirar a queixa. Mas algo foi muito forte e ficou martelando na cabeça do jovem:

— Eu tive a ajuda de um empresário, ele deixou o endereço comigo — a moça mostrou o endereço que tinha anotado num papel. Gabriel puxou da mão dela e a abraçou, enquanto ouvia Mariana, em lágrimas.

— Ele a incentivou a me denunciar?

A moça confirmou e ainda acrescentou, apertando o abraço em volta do corpo de Gabriel.

— Ele se dispôs a ser testemunha no processo...

Depois de se despedirem, já a caminho de casa, Gabriel pegou o papel com o endereço de Cristiano, que colocara no bolso sem que Mariana visse, e leu. Saiu esmurrando o que encontrava pela frente. A vontade que tinha naquele momento era de ir até ele e acertar as contas.

Juliana saiu do almoço que tivera com Beth muito animada. Estava também sentida por não ter apresentado Cristiano à cunhada, mas o início da tarde, naquele almoço, foi bom o bastante para esquecer os seus problemas e ter a certeza de que contaria com poucas pessoas para cuidar de sua criança na sua ausência. Eram recorrentes as vezes que a voz do médico vinha à sua mente:

— Não poderia ter essa criança. Desde o diagnóstico foi deixado claro para você o risco de morte que correria...

A moça, mesmo com essa advertência, não se importava. Tinha aquela situação como missão de vida, a obrigação de ser portadora de um espírito de luz para o mundo. O trabalho suavizava toda a situação. Por vezes, quando perdia o sono durante a madrugada, Juliana apanhava um bloco de anotações e tomava nota dos projetos, roteirizava as atividades para o dia seguinte, consultava catálogos de fotos para selecionar modelos, encaixava nos cenários, por fim, fazia questão de se envolver em todo o projeto, o que resultava em um bom reconhecimento profissional.

Juliana, a caminho da agência, resolveu desviar o caminho e visitar Gabriel no posto de gasolina. Antes consultou o endereço anotado num guardanapo e minutos depois encostou o carro próximo a uma bomba de combustível. Rapidamente foi atendida por um jovem animado:

— Bom dia! Gasolina, álcool...?

A moça retribuiu com a mesma simpatia. Explicou o motivo de ter encostado ali. Precisava falar com Gabriel, seu sobrinho. O jovem atendente, com a mesma alegria que a recebeu, apontou para uma terceira bomba de combustível e gritou pelo nome de Gabriel.

— Gabriel? Sua tia — virou-se para Juliana e indicou. — Moça, lá está ele.

Juliana agradeceu ao jovem, deu partida no carro e o manobrou até o local indicado. Viu o rapaz de costas e a dúvida aumentou, então chamou-o pelo nome:

— Gabriel?

— Oi — respondeu Comédia prontamente, virando-se para a moça. Diferentemente dos primeiros dias, agora o rapaz já atendia facilmente pelo nome do amigo.

— Desculpe-me, eu pensei que fosse o meu sobrinho — replicou Juliana. — Ele trabalha aqui também e tem o seu nome. Deve conhecê-lo. Vocês até têm uma aparência semelhante — comentou ao estudar o rosto do rapaz.

Comédia não fez diferente, olhou atentamente o rosto de Juliana e viu traços de Gabriel. Percebeu ser realmente a tia do amigo, por isso improvisou uma mentira rápida.

— Sim, trabalha — confirmou Comédia num tom baixo, na intenção de não ser ouvido. — Está de folga hoje. No período da tarde... Quer deixar recado?

— Tudo bem. Depois eu falo com ele. Obrigada — Juliana fez uma pausa que deixou Comédia receoso, como se a mentira fosse ser descoberta a qualquer momento. Juliana olhou o rapaz atentamente, tirou um cartão da bolsa e lhe entregou. — Eu trabalho numa agência de publicidade, faço também recrutamento de modelos. Gostei do seu tipo. Você me procura?

Juliana não esperou pela resposta, despediu-se e acelerou o carro. Comédia ficou lendo o papel que tinha nas mãos, depois o guardou no bolso. Na sequência ligou para Gabriel e contou o ocorrido, omitindo o convite que recebera. E obteve a seguinte resposta:

— Relaxa, Comédia. Você é muito preocupado. Minha tia é como um cometa, desses que passam de muitos em muitos anos. Vive viajando. Capaz de nem voltar mais ao posto.

Comédia não tinha essa segurança. O medo de ser descoberto era constante. E sentiu que aquele acontecimento poderia ser um aviso. E estava certo.

Capítulo 21

Lia já começava a ver o lado bom de ter o seu apartamento. Reclamava muito de ter que subir as escadas quando o elevador dava problemas, dos vizinhos, do barulho da movimentação da rua, das multas recebidas pelos barulhos fora do horário, de ter que descer na portaria para buscar a pizza, de tomar chuva para apanhar o carro duas ruas depois da sua, já que no prédio não havia estacionamento para os moradores. Ainda assim, mesmo que não fosse o dos seus sonhos, era um lugar seu, sem interferências, sem horários, e o melhor de tudo, podia receber Edson, o que vinha acontecendo com maior frequência. Sentia falta da mordomia da casa do tio, não dele. A falta de Mariana também, pois tinha a moça como filha, embora não sentisse ter idade para ser sua mãe.

A caminho do trabalho, Lia parou o carro numa cafeteria, onde saboreou o café da manhã. Desejou ter Edson ao seu lado, mas acabou se convencendo de que não poderia ter tudo. Depois de pagar pelo desjejum, seguiu pela calçada em direção do estacionamento para apanhar o seu carro, parou numa banca de jornal e começou a apreciar algumas revistas. Numa delas viu Mariana abraçada a um grupo de amigos. Uma nota especulava sobre a aproximação da modelo com um dos rapazes. Lia observou atentamente a foto de Gabriel ao lado da prima e teve a sensação de conhecê-lo. Por fim, concluiu que parecia algum modelo também jovem, pois achava todos muito parecidos. Olhou mais uma vez a foto e resolveu levar a revista.

Na empresa, começou a folhear a revista no horário do almoço, quando Edson se aproximou e murmurou discretamente, para que não fosse revelada a intimidade que havia entre os dois. Era verdade que os comentários existiam, mas nada oficial.

— Senti sua falta no almoço — lamentou Edson.

— Acho que preferiu aqueles engravatados à minha presença — brincou Lia, conhecedora da reunião de negócios que ele tivera. A vontade era beijá-lo, mas se conteve. Conversaram mais alguns assuntos e Lia, animada, mostrou orgulhosa a foto de Mariana, tal qual uma mãe exibindo uma filha.

Edson ficou surpreso com a beleza da moça, pois não havia notado em detalhe a herdeira da empresa onde trabalhava. Porém, a sua maior surpresa foi ver a modelo abraçada com Gabriel, seu filho. Leu atentamente a matéria em que se cogitava a possibilidade de namoro entre os dois. Ficou tão inquieto com a notícia que não deu muita atenção para a presença de Milena e Comédia também na mesma foto. Lia falava paralelamente, mas não era muito ouvida por Edson, que se atentou ao final do assunto:

— Acho que sei o dia dessa foto. Foi recente. Ela ganhou um anel do namorado. Deste aqui — Lia apontou para a foto de Gabriel. — Pela descrição que fez do rapaz, de sua beleza, deve ser este. Ele é bem bonito, interessante. Acho que é sério. Ele deu para ela um anel de ouro branco. Quando eu vi, pode acreditar, foi impossível não me recordar das joias que você me deu... O que houve, Edson? Ficou calado...

— Ele é meu filho — afirmou Edson olhando para Lia.

A mulher ficou radiante com a coincidência, fez elogios à beleza do rapaz, que se estendeu a Edson, comentando que ele não poderia ter diferente aparência. Edson ria sem jeito, pois conhecia o filho, a origem do anel e começava a temer o que Gabriel estava tramando.

No decorrer da tarde, Edson não se concentrou no trabalho. A foto do filho estampada na revista ao lado da modelo não saía de seus pensamentos, tanto que pediu o resto da tarde a Luciano, alegando que teria de resolver assuntos pessoais, o que foi concedido pelo chefe e também genro de Edson.

Edson chegou minutos depois ao posto de gasolina. Ansiava falar com o filho, não conseguiu esperar até chegar em casa, no horário que era comum encontrarem-se. Edson anunciou ser amigo do dono do posto e logo foi reconhecido pelo gerente do estabelecimento, que o levou para tomar um café na loja de conveniência agregada ao posto de gasolina.

O pai de Gabriel ansiava por notícias do filho, queria saber de seu desempenho, como vinha se comportando. Teve, para sua surpresa, os melhores comentários do rapaz. Edson sentiu-se aliviado, como se aquela notícia revelasse um Gabriel mudado, maduro, preocupado com o futuro, no entanto, em outros momentos, sentia como se falasse de uma pessoa diferente, como de fato Edson gostaria que o filho fosse.

— Uma ótima indicação. Um dos melhores funcionários que tenho aqui. É calado, prestativo, não tenho problemas com ele. Só implico com a tatuagem dele. Sou conservador, como o dono é, e acho que não fica bem para os clientes...

— Tatuagem?

— Sim, no braço...

Edson se recordou quando ligara para obter informação do filho no emprego e a tatuagem fora comentada. Recordou-se também da defesa do filho. O assunto em evidência deixou Edson preocupado. Pediu para falar com Gabriel.

— Lógico. Não impeço que ele receba ninguém aqui. Só acho que a prioridade é do cliente — os dois homens riram e o gerente prosseguiu: — O Gabriel saiu. Foi ao banco para mim. Logo estará de volta. Como já falei, é muito profissional, o que peço ele faz sem reclamar. Já demiti um recentemente que se recusou a limpar... — o gerente interrompeu quando olhou através da vidraça e começou a gritar para o jovem que adentrava no posto. Abriu a porta de vidro e chamou: — Gabriel, vem cá. O seu pai está aqui.

Edson, tomado por uma surpresa que o fez sentir o seu rosto quente, levantou-se do banco onde estava sentado e aproximou-se da porta. Ao ver o jovem se aproximar, completamente distraído, ele exclamou:

— Comédia?!

Margarida e Milena desceram a ladeira Porto Geral e tiveram acesso à rua Vinte e Cinco de Março. Ali permaneceram algumas horas, entrando e saindo de diversas lojas, comprando, experimentando, descobrindo as novidades.

Milena havia muito tempo não se divertia tanto. Margarida era disposta e negociava os preços como se já conhecesse os vendedores de outra ocasião. De compras feitas, lanche tomado num bar de esquina, as duas voltaram para casa e tiveram a grata surpresa de encontrar Beth por lá.

Beth, após o almoço com Juliana, passou na casa de Donária para visitar seus parentes, saber como estava o irmão e mais uma vez ouvir a história de Denis, sempre ressaltada pela matriarca da casa como o caçula tendo sido vítima da situação. Beth estava preenchendo um cheque e entregando nas mãos do irmão para auxiliá-lo com as despesas de remoção do carro e quitação das dívidas, quando Margarida chegou com Milena. O clima tenso foi quebrado pela divertida Margarida, que não deixou de soltar das suas para provocar o primo e irritar Donária. Diante da ausência de

Rita, Milena tratou de preparar algo para a tia, como os salgados feitos pela mãe.

A convite de Margarida, Beth resolveu ir à casa da filha. Quis avisá-la, mas Margarida pediu que fossem de surpresa. Queria conversar com a moça, o que não foi possível quando viera visitá-la da última vez.

Chegaram ao local e o porteiro anunciou a visita. Alessandra estava pesquisando receitas de pratos diferentes, ainda para o jantar em que planejava receber Lia, sobrinha do dono da empresa onde Luciano trabalhava. Nesta ocasião o interfone tocou e não conseguiu se esquivar das visitas como exigia Rafael.

As mulheres foram bem recebidas por Alessandra, que se demonstrou muito feliz ao ver Margarida em sua casa. Margarida logo percebeu a diferença de tratamento, o distanciamento de Alessandra com a mãe, mas não comentou.

— Filha, está melhor? O Luciano e o Gabriel falaram que não estava bem, com dor de cabeça. Foi a notícia, não foi? Sei como é sensível para...

— Estou bem, mãe — Alessandra replicou ao puxar Margarida pela mão para conhecer o apartamento. Beth seguiu as duas e não se importou com ação da filha em não chamá-la. Entendeu que Margarida era visita e merecia o tratamento que lhe era dado.

Alessandra, depois de excursionar pela casa, mostrando os detalhes suntuosos do apartamento, deixou as duas na sala e foi à cozinha apanhar algo para servir. O espírito de Rafael, sempre próximo da moça, foi acompanhá-la.

— O que ela está fazendo aqui, Ale? A Beth sempre intrometida! E a Margarida, não gosto dela. Eu me sinto fraco perto dela...

— Vem sem avisar. Minha mãe bem que podia ter ligado — resmungou Alessandra sozinha, nitidamente influenciada pelo espírito de Rafael.

— Dispensa ela logo — exigiu Rafael num tom nervoso.

Alessandra voltou com uma bandeja cheia de doces, salgados, copos e bebidas. Depois de servir, a moça colocou a bandeja sobre a mesa de centro. Nesse instante, quando as três conversavam assuntos da família, Margarida soltou:

— Interessante! Eu vejo você com três filhos — Margarida começou a falar e nem percebeu a alteração no rosto de Alessandra e continuou: — Só que ao seu lado somente dois. O outro desaparece...

Alessandra trocou olhar com Beth e, ao pegar o copo, deixou-o cair. O espírito de Rafael começou a rodar pela sala, nervoso, alterado. Margarida prosseguiu:

— Você os terá, é sua missão. Você sabe disso, pode não entender agora...

— Não pretendo ter filhos, tia Deise — asseverou Alessandra.

— Que seja feita a vontade de Deus! — vaticinou Margarida olhando pela casa. De repente cruzou os braços, como se sentisse um frio repentino. Alessandra se preocupou em fechar a janela da sala, mas Margarida a interrompeu: — Não precisa. Esse frio vem daqui de dentro da sua casa — riu alto e completou olhando mais uma vez pelo espaço. — Seu apartamento é lindo, parabéns!

Margarida nem ouviu a resposta, olhou do lado esquerdo, onde estava o espírito de Rafael e os seus olhares se cruzaram. Rafael, alarmado, disparou:

— Você consegue me ver? — radiante com a possibilidade, Rafael começou a se alterar, falar alto, num riso estridente. — Não disfarça, você me viu. Ale, viu isso? Ela me viu, tenho certeza.

Margarida, segundos depois, mudou de assunto e, do seu jeito descontraído, começou a rir. As três conversaram mais algum tempo e Beth chamou Margarida para ir embora. Despediram-se, e quando Alessandra fechou a porta, sentiu-se perturbada, pois o espírito de Rafael ficou sussurrando no seu ouvido, como se ela pudesse responder às suas perguntas. Alessandra falou como se estivesse sozinha, mas de certa forma alimentando as explanações de Rafael:

— O que será que ela quis dizer com filhos?

No elevador, Margarida comentou com Beth:

— Ele estava lá. Acho que nunca saiu do lado de Alessandra. Eu tive essa sensação quando a Alessandra esteve na casa da tia Donária, e agora veio a confirmação.

— Ele? Quem? — perguntou Beth assustada.

— O Rafael. O espírito dele está lá. Eu vi.

— Não, esse é o Gabriel — afirmou o gerente do posto ao ver Comédia se aproximando.

Quando entrou no local, Comédia ouviu somente ser chamado pelo nome de Gabriel e atendeu prontamente. De onde estava não percebeu o pai do amigo em razão do vidro escuro que inibia a visão no interior da loja de conveniência. Ao ver Edson à sua frente, o rapaz teve vontade de sair correndo.

Depois foi uma confusão. Cada um falava mais alto que o outro, e o esclarecimento veio na sequência. Comédia, temeroso, com o arrependimento estampado no rosto, revelou a armação de Gabriel, do qual fora cúmplice.

Edson pediu várias desculpas e saiu furioso com a última de Gabriel. Sentia vergonha do filho. O seu raciocínio não acompanhava mais o que ele poderia fazer. Já perdera a conta das atrocidades de que era capaz, pois furtava, enganava, ameaçava, fraudava documentos...

Quando Edson ligou o carro, sua mão tremia. Naquele momento pensou do que mais o jovem seria capaz e não sabia. Estava muito preocupado, mas resolveu que teria de tomar uma decisão, o que já deveria ter feito há muito tempo.

No posto de gasolina, o gerente do estabelecimento deixou clara a sua decepção no ato da demissão de Comédia. O jovem, que iniciara o trabalho por parceria ao amigo, já gostava da atividade, de ter o seu dinheiro. Vinha, inclusive, pensando na possibilidade de juntar dinheiro para comprar uma moto. No entanto, agora, diante dos acontecimentos, tudo estava acabado.

Tentou argumentar o quanto gostava do local, foi sincero também em dizer da necessidade que tinha do emprego, mas o gerente foi categórico:

— É melhor sair daqui agora. Do contrário, será denunciado à polícia. Tem ideia do crime que cometeu? Falsidade ideológica...

Comédia saiu como entrou: sem dinheiro, pois não recebera nem pelos dias trabalhados. O gerente ficou olhando o rapaz se distanciar e lamentou perdê-lo, mas não tinha outra solução para o caso. Logo depois pegou o telefone e anunciou a vaga disponível no posto, frisando a urgência.

Beth, depois de deixar Margarida na casa da mãe, foi para sua casa. Na portaria, como de costume, a mulher distribuiu simpatia. Cumprimentou rapidamente o porteiro e se apressou para entrar no elevador que estava parado no térreo. Logo que entrou, acionou o botão de acesso ao seu andar e não percebeu o porteiro vir na sua direção, abanando um papel nas mãos.

No curto percurso até o seu andar, Beth sorriu ao se lembrar dos comentários de Margarida. A mulher via a sensibilidade da prima como uma brincadeira. Se bem que acabou ficando séria ao se recordar do homem mais novo que estava à sua procura e agora, ao sair do apartamento de Alessandra, a possibilidade de Rafael estar com sua filha a deixou incomodada.

— Margarida e as suas... — pensou divertida ao descer no seu andar.

Beth apanhou a chave para abrir a porta, no entanto, ao girar o trinco, percebeu que estava aberta. Entrou lentamente e chamou pelo filho:

— Gabriel? Já em casa? Saiu cedo do trabalho?

— Se é que foi hoje — a voz de Edson surgiu primeiro, depois ele, ainda com as roupas sociais que usava no trabalho, com a camisa para fora da calça, sem gravata e com um copo na mão.

Beth estranhou ver o marido daquela forma, pois sempre estava alinhado e dificilmente bebia durante a semana. Fez um cumprimento de onde estava. Os últimos dias não permitiam maior aproximação. Ali, Beth se deu conta de que havia muito tempo já estavam se afastando, e talvez a conveniência, os problemas do casamento vinham conseguindo mantê-los unidos.

Edson, alterado, foi até sua pasta e jogou a revista na direção de Beth, com uma ironia ao realçar que se tratava do seu filho.

— Gabriel?! Ele está namorando a filha do Salvador Fidélis? Fico tão feliz que o nosso filho tenha encontrado uma moça tão bonita, parece tão alegre pela foto que vejo — fez uma pausa ao olhar novamente para a revista, na página indicada pelo marido. — Ele não nos contou...

— Como não vem contando sobre a sua vida, e faz tempo. A gente não sabe do nosso filho, Beth. Sabe onde ele está agora?

— Trabalhando. Tirou folga ontem...

Edson balançou a cabeça e assegurou que não estava. Beth insistiu. Foi então que o homem contou à esposa que fora ao posto de gasolina e tivera uma surpresa ao encontrar Comédia em seu lugar. Afirmou ainda que Gabriel nunca estivera no posto para trabalhar.

Beth levou a mão ao peito e sentiu-se angustiada com a revelação, como se soubesse que seria o início de um momento delicado. Mesmo diante da exaltação de Edson, Beth procurava defender o filho, pedindo que o marido se acalmasse, o que provocava em Edson uma explosão de fúria.

Não demorou e Gabriel entrou em casa com a mochila nas costas. Edson perguntou onde ele estava. Beth, como se não soubesse a verdade, intrometeu-se:

— Filho, vá tomar um banho. Estávamos esperando você para jantar.

Edson virou-se para o filho e repetiu a pergunta. Gabriel mentiu:

— No posto, trabalhando.

Beth sentiu o coração acelerar quando viu Edson aproximar--se do filho como num salto e, alterado, pegar nos braços do rapaz e começar a balançá-lo e gritar que o rapaz estava mentindo. Numa explosão, Edson falou tudo o que acontecera no posto. O rapaz riu, desvencilhou-se das mãos violentas do pai e começou a bater palmas. Irônico, o jovem chamava o pai de detetive, especulador, enquanto Edson gritava com o filho.

— É verdade. O que queria, que eu aceitasse aquele emprego? Fiz isso e não me arrependo. Fiz para você me deixar em paz, sair do meu pé...

— Moleque irresponsável — Edson levantou a mão para acertar Gabriel, mas Beth se colocou entre os dois.

Beth pedia calma, e os dois continuavam a discussão.

— Você ainda apoia, Beth? Ele mente, trapaceia para levar vantagem, falsificou documentos. Ele conseguiu não sei onde falsificar os documentos do Comédia como se fossem seus — Edson pensou em falar que o filho havia roubado o celular dela, as joias de Lia, mas ficaria numa situação delicada também.

Em meio às acusações, Gabriel pensou em abrir o jogo, contar sobre a amante que o pai tinha, mas estava nas mãos dele, sabia que um deslize seu e Edson colocaria em risco a confiança que Beth tinha nele.

— Não é possível que não veja o que ele vem fazendo, Beth! — insistiu Edson.

— É nosso filho — ressaltou a mulher numa voz sentida.

O silêncio que se formou foi quebrado quando bateram na porta. Beth foi abrir envergonhada, pois pensou que a gritaria estivesse incomodando os vizinhos e fosse alguém para reclamar. Era o porteiro, que entregou o papel nas mãos de Beth e logo saiu. A mulher veio lendo lentamente. Ela tentou esconder o papel, mas Edson se aproximou e apanhou da sua mão. Leu rapidamente e depois lançou-o sobre Gabriel, que, indiferente, ligou a televisão e ficou assistindo. O rapaz se assustou com o papel voando em sua direção.

— Calma, Edson... — pedia Beth.

— Calma?! Você leu o que é isso? Uma intimação.

Edson não falou mais nada, desapareceu da sala acelerado. Beth sentou-se ao lado do filho, em lágrimas, pedindo para ele contar o que fizera para ser intimado a comparecer à delegacia. O rapaz, nervoso, pensava em Mariana e no amigo que arrumara para ajudá-la a denunciá-lo na delegacia. Tentou procurar uma desculpa e alegou:

— Tive problemas com o carro esses dias, pode ser isso...

— E não nos contou? Somos sua família, tem que nos participar...

— Vocês estão sempre muito ocupados com as suas vidas. Às vezes penso que nem faço parte dela... Já pensei em sumir... — começou o jovem num tom sentimental, o que propositalmente deixaria Beth com a sua culpa de mãe ausente ainda maior.

— Tem razão. Você não faz mesmo parte — afirmou Edson ao entrar na sala com uma mochila nas mãos. — Quero você fora da minha casa. Eu não quero nem saber o que aprontou, não me interessa...

Vendo a mulher e o filho inertes naquele cenário, Edson pegou o filho pelo braço com uma força que Beth não conseguiu detê-lo e o conduziu até a porta. Depois de aberta a porta, Edson jogou a mochila no hall e empurrou o rapaz.

— Nosso filho! Você não pode fazer isso. É quando precisa da gente...

— Não nos consultou para fazer as bobagens que vem fazendo. Como você é ingênua, fecha os olhos para tantas coisas.

— Deixa, mãe, eu me viro. Não preciso dele.

Edson olhou o filho apanhar a mochila e apertar o botão do elevador. Viu nele tanta beleza, juventude e também as maldades.

— Não faz isso, Edson. Eu imploro!

— Ele não mora mais no meu apartamento. Se quiser ir junto com o seu filho...

— Gabriel, fica. Vamos conversar. É o que falta...

— Beth! Não tem volta — afirmou Edson. — Até quando pretende levá-lo no colo? Até quando não puder mais e então vai jogá-lo nas suas costas? Não percebe que ele cresceu? Solta, tira do seu colo. Os pés dele já estão batendo no chão. Ele precisa andar com as próprias pernas.

— Falou o exemplo de pai. Um modelo... — ironizou Gabriel.

Edson teve receio de que o rapaz revelasse algo, mas o conhecia o bastante para saber que também o tinha nas mãos. Poderia contar da falta do celular, do roubo das joias e do quanto ele poderia ser perigoso.

Quando o elevador chegou, Beth entrou atrás do filho. Tentou fazê-lo voltar, sem sucesso. Na rua, quando viu que não teria jeito de mudar a situação, Beth descobriu de Gabriel o motivo da intimação. Não era problema de carro como falara antes. Contou para a mãe que havia agredido a moça e esta conseguira ajuda de um desconhecido e o denunciara à polícia. Após o relato, colocando-se na posição de vítima, o que não era, Gabriel completou:

— Ela está sendo induzida a fazer isso. Um cara está se fazendo de amigo, incentivando a dar sequência ao processo contra mim. Prontificou-se a ser testemunha para piorar minha situação. Eu tenho o endereço desse cara, e vou atrás dele. Vou calar a boca dele.

Beth ficou assustada com a agressividade que via no rosto do filho e o aconselhou a não fazer nada com a cabeça quente. O rapaz contou também seus planos de vê-lo ainda naquela noite. O pavor tomou conta de Beth, que pediu para o filho não ir atrás dele.

— Não, meu filho. Você não sabe quem é, do que é capaz.

— Ele é que não sabe do que eu sou capaz — gabou-se rindo. Quase ao mesmo tempo da frase, Gabriel tirou do bolso o endereço que pegara da namorada no último encontro e levantou-o na altura do rosto de Beth. — Já tenho como encontrá-lo.

Beth rapidamente tirou das mãos do filho. Gabriel tentou recuperar, mas Beth conseguiu guardar o papel no bolso e convencê-lo de que o melhor seria não fazer nada naquele momento.

Tirou do bolso o dinheiro que tinha e deu ao filho, aconselhando--o a passar a noite num hotel e pedindo-lhe que desse notícia. Beth, zelosa, colocou o filho dentro de um táxi e recomendou ao motorista que o levasse para um hotel. Ficou ali, paralisada, vendo o táxi tomar distância. Pôde, por alguns segundos, ouvir seu coração aos saltos.

Quando retornou ao apartamento, o clima não era dos melhores. Beth estava disposta a não brigar com Edson, pois sabia que qualquer cobrança a mais seria motivo para apressar a separação, e a mulher ainda tinha esperança de que ele mudasse de ideia.

Edson estava no banho. Beth sentou-se na sala à sua espera. Pensava em vários modos de conversar com o marido, o que não foi possível, pois Edson passou pela sala e anunciou, como se nada tivesse acontecido meia hora antes:

— Vou sair um pouco. Preciso espairecer. Não espere por mim.

A porta foi fechada antes de Beth fazer qualquer pergunta. As lágrimas foram suas companheiras pelos minutos que se seguiram. De súbito, lembrou-se das ameaças do filho e agradeceu a Deus por ter conseguido tirar o papel com o endereço do amigo da modelo de suas mãos, do seu ódio. Beth apanhou o papel de um dos bolsos e leu o endereço, depois pronunciou em voz alta:

— Amanhã eu vou procurá-lo. Vou ajudar o meu filho.

Capítulo 22

O relacionamento de Alessandra com Luciano estava estremecido desde que a mulher rejeitou a família. Luciano não admitiu aquele comportamento, aquela impassibilidade da esposa. O jovem sentiu-se diante de uma desconhecida e não via motivos para que tratasse a família de forma tão fria.

Alessandra, ainda que influenciada pelo espírito de Rafael, não tinha seu amor pelo marido abalado, tanto que lamentou a indiferença dele quando voltou da delegacia, tarde da noite. O advogado chegou, tomou banho e se deitou conversando o mínimo possível. Alessandra insistiu, mas não teve resultado. No dia seguinte, quando a moça acordou, o marido já não estava mais em casa.

Naquele dia, após receber as visitas da mãe e de Margarida, Alessandra deixou de lado os preparativos para receber Lia em sua casa e tratou de se dedicar a um dos pratos favoritos de Luciano, na intenção de agradá-lo.

O amor da moça pelo marido era tão intenso e verdadeiro que enfraquecia em alguns momentos o espírito de Rafael, que, sentindo-se rejeitado, saía de perto e seguia para a rua, perambulando entre os transeuntes. Aproveitava-se desse momento para se alimentar dos pensamentos negativos das pessoas, que de alguma forma o atraíam.

Quando o interfone tocou, Alessandra se apressou em pedir para subir. Não fez questão de saber quem era, pois, pelo horário, era Luciano. A moça, sorridente, apressou-se em olhar mais uma vez a mesa posta, organizou os talheres novamente, alinhou os copos, as travessas e escutou a campainha. Ainda falou em voz alta:

— Luciano deve ter esquecido as chaves. Está bravo comigo, por isso tocou o interfone e agora está esperando que eu atenda — divertiu-se com a birra do marido e, sorrindo, foi abrir a porta. A moça ficou paralisada por alguns segundos ao ver quem estava no hall de entrada.

— Olá! Gostou da surpresa? Não vai me mandar entrar? A Beth, com certeza, não tenho dúvida, deu-lhe a melhor educação.

A mulher, bem-vestida, com uma echarpe leve em volta da cabeça e do pescoço, saltitava pela sala sobre os sapatos de salto que apoiavam as pernas pequenas e agitadas. Diante do silêncio de Alessandra, ela entrou na casa e, já no centro da sala, após olhar ao redor rapidamente, foi enfática: — Sou eu mesma, minha querida. Vânia, mãe de Luciano e sua sogra. Você pode me ajudar com as malas? Eu trouxe algumas coisas.

Alessandra olhou para o hall e observou as malas da sogra.

— Você não avisou que viria...

— Casa dos meus filhos. Para mim é como se fosse minha, não tenho por que ficar anunciando visitas. É, porque você é como uma filha para mim, não a vejo como nora — a mulher ria indiferente ao espanto da moça. — Vou passar uma temporada com vocês. Já que não vão me visitar, então... — fez uma pausa e foi até a mesa, onde se serviu de uma torrada depois de afogar a ponta num molho caseiro. — Adoro isso. Parece até que adivinhou que eu estava para chegar. Uma dica: mais sal, querida.

Como era de conhecimento dos mais próximos, Salvador Fidélis não era homem de dar importância à família, mas sim à empresa, à imagem, a seu patrimônio. Apesar da preservação material, o empresário soube, através de um dos departamentos da sua empresa, o que acontecera à sua filha, pois uma jornalista contatou a empresa Fidélis para colher informações sobre a ocorrência em que a modelo Mariana fora vista em um hospital e uma delegacia de polícia.

Ao tomar conhecimento do assunto, no mesmo dia do fato, Salvador foi enérgico ao solicitar detalhes sobre o ocorrido em sua mesa num prazo de poucos minutos. Salvador recebeu um e-mail transmitido por uma colaboradora da empresa com todos os dados, as matérias e o vídeo com a entrevista da filha. Após examinar o material, o velho sentiu-se aliviado, mas, ao chegar a sua casa, não poupou comentários durante o jantar, numa mesa comprida, com mais travessas, copos e talheres que pessoas, num silêncio terrível, presentes o empresário e a filha.

— Temos que zelar por nossa imagem. Quanto mais expostos, maior é a chance de ter a nossa vidraça atingida por pedras que por vezes não sabemos de onde vêm — o empresário fez uma pausa e olhou para a filha, observou o curativo próximo da boca e perguntou: — Como se sente? Tome cuidado com os objetos cortantes...

— Foi cera — informou Mariana ao sustentar a mentira que dera aos jornalistas quanto ao machucado ter sido resultado de um procedimento de depilação.

Salvador levantou o rosto que estava voltado para o prato, fixou os olhos miúdos escondidos atrás dos óculos e prosseguiu com um ar de riso:

— Muitas são as vezes que nos aproximamos de pessoas erradas e não sabemos o quanto elas podem nos machucar com suas lâminas, ou melhor, com suas ceras — asseverou e levantou-se. — Com licença, minha filha. Hoje vou dispensar a sobremesa porque já provei antes do jantar. Não faça como o seu pai, pelo menos na prática, já a teoria é bom ouvir. Eu quero o seu melhor, me entenda bem.

Essa foi uma das poucas vezes que pôde ouvir do pai alguma palavra que tocasse sua vida, seus sentimentos, e a moça foi inteligente o bastante para entender que o pai era vivido e astuto para perceber a origem do machucado em seu rosto.

Beth acordou sentindo o corpo cansado, já que tivera uma noite maldormida. Levantou-se, tomou banho, vestiu-se e foi à cozinha, onde tomou um café com leite. Viu que Edson não estava em casa. Nem sabia se ele havia voltado depois de tudo. Era dia de a diarista limpar o apartamento, por isso fez um bilhete com anotações e deixou sobre a bancada da cozinha. Olhou ao redor e se lembrou do filho. O silêncio trouxe um aperto em seu coração. Pegou o celular e tentou falar com ele, mas não conseguiu. Na sala, a mulher pegou as chaves do carro e do apartamento. Antes de sair, olhou o porta-retratos em que estavam o marido e o filho. Naquele momento sentiu, com lágrimas nos olhos, um vazio. Respirou fundo e colocou os óculos escuros. Mesmo com os problemas que vinha enfrentando, Beth manteve a educação e se esforçou para manter a simpatia. Depois de cumprimentar o porteiro e sua esposa, dirigiu-se à garagem para pegar seu carro.

Disposta a ajudar o filho, Beth deu partida no carro e, quando chegou ao destino, guardou-o no primeiro estacionamento que viu. Depois de apanhar o comprovante de estadia do veículo, a mãe de Gabriel ligou para o hospital e comunicou que chegaria mais tarde por problemas pessoais. Guardou o aparelho na bolsa e foi andando pela rua movimentada, consultando os números de identificação e o papel que tinha nas mãos. Logo que encontrou, apertou um botão que tinha no painel fixo na parede carente de pintura. Surgiu uma voz metálica pedindo para apertar o número do apartamento. No momento em que consultava o papel, apareceu uma moradora do prédio e o portão foi aberto. Beth aproveitou esse momento e teve acesso ao local. Em menos de dois minutos Beth estava no andar. Naquele momento lembrou-se da fúria do filho e sentiu medo do que ele pudesse fazer.

"Ele é que não sabe do que eu sou capaz."

Apertou a campainha e a porta foi aberta rapidamente, como se estivesse à sua espera. Teve a surpresa do dia:

— Você? — perguntou Cristiano numa voz sonolenta. Vestia uma camisa desabotoada sobre o jeans, pois se arrumava para ir trabalhar.

Beth tirou os óculos escuros, fitou o rosto de Cristiano e, antes de responder, deu dois passos para trás, consultou o número do apartamento que tinha no portal e o do papel. Enquanto isso, Cristiano provocou:

— Já sei, veio pegar o endereço de onde eu tirei a minha habilitação. Acertei?

— Ribeiro?

— Eu mesmo — confirmou Cristiano após uma pausa, sem entender o motivo da visita inusitada naquele horário da manhã. O homem estudou o rosto sério de Beth e acrescentou: — Cristiano Ribeiro. O que aconteceu?

Houve um instante de silêncio, os seus olhos se encontraram mais de uma vez, a sensação de que já se conheciam além da imobiliária era recorrente para os dois. Beth, sem rodeios, quebrou o clima ao ser direta:

— Sou Elizabeth, mãe do Gabriel.

Cristiano riu sem entender, já pensava em chamá-la de louca quando a mulher disparou:

— Sou mãe do rapaz que namora a modelo, Mari Fidélis...

O homem ficou paralisado pela coincidência. Sem tirar o ar de riso dos lábios, ironizou:

— Ele não poderia ter outra mãe. Perfeita!

— Deixa de brincadeiras. Estou aqui porque sei que é amigo da modelo e será testemunha contra o meu filho...

— Qualquer um que tivesse visto o estado da moça, sem mesmo ser amigo dela, poderia ser testemunha...

— Briga de namorados. São jovens!

— Jovens?! E isso dá ao seu filho... Gabriel? É esse o nome dele? — observou Beth confirmar e balbuciar algo, mas ele foi adiante com seus argumentos: — Não dá o direito a ele de sair por aí agredindo as pessoas...

— Ele ficou nervoso...

— Nervoso? Se todas as pessoas que se sentirem nervosas saírem por aí esmurrando seus namorados ou namoradas...

A discussão prolongou-se ainda por mais alguns minutos, cada um com os seus argumentos, suas defesas. Beth, em certo momento, percebeu que não podia ser tão resistente, pois fora até lá para lhe fazer um pedido e o fez no meio da explosão que vinha se tornando a conversa:

— Preciso que você não seja testemunha. A moça parece até que já se acertou com o Gabriel. Não gostaria que você a procurasse com esse assunto...

— Eu farei de tudo para que ela não se esqueça da brutalidade por que passou.

Irritada, Beth fitou os olhos de Cristiano e, por alguns instantes, se viu conversando com ele noutra situação. Atribuiu ao cansaço dos últimos acontecimentos. Em silêncio, Beth arrumou os óculos escuros e, pouco antes de colocá-los no rosto, admitiu, numa despedida ao acionar o botão para chamar o elevador:

— Pensei que fosse mais compreensivo — Beth observou o homem rindo e prosseguiu: — Você não sabe do que uma mãe é capaz por um filho.

Cristiano rebateu na sequência, mas Beth não ouviu, pois entrou no elevador e as portas se fecharam:

— E você não sabe do que um homem é capaz por um sonho.

Beth, já no elevador, sentiu-se mal, com tontura, o que não a impediu de seguir até o estacionamento. No entanto, ao chegar próximo do local, exatamente na calçada, tudo à sua volta começou a rodar. A mulher respirou fundo, encostou-se no poste e não demorou muito a desequilibrar-se e cair no chão, desacordada.

O manobrista, um rapaz uniformizado, prestativo, assistiu a tudo de onde estava e saiu correndo para socorrê-la. Tentou reanimá-la. Pediu a outro funcionário do estacionamento para chamar por socorro. O rapaz ficou ali, ao lado de Beth e, naquela angustiante espera de auxílio, resolveu abrir a bolsa dela para buscar telefones e avisar a família ou alguém conhecido. Nesse momento o segundo funcionário apareceu avisando que havia ligado para o socorro e perguntou o que ele estava fazendo.

— Ela deve ter alguém aqui próximo. Parente, reunião de negócios... precisamos avisar — fez uma pausa e depois levantou um papel que tirou da bolsa da mulher como se fosse um troféu e exclamou: — Olha aqui! Ribeiro, deve ser amigo dela, vamos ligar para ele...

Gabriel se instalou num hotel simples, situado numa rua movimentada e paralela à linha do trem. Foi, inclusive, despertado pelo som estridente da máquina sobre os trilhos. O quarto era pequeno, a cama, estreita, e uma cômoda velha servia de apoio para uma televisão pequena que só sintonizava dois canais e muito mal. Virou-se de um lado para o outro, mas acabou perdendo o sono. Depois do banho e de roupa trocada, o jovem sentou-se na cama e lembrou-se da briga que tivera com Edson e dos outros acontecimentos dos últimos dias, dos quais também fazia parte

Mariana. Consultou o relógio e desceu. À luz do dia, o rapaz percebeu a movimentação da rua comercial, filas de lotações, carros disputando vagas na rua. Entrou na padaria que havia no mesmo quarteirão do hotel, onde no dia anterior provara do prato feito, e pediu um misto quente com café com leite. Comédia chegou logo depois, como havia combinado com Gabriel na noite anterior, quando recebera a chave do quarto do hotel.

— Pensei que não fosse chegar aqui. Não conheço esses lados — reclamou Comédia.

— Foi onde o dinheiro da dona Beth me trouxe. Comédia, você é um tonto mesmo. Desculpinha furada que estava sem crédito para me ligar e por isso não me avisou do que aconteceu no posto.

— Como lhe disse ontem à noite. Estou sem crédito, e não pude ir a sua casa porque minha mãe passou mal e tive que levá-la ao médico...

— Passei apuros por sua causa — interrompeu Gabriel. — Expulso de casa...

Comédia, pela primeira vez em anos de amizade, percebeu o quanto era usado por Gabriel, e não só isso, notou também o desinteresse do outro em saber da sua vida, dos seus problemas. Comédia notou a frieza dele, pois nem se preocupou em perguntar sobre sua mãe, que de fato havia passado mal, pois era diabética e merecia cuidados.

— Comédia, está me ouvindo? — perguntou Gabriel num tom estúpido, batendo no braço do amigo. Ao vê-lo confirmar, prosseguiu com o seu plano: — Preciso que faça isso. Não posso ficar de braços cruzados. Acho que perdi o endereço do amiguinho da Mari, mas vou encontrar...

— Lembro que falou que não queria se casar, tinha outros planos...

Gabriel ficou quieto e depois, com o olhar fixo no amigo, respondeu:

— Tenho que admitir que tudo saiu fora do planejado. Eu queria o dinheiro dela. Você é meu amigo, devo-lhe essa confissão.

Eu não pretendia me casar com ela, mas eu me apaixonei. Não sei pensar em outra coisa que não seja ficar com ela, tê-la comigo... Eu não me vejo sem ela do meu lado. Estou obcecado por aquela modelo riquinha...

Comédia novamente se desligou do assunto e mais uma vez fez a constatação do egoísmo de Gabriel. Ficou pensando no quanto o admirava, tinha-o como herói, e agora começava a perceber como era manipulador.

— Cara, você está dormindo hoje. Não dormiu à noite, não?

— Como lhe disse, minha mãe passou mal...

— Este aqui é o endereço — atravessou Gabriel mais uma vez com os seus planos ao entregar o papel para Comédia. — Preciso resolver uns negócios agora, comprar umas roupas no cartão, antes que o seu Edson pense em bloqueá-lo. Preciso me encontrar com a Mariana, dizer mais uma dúzia de palavras que ela quer ouvir para fortalecer o amor dela por mim...

— E esse endereço, para quê?

— É de um amigo. Ele tem um troço com o tio numa loja. Sossegado o lugar. Ele não atende telefone, mas no endereço é certo encontrá-lo. Ele trabalha legal, sem problemas, e me deve favores, então nada mais justo agora ele retribuir — Gabriel começou a rir e continuou, desta vez num tom sério que assustou o rapaz: — Você vai pegar uma arma para mim. Se não tiver na hora, pode encomendar que passo lá depois para pegar. Com certeza vão querer falar comigo, é só dar o meu celular para eles...

Comédia saiu cinco minutos depois com toda a instrução de Gabriel para apanhar a arma de fogo. No último degrau, com os olhos perdidos na movimentação da rua à sua frente, Comédia refletiu sobre aquele encontro. Num bolso tinha o endereço para se apresentar numa agência de modelos, indicado por Juliana, no outro bolso tinha o endereço para encomendar a arma para Gabriel. Dois caminhos, e a decisão estava em suas mãos.

Luciano ficou surpreso ao chegar a sua casa e observar a mesa posta como havia muito tempo não via. Amorosa, diferente da mulher egoísta que se mostrara diante do problema de família, Alessandra recebeu o marido aos beijos. Mas a surpresa maior para o rapaz foi ver Vânia aparecer na sala toda sorridente, com carinhos maternos.

Alessandra tentava como podia não demonstrar o quanto estava insatisfeita com a presença da sogra, pois a tinha em sua casa como intrometida, opinando sobre a posição dos móveis, os pratos, realçando a falta de sal em alguns pratos ou o excesso de açúcar num prato doce. Vânia fazia isso para o bem, sem ofensas, tinha, na verdade, o objetivo de demonstrar sua experiência, pois fora, além de costureira, também cozinheira.

— Não sei ainda quanto tempo fico por aqui. Atrapalho, filho? — perguntou Vânia olhando para Alessandra.

— De forma alguma, mãe. Alessandra tem ficado muito sozinha. Tenho certeza de que farão companhia uma para a outra.

— Também pensei nisso — confessou Vânia satisfeita com a receptividade do filho.

No dia seguinte, após Luciano sair para o trabalho, Alessandra, já influenciada pelo espírito de Rafael, que voltara para casa, perguntou à sogra:

— O que aconteceu para você largar tudo na baixada e vir para cá?

— Saudade de vocês e também para convencê-la da importância de uma criança num casamento.

— Ale, diz para ela ir embora — exigiu o espírito de Rafael, incomodado com a energia boa que exalava de Vânia. — Que história de filho? Lembra-se do que combinamos? Nada de filhos!

— Poderia ter nos avisado que viria para cá. Eu poderia ter preparado o quarto de hóspedes melhor, organizado a bagunça que existe por lá...

— Minha filha, não se preocupe. Já dormi em barraco na minha infância, o que meu filho e você me oferecem é luxo.

— Ale, não cai nessa. Diga que é uma inconveniente — insistia o espírito de Rafael andando pela sala, visivelmente atormentado. — Seja franca, fale que a quer fora da sua casa. A casa é sua!

E foi o que Alessandra fez, no mesmo tom, e Rafael sorriu satisfeito. Procurando não perder a serenidade conquistada pelo tempo, Vânia rebateu tranquilamente que queria ser sua amiga, que tinha gosto pelo casamento, mas Alessandra explodiu num temperamento que a mãe de Luciano desconhecia. Por fim, quando a troca de farpas cessou, Alessandra anunciou:

— Vou sair agora, tenho lavanderia, mercado para fazer... — a moça fez uma pausa, que serviu como um tempo para ser abastecida pelas influências do espírito de Rafael, e completou: — Espero não encontrá-la na volta. Pode deixar as chaves na portaria. Faça isso, por favor, pela saúde do casamento do seu filho — Alessandra fechou a porta sem dar importância à tristeza que deixou na sogra.

Cristiano fechou a porta do seu apartamento pensativo, ainda confuso com a coincidência em ter a visita de Beth, e tratou de terminar de se arrumar. Viu no relógio de parede que havia na cozinha que estava atrasado para o compromisso com um cliente e telefonou para um dos corretores fazer a sua parte. Depois de desligar, Cristiano ligou para Juliana, para contar sobre a visita.

Juliana havia saído cedo de casa, tanto que deixara Cristiano dormindo. Quando o celular tocou, a moça atendeu, mas falava, simultaneamente, com mais dois outros funcionários da agência, tanto que não conseguiu dar atenção a Cristiano.

— Meu modelo favorito, me desculpe por não conseguir lhe dar atenção agora. Estou numa correria daquelas — lamentou Juliana. — Um conselho: esquece essa mulher. Pelo pouco que entendi, ela foi procurá-lo. Acho que deve ter gostado de você — divertiu-se ao provocá-lo. — Depois você me conta o que ela queria.

— Nada demais. Esquece. Eu é que não tinha que ligar para isso — constatou Cristiano sentindo-se ridículo em ocupá-la com aquele episódio.

— Não fique chateado comigo, promete? — a moça percebeu o riso de Cristiano, mais algum comentário e logo o interrompeu dizendo: — Acabou de chegar mais uma promessa aqui na agência. Acredita que esse aqui eu achei num posto de gasolina?

— Caçadora de talentos? — ironizou Cristiano.

— Sabe que já descobri um no elevador? Preciso lhe contar essa história. Foi incrível. Ele será o pai do meu bebê — os dois começaram a rir e Juliana finalizou: — Vou atender o Comédia agora. Não ri. Pensei ter ouvido que tinha o nome do meu sobrinho, mas pela ficha que chegou não tem... enfim, qual a importância disso?

Cristiano desligou o telefone rindo. Admirava muito Juliana pelo humor, a garra com que se apegava ao trabalho, a ansiedade de viver a vida naquele momento. Foi nessa reflexão que o celular tocou. Cristiano atendeu pensando que era da imobiliária, mas logo nas primeiras palavras descobriu que era do estacionamento, avisando que Beth fora hospitalizada.

— O senhor pode vir aqui? É sua amiga, tem alguém que possamos avisar?

Cristiano ficou preocupado, tanto que respondeu de imediato:

— Sabe em que hospital está, o endereço? O que aconteceu? — tomou nota das informações que recebia e falou: — Obrigado, eu mesmo vou até lá.

Capítulo 23

As noites de Margarida, durante os seus sonhos, como vinham sendo recorrentes nos últimos meses, eram de encontros emocionantes com o espírito de Rosa. Margarida, quando acordava, tinha vagas lembranças, achava tudo confuso, mas sabia que os sonhos eram com a mesma pessoa, e os encontros eram bons, edificantes e a faziam se sentir bem no dia seguinte. A noite que antecedeu sua mudança da casa da tia não foi diferente e, mais uma vez, após suas preces, quando seu corpo aproveitava o descanso do sono, sua alma se encontrou com Rosa. Como da última vez, Margarida teve como cenário a varanda da casa da tia, onde pôde ver Estevam, seu tio. O diferencial desta vez foi poder ouvi-lo quando conversava com Rosa.

— Minha sobrinha, eu preciso falar com a Beth. Ela precisa me ouvir...

— Por que insiste em contato, Estevam? — questionou Rosa num tom de voz ameno, havia uma luz intensa que contornava seu espírito, o que não existia em Estevam.

— Ninguém me dá ouvidos...

Rosa se voltou para Margarida e contou:

— Só uma vez Estevam conseguiu interferir em alguém nesta família: Milena, quando a moça estava perturbada com a chantagem de Gabriel. A neta de Estevam deixou a negatividade da situação, a possibilidade de que nada pudesse dar certo, atrair o avô, que se aproximou para ajudar e não conseguiu. Sua influência foi negativa.

— Vou continuar aqui. Uma hora vou conseguir contato. Alguém vai permitir ser o porta-voz do que tenho a dizer. Vou conseguir. Vão me ouvir — finalizou Estevam agitado, correndo pelo quintal com dificuldade.

Rosa virou-se para Margarida e revelou:

— As pessoas podem ouvir, mas cabe a elas acatarem ou não. A consciência é de cada um. Margarida, você poderá ajudá-lo, mas não agora. Primeiro auxiliará Beth. Sei que não vê como, mas sua boa energia, seu apoio, tem sido de grande valia, e poderá ampará-la...

O despertador tocou, Margarida deu um salto da cama. Por alguns segundos sentiu o sonho tão real que teve vontade de contar para todos na casa, no entanto, após o banho, seus pensamentos foram povoados pela preocupação da mudança. Não demorou e encarregou Denis de conseguir um carreto e providenciar a mudança.

— Vou com prazer. A possibilidade de ficar livre de você, das suas brincadeiras de mau gosto... — olhou pela sala, viu o volume de coisas da prima e comentou: — Não sei como conseguiu juntar tantas tralhas. Quanta bagunça...

— Vai lá, meu primo. O carreto mais barato que tiver. Não me venha com negócio caro. A menos que queira pagar minha mudança.

Tomou café com a tia que, a exemplo dos dias anteriores, conforme presenciado por Margarida, fez questão de reservar o lugar de Estevam, colocando a xícara sobre a mesa como se ele estivesse presente. E estava.

— Tia, só não entendo por que em alguns dias faz isso, noutros nem se lembra dele, a não ser para xingá-lo — divertia-se Margarida. — Ele só vem quando está com saudade?

— Ela faz isso nos dias da semana em que ele tomava café em casa — revelou Rita ao colocar a garrafa térmica sobre a mesa.

Donária ignorou a afronta, porém Estevam não, e falou, sentando no lugar que lhe era destinado, como se estivesse sendo visto e ouvido pelos presentes:

— Dois dias, quando não tinha carona para a obra onde trabalhava de pedreiro, eu tomava café com minha família. Faço questão. Faz tempo que o pessoal da construção não passa aqui para me pegar...

Rosa, também presente na casa, lamentava a confusão que Estevam fazia do passado com o presente, ora se achando vivo ora desprezado pelos amigos.

Com o término do café da manhã, chegou a perua que serviria de carreto. Antes de partir, Margarida cumprimentou cada um já sentindo falta deles.

— Vou sentir falta de você, Rita.

— Ou da comida dela? — caçoou Donária.

— Também da comida, com certeza. Fazia tempo que não experimentava uma comida tão boa. Ainda bem que não era a sua, tia, pois não sentiria saudade.

A velha falou algo e não foi ouvida. Margarida aproximou-se de Rita e, no abraço, a elogiou:

— Você é muito maior do que eles falam e pode ser ainda mais. Não deixe que eles se intrometam no seu crescimento.

Para Denis, no abraço, Margarida falou:

— Juízo. Você tem a tendência de percorrer caminhos tortos, parece que atrai. Muitos outros caminhos tortos aparecerão, portanto seja forte.

Tais palavras deixaram Denis emocionado, mas não admitiu, tratou logo de desfazer o abraço e se afastar.

Para a tia, além do agradecimento pelos dias passados em sua casa, Margarida falou algo que deixou a velha pensativa:

— Não fique presa ao que passou, ao que fez e se arrependeu, agora de nada adianta ficar remoendo. Adorei o seu brinco, tia. Sempre vaidosa.

Por fim, para Milena, a mais emotiva e apegada às loucuras divertidas de Margarida, disse o seguinte:

— Vamos levantar esse amor-próprio? Tão bonita e se humilhando para se sentir amada... Prepare-se para a tempestade que se aproxima. Dias difíceis.

Estevam aproximou-se da sobrinha para se despedir, mas Margarida lhe deu as costas e entrou na perua que já estava repleta com os seus pertences. E foi assim, perto da hora do almoço, que Margarida seguiu para sua casa, deixando saudades.

Mariana Fidélis ficou a pensar nas metáforas ditas pelo pai. Estava muito confusa, dividida entre o amor que nutria por Gabriel e a mágoa sentida pelos hematomas deixados por ele em seu corpo. Quando acordou no dia seguinte, a boca repuxava por conta do curativo, e foi tomada por uma dor que a fez se esquecer do amor que tinha pelo rapaz.

Pensava na possibilidade de assumir o jovem com seus defeitos e, noutro momento, quando a lembrança da agressão vinha à tona, considerava ouvir Cristiano, romper com o namorado e dar sequência ao processo.

Nesse dilema, a jovem modelo pensou em Lia, sua prima. Ligou e marcou um almoço ainda naquele dia. Fizera isso com o propósito de conversar e também apresentar Gabriel, tanto que fez a seguinte recomendação à prima, por telefone, no ato do convite:

— Preciso da sua opinião sobre o Gabriel. Quero que seja franca, diga o que acha dele, se combinamos...

Depois de um banho demorado, Mariana consultou sua agenda e desmarcou uma sessão de fotos que tinha naquele dia, sob a alegação do ocorrido com o seu rosto. Depois, temerosa, ligou para Gabriel, com receio e bem diferente das vezes em que telefonara para dizer o quanto o amava, que o queria. Agora era diferente porque algo, que ainda não sabia o que era, havia se rompido.

Gabriel experimentava uma camisa que caiu no seu corpo perfeitamente quando o celular tocou. Abriu um sorriso ao identificar que era Mariana Fidélis convidando-o para almoçar. Ele aceitou prontamente. Ao desligar o aparelho, Gabriel sentiu-se num dia de sorte.

A modelo fizera surpresa para Gabriel quanto à presença de Lia. Resolveu agir assim para que Gabriel fosse pego de surpresa, sem preparação. A moça, sempre bem-vestida, jeans justo, os cabelos presos no alto da cabeça, com uma bolsa grande em concordância com os saltos altos, chegou ao restaurante. O garçom aproximou-se, logo a reconheceu e indicou a mesa que fora por ela reservada.

Não demorou e Gabriel apareceu. Estava, como era o seu habitual, bem-vestido, cabelos cortados e perfumado. A moça sentiu-se embriagada com a sua presença, e por alguns instantes pensou em aceitá-lo como era, relevando seu temperamento.

O casal conversava amistosamente quando Lia entrou. Estava, como a modelo, muito bonita, tanto que recebeu elogios de Mariana, e Lia indicou o amor como o responsável por sua alegria.

Gabriel ficou surpreso com sua presença. Na verdade, receoso em ser reconhecido, pois fora ele quem roubara suas joias. Depois de alguns minutos, já mais confortável com a situação, o rapaz sentiu-se protegido pela pouca memória de Lia. Durante o almoço, Gabriel percebeu Lia o observando. A prima da modelo falou:

— Tenho a impressão de que o conheço de algum lugar.

Gabriel sentiu as pernas tremerem, depois Lia, diante do silêncio, completou, para satisfação do rapaz:

— Lógico! Da revista. Eu até comprei a revista em que vi vocês dois juntos.

"Calma, Gabriel", pensava o jovem entre sorrisos. "Ela não vai reconhecê-lo. Era muito tarde, o lugar era um breu, muito escuro e pelo tempo..."

— Você trabalha na Fidélis — constatou Gabriel, disposto a mudar de assunto. — Veja que coincidência, meu pai e meu cunhado trabalham lá. Outro dia comentei com a Mari.

— São do mesmo departamento — completou Mariana rindo.

— É verdade. Somos do mesmo departamento. O Luciano é meu chefe — explicou desconcertada, pois não se sentiu confiante diante do filho do seu amante.

O almoço transcorreu tranquilo. Riram, conversaram e provaram, depois do prato principal, a sobremesa. Na despedida, ao ser abraçada, Mariana ouviu da prima, ao pé do ouvido:

— Aprovadíssimo. Que menino bonito!

Lia foi abraçar Gabriel:

— Cuide bem da minha prima, é como uma irmã... — de repente parou, ao sentir o abraço do rapaz, o seu perfume e ao ouvir dele, ao pé do ouvido, a frase:

— Prazer em conhecê-la.

Lia sentiu naquelas palavras uma ironia, um pouco caso e também a sensação de já tê-las ouvido antes, e serviram como despertador, pois o seu coração disparou ao olhar fixamente nos olhos de Gabriel e vir à tona o dia em que fora vítima do assalto. Confusa e incerta daquela revelação repentina, Lia saiu apressada justificando-se em razão do horário.

Do carro, quando passou pela frente do restaurante, Lia pôde ver o casal abraçado, à espera do carro de Mariana. Lia sentiu um pavor em saber que a prima estava na companhia de um bandido. Nas primeiras horas da descoberta, Lia forçou-se a acreditar que estava enganada, mas, ao repassar a cena do assalto, não tinha dúvida, Gabriel era o assaltante.

Beth acordou com dificuldade. Sentia os olhos pesados, mas, ao abri-los, a primeira imagem que surgiu meio distorcida foi o sorriso de Cristiano. Por um momento pensou estar num sonho e retribuiu, mas, ao constatar que realmente era o rapaz, amigo da modelo e dono da imobiliária, o sorriso desapareceu com a pergunta de onde estava, dobrando um dos braços, e rapidamente Cristiano foi auxiliá-la com o soro.

— Está num hospital. Cuidado com o soro.

— Pode deixar, eu consigo fazer isso. Trabalho num hospital — implicou Beth.

— Desculpe-me — disse se afastando. Parou próximo da porta e, de braços cruzados e sorriso no rosto, divertia-se ao ver Beth atrapalhada se enrolando no fio condutor do medicamento.

— Pode parar de rir? — observou Cristiano ficar sério e perguntou na sequência: — Como vim parar aqui? O que aconteceu?

— Você me deixou muito irritado depois que saiu do meu apartamento, então eu peguei o meu carro, resolvi segui-la e, cego de raiva, atropelei você — brincou Cristiano num tom irônico. — Eu me arrependi, confesso, então voltei para apanhá-la e a trouxe para cá.

— Sempre sem graça — murmurou Beth com uma cara de desdém.

— Bem-humorado, pelo menos é o que sempre ouço — fez uma pausa e relatou a verdade: — Você passou mal na calçada do estacionamento e a trouxeram para cá. Ligaram para mim do estacionamento e aqui estou.

— Não tinha outra pessoa para ligarem? Tinha que ser você?

— Não tenho culpa que você resolveu desmaiar na calçada abraçada ao meu telefone e endereço.

— Parece castigo — resmungou Beth ao tentar se levantar, mas o corpo ainda estava fraco e não conseguiu se manter em pé. Foi então que Cristiano aproximou-se para apoiá-la. Houve naquele instante uma longa troca de olhares, e pela primeira vez sentiram-se próximos, num silêncio que nenhum dos dois tinha coragem de quebrar. Beth, que segurava firme no braço de Cristiano, foi a primeira a desfazer a situação. Cristiano, sem tirar os olhos do rosto de Beth, comentou:

— O médico disse que quando acordasse já estaria de alta. Não foi nada demais, somente uma queda de pressão... Posso chamá-lo. Aliás, se você quiser, posso ligar para alguém vir buscá-la — naquele momento, Cristiano notou a aliança no dedo de Beth e sugeriu num tom triste: — Seu marido, é só me dar o número, eu ligo. Estou com o celular aqui também, pode ligar do meu...

— Estou bem, posso ir sozinha.

Cristiano a convenceu de que não era boa ideia, então Beth pensou que o melhor seria não avisar a família, que poderia resolver aquela situação sozinha. Encabulada, pediu para Cristiano assinar a autorização para sair do hospital. Ele fez meia dúzia de brincadeiras, mas ela desconsiderou na ansiedade de sair do local na condição de paciente.

Na rua, Beth já se mostrava bem-disposta. Quis pegar um táxi, mas Cristiano a obrigou a entrar no seu carro.

— Deixa de ser teimosa. Eu a deixo lá. Seu carro está no estacionamento. Até lá estará melhor e poderá pegar o seu carro.

A viagem foi tranquila. Cristiano era uma pessoa divertida, simples, bem-humorada e também inteligente. Enfim, foram qualidades que Beth teve que reconhecer naqueles minutos ao seu lado.

Quando chegou à rua do estacionamento, Beth desceu agradecida, sem olhar para trás. Estava tão agitada que nem ouviu Cristiano fazer um convite:

— Será que não podemos almoçar? Já é tarde, mas quem saiu do hospital deve estar fraca... — Cristiano foi diminuindo o volume ao pronunciar a frase quando percebeu Beth tomar distância no sentido do estacionamento. Ouviu a buzina do carro de trás, notou que o semáforo estava aberto para veículos. O homem deu partida e riu ao falar em voz alta: — Cada uma, se eu contar ninguém acredita!

Muitos são os planos feitos e poucos os cumpridos, pois são vários os empecilhos que surgem pelo caminho, no entanto, prevalece sobretudo a vontade de Deus. E, na vida de Edson, naqueles dias, não estava sendo diferente. Ao descobrir mais uma mentira de Gabriel, viu como solução expulsá-lo de casa, não por falta de afeto pelo filho, mas por ver como saída entregá-lo às dificuldades da vida para ter senso de responsabilidade, valores, respeito, enfim, para que o moço adquirisse, através das dificuldades, o que não conseguiu sob a proteção do pai.

Acontece que não foi tão fácil assim. Logo depois de colocar o jovem para fora de casa, Edson saiu deixando Beth em lágrimas e foi para a rua, perambulou com o seu carro sem destino, pensativo e também com dor pela ação movida pela raiva.

Já tarde da noite, exausto, Edson foi bater na porta do apartamento de Lia, onde passou a noite. O pai de Gabriel preferiu não dividir com Lia a sua dor. Sentia-se envergonhado pelo feito. Por tudo isso, o silêncio imperou naquela noite maldormida por ele.

Lia, logo que abriu a porta, percebeu algo estranho, diferente. Tentou, carinhosamente, descobrir o que afligia o amado, mas não obteve resposta. Então ela o abraçou e foi cúmplice do silêncio por ele anunciado. Várias foram as possibilidades que passaram pela cabeça dela, uma seria a separação. Lia atribuiu o silêncio a essa possibilidade, pois sentiu Edson mais reflexivo desde que entregara a ele os papéis que ela mesma providenciara para oficializar a separação.

No dia seguinte, a caminho do trabalho, os dois saborearam um café da manhã numa padaria e Lia não deixou de estudá-lo, ainda na ânsia de descobrir o que estava acontecendo, mas nada soube. Quando recebeu de Mariana o convite para almoçar, Lia pensou em recusá-lo para não deixar o amante, mas estava saudosa da prima, curiosa para conhecer Gabriel e também considerou que Edson precisava de um tempo sozinho.

Quando voltou do restaurante com um aperto no peito, pensou em dividir com Edson, no entanto considerou que chateá-lo com aquela notícia não lhe faria bem. Supôs que revelar que Gabriel era o autor do roubo das joias poderia piorar o seu estado. Sua tarde não fora das melhores.

Edson resolveu voltar junto com Lia. Pensara o dia todo sobre sua vida, os caminhos que vinha trilhando e uma das conclusões foi que não era o momento de deixar Beth. Conversaria com Lia e adiaria a separação. Quando expulsou Gabriel, deu pouca importância para o que Beth estava sentindo, e a deixou sozinha num momento delicado. Então formulou o seguinte plano: conversaria com Lia, voltaria para casa e, ao lado de Beth, tentaria recuperar Gabriel. Lia, naquele momento da sua vida, não tinha espaço, não era participante dos seus planos.

Durante o jantar, Edson, tão preocupado com os seus problemas, nem notava o silêncio que também tomava conta de Lia. Insensível, Edson anunciou que não poderia se separar naquele momento. Com a cabeça voltada para o prato de massa que tinha à sua frente, Edson citou vários argumentos:

— Não tenho como deixar a Beth nesse momento. Estamos com problemas... — fez uma pausa e sentiu um nó na garganta ao se lembrar de Gabriel. Recordou-se da intimação e sentiu-se mal ao imaginar em que mais o filho estaria envolvido. Depois, sem observar os olhos lacrimejantes de Lia, Edson continuou: — Problemas dos quais não tenho como me isentar.

— O que está querendo dizer? — perguntou numa voz embargada, certa de que não o teria mais. Teve um pensamento e lançou de imediato, antes de Edson concluir sua decisão: — Edson, eu descobri quem roubou minhas joias, as que você me deu.

— Descobriu? — o homem sentiu o rosto em chamas.

— Sim. Sei quem praticou aquela violência comigo.

Edson fez uma pausa, enquanto sua mente fervia em pensar na revelação de Lia.

"Será que ela sabe que foi Gabriel o causador? Como descobriu?"

— O que pretende fazer? Se sabe quem... — perguntou temeroso pela resposta, pois não sabia como reagir.

— Se meu conhecido, próximo, não farei nada, mas, se desconhecido, eu o denunciarei à polícia.

A frase ficou repassando na cabeça de Edson como um sino de uma igreja chamando os fiéis para uma celebração.

Lia estava em lágrimas quando estendeu a mão na direção de Edson. Apelou visivelmente abalada:

— Tive tanto medo. Não me deixe.

Restou a Edson abandonar os planos de abdicar da amante e junto à esposa recuperar o filho. Sentido, Edson pousou sua mão sobre a de Lia e nada expressou. Só tinha uma certeza naquele momento: ficaria com Lia para salvar a liberdade de Gabriel.

Capítulo 24

Alessandra, depois de discutir com a sogra, saiu de casa e foi para os seus afazeres. Não havia na moça nenhum remorso pelo tratamento dado à mãe de Luciano. Na sua cabeça somente tinha a sogra como intrometida, que disputaria a atenção do marido. A moça estava tão certa da decisão tomada que já preparava para Luciano a sua defesa. Diria que insistira para Vânia ficar, mas não tinha domínio sobre uma mulher daquela idade, depois, ficar num hotel seria mais confortável, teria mais privacidade e ainda prometeria ao marido visitá-la ou mesmo recebê-la em casa para jantar, almoçar, desde que as visitas fossem planejadas com antecedência.

Depois de passar em diversas lojas, Alessandra chegou ao seu apartamento com dois ternos do marido, que havia retirado da lavanderia, e uma sacola de supermercado. Ao abrir a porta, sorriu, com a certeza de que não teria a presença da sogra. Essa sensação passou ao notar a mudança de móveis na sala. Sem entender, a moça largou as roupas do marido sobre um dos móveis e foi até a cozinha, de onde vinha um som de rádio ligado.

O espírito de Rafael veio ao seu encontro, apressado, cobrando:

— Ale, o que aconteceu? Não disse que iria mandá-la embora? O que essa mulher faz aqui?

— O que você faz aqui, Vânia? — perguntou Alessandra, nervosa, já influenciada por Rafael, que estava ao seu lado, de braços cruzados, falando.

— Minha filha, resolvi ficar. Vocês precisam de mim. Olha só, estou preparando um prato que o Luciano adora. Tenho certeza de que você também gostará. Ele me contou que você não sabe fazer. A receita é tão fácil. O segredo está em escolher bem o peixe...

— Vânia, não muda de assunto. Eu saí daqui pedindo que fosse embora...

Vânia, calmamente, mesmo diante da agitada nora, largou o peixe sobre a travessa e, depois de secar as mãos no pano, aproximou-se dela e se justificou:

— Quando afirmei que precisam de mim, eu não me referia somente ao prato que estou preparando, pois você poderia pegar num site de receitas facilmente, mas fiquei muito preocupada quando estava arrumando minhas coisas para ir embora e encontrei isso — mostrou o frasco de remédio. — Anticoncepcional?

— Você não tinha o direito de mexer nas minhas coisas...

— E você não tem o direito de enganar o meu filho. De tirar o direito de ele ser pai, e eu, avó. Além de ser uma decisão tomada sozinha, enquanto meu filho fica especulando se há algo errado com ele. Tem ideia do quanto ele tem sofrido com isso?

A partir daí foi uma discussão intensa, mas por parte de Alessandra, pois Vânia, controlada, permanecia firme.

— Ficou fuçando nas minhas coisas, mexendo como se estivesse na sua casa...

— Como você é, Ale! — resmungou o espírito de Rafael. — Como foi guardar o remédio no quarto de hóspedes? Lembra o que lhe recomendei quando o Luciano descobriu o remédio no banheiro? Que o guardasse num local seguro.

— O esconderijo não foi tão bom assim — afirmou Vânia. — Aliás, estava fácil demais, uma criança descobriria o frasco naquela gaveta, enrolado nas meias. Ou não sabe que temos o instinto curioso, e algo embrulhado causa muita curiosidade...

Depois de um curto silêncio, Alessandra, temerosa de que aquele assunto pudesse ser o pivô da sua separação de Luciano, pediu à sogra que guardasse segredo, e argumentou, em lágrimas, atormentada pelo espírito de Rafael próximo a ela, que não se sentia preparada para ser mãe. Tal cena deixou Vânia sensibilizada, mas mesmo assim comentou em seguida, com ar de vitoriosa:

— Que bom! Agora que tudo está resolvido, acho que não se importará que eu fique com o quarto de hóspedes, não é? — concluiu com ar de riso e completou na sequência, ao ver Alessandra confirmando a estadia da sogra em sua casa. — Eu peguei aquele jogo de lençóis azul com flores brancas. Aquele do quarto estava muito feio. Vai se importar, minha filha?

Comédia, depois de sair do hotel onde Gabriel estava, ficou mergulhado em seus pensamentos, diante de um dilema: ajudar, mais uma vez, o amigo e ir pegar a arma de fogo para ele, ou se apresentar na agência, onde tinha horário marcado para a entrevista com Juliana.

Refletiu ainda sobre a atitude de Gabriel se soubesse da sua indecisão, mas também se lembrou da frieza do amigo diante dos seus problemas, ao saber que sua mãe não estava bem, hospitalizada, e em nenhum momento quis saber sobre sua saúde. Comédia cogitou se poderia contar com ele nos momentos difíceis.

O jovem se dirigiu ao ponto de ônibus e lá ficou alguns minutos, pensando, olhando a movimentação dos ônibus, das pessoas apressadas com suas sacolas, seus compromissos, o tumulto que se formou num determinado momento, quando o trem chegou à estação e despejou vários passageiros na plataforma e, no fluxo, esparramaram-se pela calçada estreita e movimentada.

Diante desse panorama, Comédia, encostado no pilar do ponto de ônibus, com as mãos nos bolsos e, em cada um deles um caminho, resolveu que pegaria o próximo ônibus, que o levaria a seu destino.

— O caminho do bem, sempre, meu filho — murmurou o espírito do seu pai, falecido havia anos, vítima de uma explosão no restaurante onde trabalhava. — Seja para sua mãe um motivo de orgulho, sempre há tempo de recomeçar. Ela só tem você nesta vida...

Comédia sentiu uma brisa suave que o fez sorrir. Deixou um ônibus passar, o que o levaria para atender ao pedido de Gabriel, e embarcou exatamente no ônibus seguinte, em direção à agência. O jovem entrou no veículo com o coração leve, deixando o espírito do seu pai, vestido num terno claro, emocionado e dando-lhe uma bênção:

— Que Deus o acompanhe, meu filho. Que você consiga ver os bons caminhos com que Ele o está presenteando.

Depois de saltar do ônibus, apanhar o metrô, percorrer algumas estações e andar dois quarteirões, Comédia se apresentou na agência. Estava tão nervoso que se identificou pelo apelido, o que fez a recepcionista simpática levar a mão com unhas quadradas e pontas brancas à boca, com o intuito de disfarçar o riso ao saber seu nome.

Juliana fora avisada pelo telefone que o jovem a procurava. Estava terminando uma reunião, pronta para atendê-lo, já com a ficha do rapaz nas mãos, quando recebeu a ligação de Cristiano. Depois de finalizar a ligação, sorridente, a moça pensou o quanto estava certa em ter Cristiano como pai do seu bebê. Como o admirava.

A publicitária chegou toda animada, ditando ordens de forma amável aos outros dois rapazes que a acompanhavam.

— Olhem para ele, não é um achado? — riu ao ver a concordância dos moços e prosseguiu: — Um corte de cabelo moderno, gel... precisamos tirar as suas medidas, testes de fotografia, lógico, precisamos ver a sua intimidade com as câmeras. Pela minha experiência, você e as lentes das nossas máquinas se darão muito bem — fez uma pausa e estudou o jovem sorridente à sua frente, que a fez se lembrar do sobrinho, depois anunciou: — Sou Juliana, lembra-se de mim? Eu sou assim mesmo, ansiosa demais para os cumprimentos iniciais. É bom ir se acostumando...

O jovem riu da forma descontraída do reencontro. Teve, depois de uma conversa de quinze minutos com Juliana, regada a café, água e balas, a certeza de ter feito bom negócio em procurá-la. Assinou contrato com a agência naquele dia.

— Vou agora entregá-lo nas mãos das leoas — brincou Juliana ao se referir às moças bonitas, bem maquiadas, de trajes justos aos corpos e também atraentes, com um perfume leve e envolvente. — Elas vão esculpi-lo, lindo! Tenho certeza de que a pedra bruta sairá hoje desta agência com o aspecto de um brilhante.

O celular de Comédia tocou, ele olhou o visor e viu que era Gabriel. Juliana o deixou à vontade para atender, mas o jovem, firme, ainda envolvido pela presença marcante do espírito do pai horas antes, ignorou:

— Nada importante.

— Ótimo! — afirmou Juliana sorrindo, batendo palmas. — Meninas, bom trabalho. Quero ver as fotos, avisem-me, por favor.

Juliana seguiu para sua sala e lá, depois de se sentar, sentiu uma pontada na barriga. Procurou na bolsa um remédio e tomou-o ainda se lembrando das recomendações do médico:

— Você teria que ter me ouvido. Essa gravidez é de alto risco...

Juliana procurou mudar o pensamento, jogou o copo descartável no lixo e pegou o telefone. Como se não tivesse o problema antes refletido, a moça começou a ligação eufórica, divertida.

— Vamos marcar a reunião? Tem um modelo novo na agência que com certeza será um sucesso. Pensei nele nas fotos com a Mari Fidélis.

— A Mari é uma estrela na nossa agência, não sei se será bom negócio uni-la a um desconhecido — argumentou o homem numa voz sisuda do outro lado da linha. — Já viu o roteiro? Precisamos de dois rostos conhecidos para divulgação da marca. A joia ficará linda em Mari...

— Já fizemos tantos acordos antes, trocas de favores — interrompeu Juliana. — O chefe vai gostar do resultado. O nosso cliente também vai adorar. Depois é um jovem promissor, estou certa de que é mais um nome para abrilhantar a agência.

O homem, quase convencido por Juliana, acabou cedendo:

— Tudo bem. Eu pensei num modelo conhecido ao lado de Mari Fidélis. Duas estrelas, entende? Vamos para a reunião, traga o material... — fez uma pausa antes de continuar. — Mari se envolveu num acidente doméstico, machucou o rosto. Muitos insistem que ela está escondendo algo. Por isso as fotos serão feitas semana que vem. Já me ligou para adiar os compromissos que tinha agendado nesta semana...

— Não sabia. Será que foi agredida pelo namorado? — arriscou Juliana rindo, sem fazer ideia de que acertara no palpite, e mais, Gabriel, seu sobrinho, era o responsável pelo estrago. — Bom, de nada nos interessa a vida particular dos nossos astros, não é? O que acha da reunião hoje à tarde? — riu ao comentário do homem de que estava apressada e afirmou, desta vez séria: — Tenho pressa, não posso esperar o amanhã. Não sei se estarei nele.

Beth chegou ao seu apartamento cansada pelos últimos acontecimentos. Estava saindo do elevador, no seu andar, quando o celular tocou. Era Gabriel. Conversaram rapidamente. Beth, preocupada com o filho, encheu-o de perguntas e recomendações: se estava bem, como passara a noite, que queria vê-lo, para ter cuidado, não deixar de se alimentar, se estava bem agasalhado. O rapaz, que ligara interessado em dinheiro, pois descobrira naquele momento que seu cartão havia sido bloqueado e o dinheiro estava no fim, foi de poucas palavras, não se preocupou com o sofrimento de Beth por não tê-lo em casa.

— Mãe, para! Está tudo bem. Só preciso que faça um depósito na minha conta. A grana está no fim. Não tenho nem para a diária de hoje — o rapaz fez ar de riso ao perceber Beth preocupada em solucionar o problema, ou seja, mencionando o valor que colocaria em sua conta. — Providencie o depósito antes que o seu Edson também consiga bloquear o nosso contato.

Beth ia dizer algo e a ligação foi cortada. O rapaz, friamente, desligou, mas Beth considerou que o aparelho havia descarregado ou fora falta de sinal. A mãe do jovem, ainda pensativa, guardou o aparelho na bolsa e entrou no apartamento. Foi para a cozinha se servir de água, quando percebeu um barulho no quarto. Foi até o cômodo e constatou Edson fazendo suas malas. Ficou muda, a voz não saiu ao vê-lo apressado tirando camisas, calças, gravatas e mais algumas peças de roupa da gaveta e colocando-as sobre a cama. Os olhos marejados de Beth notaram a mala aberta sobre a cama. A mulher sentiu um aperto no coração quando chamou o nome do marido.

Edson, contrariado, pressionado pela situação, e também temeroso de que algo pior acontecesse ao filho caso Lia falasse o que sabia, resolveu se separar de Beth, pegar seus pertences e viver com a amante.

— O que está fazendo? Não! — Beth falou indo na direção de Edson. Estava agitada, chorando, tomada por um sentimento de perda que a fez reagir. A mulher pegava as roupas e, de qualquer jeito, as guardava no armário. Era quase uma briga ao tirar das mãos de Edson as roupas. — Você não vai embora. Não posso permitir.

— Beth, acabou!

— Não! Diga-me, o que aconteceu? — Beth notou o silêncio de Edson ao acomodar as peças dentro da mala. — Você insiste mesmo em me deixar. Nosso casamento. Vinte e cinco anos!

— Acabou!

— É só o que consegue dizer? Onde foi que o perdi? — essa pergunta saiu frágil da boca de Beth, com as mãos trêmulas, paralelas ao corpo.

Edson a ignorou, depois apanhou a mala e saiu do quarto deixando algumas peças sobre a cama. A discussão continuou na sala, desta vez mais intensa, sentida e repleta de queixas. Beth ainda se sujeitou a expressar o quanto o amava, que o queria, o quanto precisava dele, mas Edson segurou-se, por amor ao filho, no intuito de defendê-lo de mais uma acusação, e continuou.

— Beth, você é forte. Talvez nem me ame como diz, está apenas acomodada...

— Como pode ser tão frio? Como consegue avaliar os meus sentimentos?

Edson não respondeu, mudou de assunto e finalizou:

— Pode ficar no apartamento por um ano. Ali estão os papéis — Edson apontou para a mesa de vidro, já havia deixado o documento para separação, pois achou que não fosse encontrá-la em casa. Temia não conseguir concretizar a separação se Beth estivesse presente. Percebia naquele momento como era difícil. — Você se aposentará e seguirá sua vida, eu deixo ficar no apartamento por esse tempo, para se...

— Diga-me que não é verdade. Que estou num pesadelo...

Edson não falou mais nada. Apanhou a mala do chão e saiu fechando a porta, com dificuldade, muito sentido. Entrou no elevador e se sentiu tenso. Logo que apareceu na portaria, Lia sinalizou com o farol do carro onde estava. Edson a viu do outro lado da rua e entrou no carro. Percorreu, ao lado de Lia, a viagem mais longa e silenciosa da sua vida. A sensação foi a mesma ao entrar no apartamento da sobrinha de Salvador Fidélis.

No apartamento, sentada no chão, em lágrimas, Beth não acreditava no que vinha acontecendo na sua vida. Olhou os porta-retratos e os pegou. Colocou o que tinha a foto de Edson e Gabriel em seu colo, acarinhou-os com as pontas dos dedos numa tristeza que não imaginou um dia sentir com tanta intensidade.

Minutos depois, com dificuldade, Beth levantou-se, foi até o quarto, jogou-se na cama e abraçou as peças de roupa deixadas por Edson. Ali adormeceu. Quando acordou, sentiu a cabeça pesada e estava com sede. Ao voltar da cozinha com o copo de água nas mãos, os olhos inchados, Beth notou que os papéis estavam sobre a mesa de vidro, pois chamaram a sua atenção. Lembrou-se das palavras de Edson, de que poderia ficar no apartamento por um ano. Pegou os documentos e leu com dificuldade, pois as lágrimas não cessavam e vinham com as lembranças dos momentos vividos.

Beth, movida pela raiva, também fez suas malas. Apanhou alguns pertences e saiu do apartamento. Já escurecia, mas ela não dispensou os óculos escuros. Na portaria, entregou um envelope para o porteiro com a recomendação de ser entregue a Edson. O porteiro nada perguntou, mesmo notando o seu estado, a falta de alegria, a voz fraca ao falar. Ficou somente observando Beth acomodar suas malas no porta-malas e desaparecer numa das ruas que contornava o condomínio. Nas mãos do porteiro, dentro do envelope, havia uma carta com poucas linhas para Edson, deixando o apartamento à sua disposição e também as chaves.

Depois do almoço com Mariana e Lia, Gabriel, ainda pensando na instrução que dera a Comédia para que buscasse o revólver para ele, foi percorrer algumas lojas, pois se encontraria com Mariana no fim da tarde. Apareceu bem na hora que a moça saía com o carro do estacionamento do prédio onde fazia um curso.

Mariana não se sentia confortável ao lado de Gabriel desde a agressão sofrida. Algo ainda a incomodava e pensou que esse sentimento passaria ao ter, de certa forma, o consentimento de Lia, por confiar nela, o que não ocorreu. Sentia-se tensa, e o amor que tinha pelo rapaz não era superior ao medo que às vezes a assombrava. Antes de encontrá-lo, na saída do prédio, Mariana, num intervalo do curso, conversou com Cristiano pelo celular. Ela ligou e mais uma vez demonstrou gratidão e também deixou transparecer sua insegurança. O homem do outro lado entendeu que ela sentia falta de orientação e novamente se dispôs a ajudá-la.

— Sinceramente, não sei se a reconciliação com o rapaz lhe fará bem — começou Cristiano, lembrando-se também do encontro que tivera com Beth, quando ela exigiu que ele se afastasse do casal e mencionou a retomada do romance. Agora, com a ligação da modelo, tivera certeza. — Eu temo que ele possa voltar a atacá-la — fez uma pausa e riu. — Nós nos conhecemos há tão pouco tempo e já estou interferindo na sua vida, ditando o que deve fazer...

— Amigos têm essa obrigação — comentou Mariana rindo. Realmente o conhecia havia pouco tempo, mas tinha a sensação de que eram velhos amigos, a ponto de confiar a ele sua vida. A moça atribuiu esse sentimento à falta de uma figura masculina na sua vida, a quem pudesse confidenciar seus problemas.

— Você pode ajudar muita gente expondo essa situação publicamente! Sei que vai dizer o quanto interferirá na sua vida profissional, mas tente pensar que poderá ajudar a encorajar outras mulheres como você, que sofrem agressão dentro de casa e se condicionam a essa situação, a viver ao lado de homens que as machucam, sendo capazes de suportar por amor ou necessidade.

Cristiano tinha realmente essa visão, temia pela vida da moça, pois já ouvira falar de agressões como aquela, mas presenciar, como foi o caso com a modelo, o fez pensar muito a respeito. Além do mais, ele também ansiava que a moça levasse a público, que desse sequência ao processo, não só para sua segurança, mas para a dele também, já que o assunto, uma modelo espancada pelo namorado, repercutiria muito na imprensa, e o material que possuía valeria muito mais e poderia ser o passaporte para o seu ingresso no jornalismo. Foi assim que Cristiano concluiu que os documentos que detinha seriam disputados por muitos com o assunto em alta. Esse era o seu plano, e a possibilidade de dar certo o fazia rir. Quase no mesmo momento lembrou-se de Beth, e o sorriso, sem compreender por quê, desapareceu.

Mariana estava ainda mais bela, agora sem o curativo, e a leve marca do incidente não era mais notória por conta da maquiagem que cobria seu rosto. Tinha, como habitual, os cabelos finos presos num coque alto, usava óculos de lentes de cor azul suave, que realçavam a beleza do seu rosto. A moça subia a rampa do estacionamento com o seu carro, refletindo sobre a conversa que tivera com Cristiano, quando Gabriel apareceu.

A princípio, a moça ficou pouco à vontade, como se estivesse fazendo algo contra sua natureza. Por fim, envolvida pelos beijos e carinhos do então namorado, por ora pensando estar na companhia de outra pessoa, a moça cedeu ao charme e à lábia de Gabriel. Foram ao shopping que o moço escolheu e onde quase deixou todo o dinheiro que ainda possuía para se manter num lanche. Ao passar o cartão, recebeu a mensagem de estar bloqueado, dissimulou e pagou com dinheiro. Havia fúria em seus olhos, mas soube contê-la, e a moça não percebeu.

O casal já estava na saída quando Mariana resolveu ir ao banheiro e, atendendo ao pedido de Gabriel, deixou seus pertences com ele. Ao ver a modelo desaparecer no corredor do shopping, no sentido do banheiro, Gabriel não só se sentiu tentado a mexer nos pertences da namorada, como assim o fez. Não deixou de apanhar umas notas de dinheiro que a moça tinha na carteira e escondê-las em seu bolso. Enciumado, o jovem também pegou o celular e consultou as mensagens recebidas, enviadas e já estava confiante quando verificou as últimas ligações realizadas pela moça e lá notou o número de Cristiano. O rapaz sentiu o rosto arder, a primeira vontade que sentiu foi de buscá-la no banheiro à força, mas se conteve, tanto que disfarçou ao vê-la se aproximar.

Na hora de pagar o estacionamento do shopping, Mariana sentiu falta do dinheiro. Gabriel sugeriu de forma tão natural, que a moça nem desconfiou dele:

— Deve estar em outra bolsa, Mari. Minha mãe faz isso direto.

— Tem razão. Já aconteceu várias vezes comigo também. A moça que trabalha em casa sempre encontra e coloca na minha gaveta. Depois vejo isso.

Gabriel riu, tirou o dinheiro do bolso, dizendo:

— Eu pago, amor.

Mariana sorriu grata ao abraçar o moço, sem desconfiar de que era com o seu dinheiro que ele fazia a boa ação.

Antes de Mariana deixá-lo na avenida Paulista, atendendo ao pedido do jovem, ouviu dele a proposta:

— O que acha de uma viagem?

A moça foi pega de surpresa e admitiu, sinceramente, o quanto adoraria ter uns dias com ele num lugar afastado. Vislumbrou, inclusive, a chance de esquecer os contratempos e também recuperar a confiança e o amor que um dia tivera tão forte em relação a Gabriel. Por fim, entusiasmada, a moça perguntou quando e ouviu a resposta que fez o seu coração disparar, sem saber se por emoção ou medo.

— Pode ser amanhã — replicou Gabriel num tom sério, com o olhar fixo na moça.

A primeira ideia que Beth teve ao deixar o apartamento foi o de ir à casa da filha, mas obteve do porteiro a informação de que a moça saíra acompanhada do marido e da sogra. Beth estranhou ao saber que Vânia estava em São Paulo, mas não comentou nada. Depois de agradecer ao porteiro pela informação, Beth retornou para o seu carro. O porteiro ficou observando Beth se distanciar, desta vez satisfeito por não ter precisado mentir a pedido de Alessandra, como era habitual.

Beth sentou-se no banco e ficou completamente desnorteada. Pensou em esperar a filha, entendia que poderia contar com ela naquela situação. Depois de alguns minutos, Beth ligou para o celular de Alessandra. Contou tudo o que acontecera: Gabriel expulso pelo pai, a separação, Edson indo embora de casa, ela deixando o apartamento. Fez todo o relato em lágrimas, mas a moça, como sempre com a interferência do espírito de Rafael, foi insensível, recebeu todas as notícias como se a mãe contasse algo de uma conhecida do hospital, distante, como se não fizesse parte da família. Justificou nas entrelinhas que não tinha como ficar com a mãe em sua casa, já que tinha Vânia como hóspede por aqueles dias. Beth não insistiu, nem percebeu a frieza da filha. Quando desligou, Beth achou que fora precipitada em falar do assunto por telefone, talvez, pessoalmente, Alessandra tivesse outra forma de receber a notícia, e ainda se sentiu culpada por atrapalhar a refeição da filha com o assunto. Depois, ligou o carro e foi para a casa de Donária.

No restaurante, como sempre com a sensação de contrariedade, Alessandra desligou o aparelho e o guardou na bolsa, notando os olhares interrogativos do marido e da sogra sobre o assunto. Respondeu à sogra, que foi a primeira a perguntar se havia algum problema com Beth. A moça foi ríspida:

— Nada de mais. Minha mãe que gosta de dar relatório do dia a dia deles. Parece até que a gente ainda mora na mesma casa. Deve ser mal de mãe.

— Quando você for mãe, talvez possa compreendê-la, minha filha — replicou Vânia saboreando o vinho. Depois voltou-se para o filho: — Adorei a ideia desse jantar fora, Luciano.

— É para dar à senhora as boas-vindas em nossa casa, mamãe. Quero que saiba o quanto é querida com a gente.

— Eu já sei o quanto — respondeu Vânia firme, sem deixar de olhar para Alessandra. Logo depois saboreou mais um pouco do vinho.

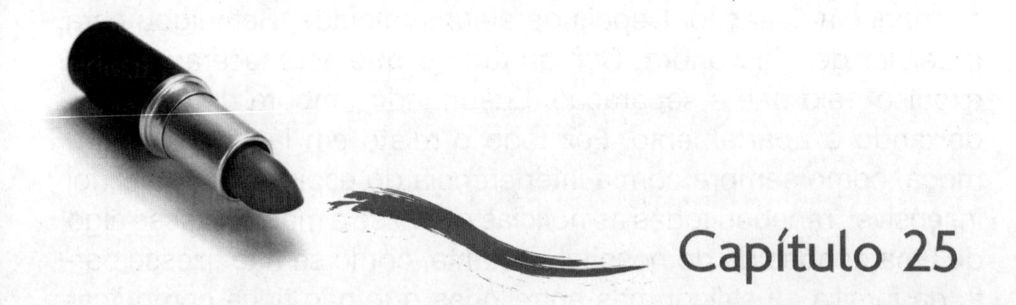

Capítulo 25

Donária estava satisfeita por ter o filho ao seu lado, mesmo endividado e sem trabalho. E, sem considerar a passagem do caçula pela delegacia, a mãe protetora via o filho como um herói, injustiçado pelas cobranças insistentes de Rita. A mulher estava no banheiro, em frente ao espelho, experimentando um par de brincos que comprara na feira. Ela ria ao abanar a cabeça de um lado para o outro, notando o balançar das peças presas nas pontas murchas das orelhas.

— Vou com este à igreja amanhã. A mulherada não vai deixar de olhar. Um luxo! O outro vou usar no bingo. Tem o baile. Já sei, vou usar o outro que a Milena me deu quando trabalhava. Não o usei...

Estava ali, falando sozinha, tirando um dos brincos, na intenção de colocar o outro, quando ouviu um barulho de carro estacionando na frente da casa. Foi até a janela miúda instalada por Denis de forma irregular e se pendurou no batente onde tinha o xampu e a saboneteira, encaixou um dos olhos no vão do vidro quebrado e pôde, assim, ver o carro de Beth.

A mulher saiu apressada do banheiro, descalça, balançando um dos brincos na orelha. Consultou o relógio e especulou o que a filha fazia em sua casa àquela hora. O espírito de Estevam foi atrás de Donária. Ele caminhava com dificuldade, sustentando a barriga com uma das mãos, como se sentisse dor.

— Donária, o que aconteceu com a nossa filha? — preocupou-se Estevam. — Está chorando.

Beth, ao vê-la se aproximar, desmanchou-se em lágrimas e contou tudo o que vinha acontecendo em sua vida. Já na sala, na presença de Denis, Donária questionou:

— E você deixou sua casa? Outro dia vi na televisão, quando sai perde o direito.

— Eles eram casados em comunhão parcial de bens, mãe — explicou Denis impaciente. — O apartamento era do Edson quando se casaram.

Continuaram a conversa e Rita chegou da estação do trem com sua cesta de trufas quase vazia, feliz pelas vendas. Felicidade essa que desapareceu ao ver Beth arrasada. Rita, diferente das outras pessoas próximas da família, preocupadas em não se envolver com o assunto, como Alessandra, ou interessadas nos bens materiais, que era o caso de Donária e Denis, demonstrou-se solidária, preparou chá, fez questão de guardar as malas da cunhada em seu quarto, pois ainda estavam no centro da sala, rejeitadas por Donária, que, egoísta, não via lugar para a filha naquela situação. Prova disso foi perguntar o que Beth faria agora separada, sem teto. Rita foi em defesa da cunhada e falou num tom firme, decidido, que Donária nem Denis questionaram.

— Beth fica aqui. Naquela cama de abrir e fechar que a Margarida usava. Denis, pega lá atrás da porta. Pronto, resolvido.

— Não me leve a mal, minha filha, mas o meu sono é muito leve. Não se importa de dormir na sala?

O espírito de Estevam lamentava a situação e, indignado, reclamava para Rosa, que assistia ao desespero de Beth:

— Um absurdo! Veja por quanta injustiça minha filha passa. Sabe que não precisava se submeter a essa humilhação. Vou contar, ela precisa saber tudo...

— Ela não ouve você, Estevam — frisou Rosa pacientemente.

O velho saiu reclamando, ignorando o espírito amigo que, incansavelmente, tentava mostrar-lhe a realidade, que não pertencia àquele universo, àquela família de forma ativa como imaginava.

No dia seguinte, logo cedo, Beth, ao abrir os olhos, viu Denis e sua mãe velando seu sono. Tivera uma noite maldormida, poucas horas de sono. Levantou-se sentindo dores pelo corpo em razão da cama. Beth, depois de cumprimentá-los, foi tomar um banho e Donária não demorou em despejar suas ideias, que completou durante o café da manhã.

— Estive pensando... — falou a velha já toda maquiada, vestida com a melhor roupa, toda perfumada com a intenção de sair. — Denis e eu estávamos conversando e ficamos preocupados, minha filha. Quando se casou com Edson não tinha nada, ele tinha o apartamento... — fez uma pausa e observou se a filha acompanhava o seu raciocínio: — E o que você construiu durante o casamento, você pode ter direito, assim como ele também...

— Pode ter direito ao seu patrimônio, Beth — completou Denis ansioso, já seduzido pelos planos de Donária horas antes, quando também fora despertado para conhecimento do assunto. — O Edson pode ainda levar o que você tem, minha irmã.

Beth estava tão preocupada com o bem-estar do filho, com a separação no sentido de ter perdido o amor de Edson, que não se atentara à situação exposta pela mãe e pelo irmão. Por fim, como se estivesse embriagada, como se fosse um fantoche, concordou com o proposto por Donária e Denis.

— Vamos agora ao banco. Você passa todo o seu dinheiro para a conta do Denis. É seu irmão, a quem mais pode confiar tal missão?

Denis, nitidamente inquieto, adiantou a frase num tom alto, empolgante, típico de quando era criança e conseguiria levar alguma vantagem sobre a irmã:

— Quando você oficializar a separação, e estiver tudo legal, no papel, eu lhe devolvo.

— Minha filha, está feito — disse Donária segurando a mão esquerda de Beth e, ao sentir a aliança, tratou de tirá-la do dedo da filha. Beth recusou, mas a velha, ambiciosa, de olho na aliança, argumentou: — Sei que é doloroso, mas precisa ser forte. Deixa comigo. Não tem motivo para desfilar com uma aliança no dedo sendo separada — falou ainda mais algumas palavras que fizeram Beth aceitar a proposta. E Donária colocou a aliança no bolso, tentando disfarçar o riso com a conquista. — Agora vamos tratar da transferência do dinheiro. Ou vai preferir dar de graça para o Edson?

Beth se emocionou, não viu maldade no combinado. Gostou da preocupação da família diante dos seus problemas. Por isso, logo que terminou o café, arrumou-se e foi, ao lado da mãe e do irmão, ao banco.

Rita, que havia acordado cedo para ir vender trufas na estação, encontrou em casa somente Milena, que deu a notícia do paradeiro do restante da família.

— Estava acordando quando vi a tia saindo com a vó e o pai. Foram ao banco.

Rita ficou preocupada com a história e tinha motivos, pois conhecia muito bem a divisão, os interesses de Donária quando o assunto era proteger Denis. Então ligou para Margarida. Rita não conseguiu com o celular, pois estava sem crédito, mas fez a ligação da rua, num orelhão. Margarida, a par da situação, informou que iria visitá-los.

Retornaram do banco uma hora e meia depois. Beth triste, não pelo dinheiro, apartamento, mas pela separação, o filho pelo mundo, sabia lá onde e fazendo o quê. Donária radiante, sorridente com o feito. Denis, a exemplo da mãe, sorria e sentia-se rico com o dinheiro da irmã na sua conta.

Nesse cenário, Margarida chegou e pôde ver a prima deitada, envolvida nos lençóis, deprimida. Chegou sorridente, procurando animá-la, disfarçou também, já que se espantara com Beth bem diferente do costume. Em meio à conversa, Margarida foi radical:

— Vai ficar assim, paralela ao rodapé? Eu não vou permitir isso. Está esperando por quem sabe que não virá? — cada palavra era como uma pedra lançada, e Beth desatava a chorar.

Denis, a essa altura, estava na rua, num bar, comemorando a conta bancária. Rita, distante, entre a pia e o fogão, preparava um lanche para aquecer a situação, enquanto Donária assistia ao sofrimento da filha com comentários desnecessários:

— O que vou fazer com uma mulher doente em casa? No meio do dia, sol quente, deitada, triste, chorando. Largada pelo marido, meu Deus! O filho, até onde me contaram, está sendo procurado pela polícia. O que vai ser do meu neto? O pai virou as costas...

— Tia, o tio Estevam está no quintal lhe chamando — interrompeu Margarida ao ver o tratamento que a velha oferecia à filha.

— Sério, Deise? Você pôde vê-lo lá fora me chamando? — perguntou Donária impressionada com a revelação.

— Não, tia. É para a senhora sair daqui mesmo. Já ouviu dizer que muito ajuda quem não atrapalha?

A velha saiu resmungando, e Rita, de onde estava, riu, apoiando Margarida.

Margarida insistiu, tentava levantar a prima, fazê-la rir, mas era em vão. Depois perguntou se era feliz. E Beth respondeu:

— Eu era casada havia vinte e cinco anos, meu filho perto, marido, apartamento. O que tenho hoje?

— Já lhe perguntei uma vez e novamente não respondeu. Se fosse feliz, responderia convicta, direto, não faria rodeios. Talvez fosse acomodada, isso sim.

Beth parou de chorar ao se lembrar de Edson falando algo semelhante. Começou a prestar atenção em Margarida, que começou a falar coisas que tocaram o seu coração. Entre elas, a mulher repetiu um assunto já dito antes e acrescentou:

— O amor ainda pode acontecer. Ele está à sua procura — Margarida começou a rir, e essa revelação fez Beth questioná--la. Margarida, ainda rindo, relembrou: — Você já me salvou de cada situação! Lembra-se de quando foi se encontrar comigo no centro de São Paulo? Eu flagrei o meu namorado com outra. Queria me jogar do viaduto da Santa Ifigênia. Teve polícia e televisão. Se fosse hoje, eu viraria celebridade — desataram a rir. — Naquela época eu trabalhava como datilógrafa numa loja na República...

— Foi o único registro na carteira que teve na vida, não foi? — intrometeu-se Donária com deboche. — Ficou só uns seis meses lá.

— Tia, já acabou a conversa com o tio Estevam?

Donária desapareceu balançando os brincos compridos.

Rindo, Beth confirmou se lembrar da época e, em alguns minutos, estavam gargalhando de mais meia dúzia de situações em que Margarida se envolvera. Depois de vê-la mais animada, Margarida estendeu a mão na direção de Beth e afirmou:

— Segura em mim e vamos sair dessa. Você tem uma vida para cuidar, ou está achando que alguém vai cuidar dela para você? — virou na direção de Donária e completou: — Só se for para falar mal, porque ajudar é tarefa para poucos. A maioria só se intromete com energia negativa. — Voltou-se para a prima e perguntou: — E o seu trabalho?

— Liguei para o hospital quando estava saindo do banco. Tenho uns dias pendentes e vou tirá-los agora.

— Ótimo! Vai precisar para refletir sobre sua vida, o que vai fazer daqui em diante.

Beth se animou, estendeu a mão e agarrou a mão de Margarida que, emocionada, ao vê-la sentada, abraçou-a. Depois se voltou para Donária e pediu um batom. A velha saiu apressada, retornou com o pedido nas mãos e entregou para a sobrinha. Margarida passou nos lábios da prima e fez algumas brincadeiras que fizeram Rita e Donária também rirem.

— Agora pega suas coisas e vamos comigo. Não tem cabimento ficar dormindo no meio da sala.

— Acho boa ideia, porque não tenho como acomodá-la em casa. Ela poderá dividir as despesas com você também...

— Dona Donária, a preocupação agora não é financeira, ainda que a senhora coloque isso como relevante, e sim o bem-estar da Beth — Margarida fez uma pausa para ajudar a prima a se levantar e prosseguiu afiada: — Se bem que pelo tanto que a Beth fez por você, era ocasião de retribuir e dar a sua cama para ela dormir.

Donária resmungou algo a que Margarida não deu importância. Saiu assim da casa, apoiando a prima e levando seus pertences. Rita lamentava ver a cunhada indo embora, mas considerou apropriado, pois Donária e Denis só piorariam seu estado.

Beth saiu assim, da mesma forma como quando saíra para se casar, ou seja, sem nada, somente com o carro.

O relacionamento de Alessandra com a sogra diante do marido era um, e bem diferente quando da sua ausência. A moça era indiferente, respondia com má vontade. Vânia percebia tudo isso, e a achava bem diferente de quando a conhecera, já que a moça a cativou pela doçura e agora se revelava hostil.

Vânia era uma mulher espiritualizada, tinha crença em suas preces, nos ensinamentos dos espíritos, e isso incomodava não só o espírito de Rafael, que não conseguia se aproximar da mãe de Luciano, mas também Alessandra, que era categórica sobre o assunto quando disparava:

— Coisa de gente ignorante!

— Talvez, se procurasse estudar o assunto, ler, pudesse ter outro entendimento, outra visão. É importante ter sensibilidade. Há quem conheça por interesse, por necessidade, ou por amor, na busca de elucidar e aquietar a alma.

A moça se calava, pois de fato não tinha aproximação com o tema, portanto, sem argumentos, não rebatia.

Durante o jantar, todos acomodados, Luciano percebeu um comprimido ao lado do prato e perguntou o que era. Alessandra reconheceu logo que bateu os olhos: era o seu anticoncepcional. A moça sentiu o coração disparar, as mãos suavam.

— Fui eu quem colocou aí, meu filho — pegou o comprimido e estudou um pouco a cápsula, depois completou: — Devo ter me confundido, é meu, para controlar a ansiedade. Aquele que comentei com você, Alessandra.

A moça, de onde estava, apenas riu sem jeito, temerosa de ser descoberta. Mais tarde, na cozinha, quando estavam a sós, Alessandra a questionou sobre a brincadeira, considerando-a de mau gosto:

— É isso que ensinam os seus espíritos?

Vânia logo respondeu, sem rodeios:

— Não pense que sou sua cúmplice. Se não contar para o meu filho o que vem fazendo com ele, conto eu. Não vou permitir que faça isso com ele. Se ainda não contei, é porque acredito no amor de vocês e estou esperando, já impaciente, que você seja honesta com o Luciano — Vânia olhou firmemente para o rosto de Alessandra e a sentiu indefesa, mas não deixou de falar: — É bom começar a rever seus valores, interesses. Pelo tom da ligação que recebeu da Beth, o assunto era grave. Você foi fria e indiferente. Procurá-la seria um sinal de compaixão. Tenho certeza de que tem esse sentimento dentro de você, pode estar adormecido, mas tem — concluiu e saiu sorridente pela casa, como se fosse sua, ao encontro de Luciano, que vinha com jornais na mão.

— Mamãe, como estou feliz por estar por perto. Viajarei a negócios, para uma reunião em que representarei a Fidélis na posse de um terreno. Gosto de saber que poderei contar com a senhora aqui, assim fico mais confortável. Lamentaria deixar Alessandra sozinha.

Vânia, sorrindo, abraçou o filho em pleno acordo com os seus planos. Alessandra, de onde estava, na cozinha, via a cena a distância. O espírito de Rafael conseguiu, diante do afastamento de Vânia, aproximar-se de Alessandra e sussurrou no ouvido da moça:

— Até quando vai continuar nisso? Vamos sair daqui, Ale. Pode vir comigo se quiser.

Só de sair da casa de Donária, Beth já se sentiu melhor. Margarida também observou a diferença. Sorridente, pôde constatar a leveza que a prima levava no rosto, já conseguia sorrir, o que era sinal de superação.

Margarida já era conhecida no prédio. Em poucos dias fizera amizade do primeiro ao último andar, exceto em três apartamentos, pois estavam desocupados. Num deles descobriu uma mulher que não cativava amizade, era reclusa. Ainda assim, Margarida insistiu e descobriu que era cabeleireira, sem filhos, o marido estava preso, mas era capaz de sorrir, e conseguiu tirar isso da mulher. Não demorou a levá-la ao seu apartamento e apresentá-la a Beth.

— Essa é minha prima, capricha no trato. Hoje ela tem um almoço.

— Almoço? — perguntou Beth já sentindo a mulher de pouca fala repuxar seus cabelos para trás.

— Sim. Com a Juliana. Ela passa daqui a pouco para buscá-la.

Margarida colocou música e anunciou a maravilha e o bem que podia trazer para a alma ouvir música. Saiu dançando pela casa. A mulher, vizinha de Margarida, depois se soltou com Beth e não deixou de dançar, imitando a dona da casa. Logo que a vizinha foi embora, Margarida trouxe um espelho e colocou na frente da prima, que ficou maravilhada com o resultado. Beth não deixou de perguntar como pagara pelos serviços.

— Foi um acerto. Eu li as cartas para ela. Ela ainda vai ser feliz, mas é o que digo para todos os meus clientes: não adianta esperar em casa trancada. Tem que se expor, colocar-se na vitrine, dizer: olha, estou aqui, digna de amor.

Beth começou a rir da encenação da prima e também se emocionou com o carinho que recebia. Chegou a agradecer e então ouviu de Margarida:

— Amizade é o colorido necessário da vida. Tenho certeza de que fui influenciada a vir para São Paulo, para junto da minha família. Isso tem me feito muito bem.

Foi nesse ínterim que Juliana chegou. Conversaram animadas, ouviram música e Beth confessou que não se sentia bem para sair, mas Juliana, aliada a Margarida, insistiu. Juliana, ansiosa, levantou-se e puxou pela mão da cunhada, dizendo:

— O que eu faço com a surpresa que tenho para você? Não tenho como devolver.

— Foi gastar dinheiro comigo, cunhada... — interrompeu de repente, ao se lembrar de que não era mais casada com Edson.

— Você não vai deixar de ser minha cunhada, minha irmã, meu porto — ressaltou Juliana ao abraçá-la. — Seremos comadres, esqueceu? Agora vamos, e nada de chorar — virou-se para Margarida e voltou a convidá-la.

— Não posso. Tenho dois clientes. Beth, é bom ir e voltar com todos os detalhes. Vou querer redação com os melhores momentos. Você terá uma menina, Juliana.

A moça se emocionou.

— Eu tenho exame marcado para a semana que vem...

— Pode comprar tudo rosa e pensar no nome. Depois me conta se deu certo. Vi tanta mulher grávida que acabei aprendendo com a minha mãe a conhecer...

Ao se despedir, Juliana abraçou Margarida e agradeceu por tê-la avisado sobre a separação de Beth e Edson.

— Eu nem peguei a bolsa — comentou Beth.

— Se for pelo dinheiro, a conta é minha. Vai no meu carro e prometo trazê-la de volta.

Saíram rindo. Em alguns minutos entraram num restaurante que Beth desconhecia, mas sentiu-se confortável. Havia uma música agradável que a fez relaxar. Sentou-se de costas para a entrada do restaurante, e Juliana na sua frente. Conversaram sobre diversos assuntos, principalmente sobre o que vinha acontecendo com Gabriel, o que a preocupava muito. Comentou que o rapaz vinha se relacionando com a modelo, filha do empresário Salvador Fidélis, e num ato de loucura agrediu a moça e havia recebido uma intimação sobre a ocorrência. Mencionou ainda a existência de um empresário, amigo da modelo, que a estimulava a dar sequência no processo contra Gabriel.

— Meu Deus! Que coincidência! Ela é modelo na agência onde eu trabalho, está em outra unidade. Eu sinto muito. Isso impulsionou Edson na separação?

— Acho que o nosso casamento já havia entrado numa rotina sem volta, de muitos problemas. Pode ter contribuído, sim. Eu ainda não sei o real motivo, pode até ser que tenha outra pessoa, não sei dizer, foi tudo tão de repente.

A conversa se estendeu mais um pouco, até que Juliana, eufórica, anunciou sobre a surpresa. Tal cena até despertou Beth, pois havia esquecido e considerado brincadeira de Juliana ou uma invenção para convencê-la a sair de casa.

— Olha lá. Vem vindo.

Beth imaginou que seria um presente que a moça tivesse mandado entregar no restaurante, ou alguma brincadeira típica do seu temperamento. Como estava de costas para a porta principal do restaurante, levantou os olhos e pôde ver a movimentação da porta através do espelho que tinha à sua frente e, para sua surpresa, viu Cristiano vindo na direção da mesa, sorridente. O homem tirou os óculos escuros e os prendeu entre os botões da camisa de manga longa que usava com punhos dobrados até próximo ao cotovelo. Usava jeans, sapatos pretos e um suave perfume que Beth aspirou ao senti-lo próximo.

Capítulo 26

Depois da proposta de Gabriel, Mariana partiu com o carro. O jovem, convencido de estar no caminho certo para reconquistá-la, sorriu ao andar pela calçada que margeava a avenida Paulista. Sentia que algo ainda o impedia de tê-la por inteiro, mas a viagem seria o que faltava para conquistar a confiança da moça, pelo menos era o que pensava. Parou próximo de uma banca de jornal e ligou para Comédia. Era a segunda tentativa sem êxito. Pensou:

"Deve ter deixado o celular descarregar, ou está no hospital cuidando da mamãezinha. Por isso sem sinal."

O que não sabia nem desconfiava era que Comédia fora à agência e aceitara a proposta de Juliana, mudando sua vida. Por isso não atendeu as ligações de Gabriel.

Na sequência, Gabriel ligou para o número do amigo que forneceria o revólver e, diferentemente das outras vezes, foi atendido. O homem, de um português precário, cheio de códigos e gírias, depois de algumas perguntas, teve confiança em Gabriel.

Simpático, o funcionário da loja revelou a Gabriel que não tivera nenhuma visita em seu nome, mas que o pedido era uma ordem e estava à disposição.

— Você foi irmão escondendo droga na sua mochila...

— Sabia que iria retribuir esse favor — comentou Gabriel rindo.

Menos de uma hora depois, Gabriel entrou na loja, como havia combinado com o outro, para apanhar o revólver.

O lugar ficava numa rua movimentada, entre lojas de roupas e calçados. Acresce que o local que fornecia mercadorias ilegais era camuflado numa loja minúscula de sapatos masculinos, e o número do calçado era um dos códigos para ter acesso ao catálogo. O negócio era gerido pelo único funcionário da loja, que fora meses antes convencido pelo tio a comercializar armas e drogas na loja. O tio do rapaz, ardiloso, mostrou numa conta rápida o lucro que obteria no negócio, que era bem superior ao que o dono da loja pagaria de comissão na venda de um sapato. Ainda podia ouvir o tio, traficante, foragido, seduzi-lo com a proposta:

— Vai conseguir dinheiro como água. O que vai ganhar num mês você não tira num ano. Fica sozinho naquela loja do velho muquirana. Sua mãe me disse que ele não tem saúde e confia a loja em suas mãos. Tenho clientes certos na região que estão interessados na mercadoria... Ninguém vai descobrir, é um lugar bom para o negócio. O cliente faz a encomenda, eu mando no meio das caixas de sapato e pronto. Não precisa estocar na loja. Lá vai ser só o ponto. Por uns meses. Sei que quer casar, está todo pomposo com essa aliança de prata no dedo. A morena merece o melhor, um barraco decente. Acha que vai conseguir com essa mixaria que o velho paga para você vender sapatos?

Gabriel conheceu o vendedor de sapatos por indicação de outro amigo. Viram-se duas vezes, na última, quando o salvou de ser preso com drogas, e fora o bastante para o homem reconhecer Gabriel logo na entrada da loja. Fez Gabriel experimentar o calçado, para disfarçar dos olhos das lojas vizinhas, depois indicou o banheiro e o lugar onde poderia apanhar a arma. O funcionário da loja o levou até a porta, agradecido pela preferência e também pedindo indicações. Assim Gabriel saiu: armado e também com uma sacola recheada com uma caixa vazia.

Três meses depois, a notícia da morte do funcionário da loja estamparia os jornais com a seguinte manchete: "Sobrinho de traficante é morto a tiros. O jovem de vinte e dois anos foi encontrado morto numa viela próxima de sua casa...". Descobririam posteriormente que o funcionário da loja fora assassinado pelo próprio tio por causa dos negócios ilícitos.

De arma na cintura e uma sacola vazia numa das mãos, Gabriel saiu confiante. Lembrou-se de Cristiano e pensou que o seu fim já estava programado, só precisava localizar o endereço dele, pois não o encontrara entre os seus pertences. Planejava também, para logo depois, a viagem com Mariana. O sorriso desapareceu do seu rosto ao imaginar Mariana declinando o seu convite. Rapidamente, como se estivesse muito perturbado, falou sozinho, num tom baixo:

— Se a Mari resolver não ir comigo? Fácil — abriu um sorriso e finalizou apalpando a arma presa na cintura. — Ela irá com Cristiano, já que são tão amigos.

Milena, depois de desempregada, de ver o pai preso e assistir a todos os outros acontecimentos na sua família, sentiu-se ainda mais carente e buscava em Comédia uma compensação. A moça, num misto de ingenuidade e amor pelo amigo do primo, não conseguia ver a indiferença com que era tratada. Não tivera atenção do jovem quando ficou desempregada e o procurou no posto, depois, quando Denis foi preso, ele nem ligou para saber como estava. E, ainda assim, a moça era fascinada por ele. Não percebia que o tinha somente quando ele queria. Comédia ligava e Milena se desmanchava, largava tudo o que estava fazendo para atendê-lo. No último encontro, nem assunto tiveram, a moça iniciava a conversa na intenção de participá-lo dos acontecimentos da sua vida, o que sentia, e o moço a beijava e logo depois a levava para um lugar mais reservado. O silêncio era a música que envolvia o casal. A noite terminava com ele a deixando no terminal para pegar o último ônibus. Deixava a moça na fila com um beijo leve nos lábios e saía sem deixar nada alinhavado, como uma ligação quando chegasse ou um encontro no dia seguinte, um passeio no fim de semana, um cinema, nada. E Milena se sujeitava a tudo isso por considerá-lo o amor da sua vida.

Milena, embora desempregada, ouvindo desaforos da avó, aguentando os olhos de cobrança do pai, tinha o carinho da mãe e supunha também estar amparada pelo amor de Comédia. Por aqueles dias não era diferente, insistia em correr atrás dele. Ligava, deixava mensagens e, depois de várias insistências, vinha uma frase seca, sem emoção, e a moça se sentia a mulher mais feliz da face da Terra por ter sido lembrada.

A jovem, depois de descobrir no posto de gasolina que Comédia não era mais funcionário do local, ficou perambulando pelas ruas movimentadas em busca de emprego. À tarde, já cansada, sem emprego em vista, resolveu visitar Margarida. Gostava da prima de segundo grau. Tinha por ela muito carinho. Logo que chegou à casa de Margarida, ouviu, assim que a porta abriu:

— Beth e Juliana estavam aqui. Saíram não faz dez minutos. Por pouco não se encontram — Margarida falava enquanto beijava e abraçava Milena. — Entra, gosto de recebê-la em casa — ficou quieta, estudando o rosto da moça e, como se sintonizasse outra pessoa, disparou: — Essa ingenuidade vai se romper logo e de forma radical. Vai se descobrir diante de uma situação difícil, a princípio não entenderá a saída. Mas a saída existe — observou a moça rindo e completou, ainda séria: — Terá que começar a ver a vida com outros olhos.

Milena riu não dando créditos à prima do pai. Margarida preparou um almoço rápido, pois, mesmo sem perguntar, percebeu que Milena não havia almoçado. A moça, agradecida, após o almoço, tratou de lavar os pratos e depois, sabendo que Margarida teria cliente em casa, anunciou sua partida. Margarida não queria deixá-la ir, mas não pôde impedi-la e, já na porta, na despedida, comentou:

— De nada vai adiantar segurá-la aqui. Depende de você cumprir a missão que se propôs a cumprir.

Milena, sorridente e também confusa, saiu pensando nas frases de Margarida, pois a considerava um enigma em alguns momentos. A moça, já esquecida da prima, presa nas lembranças do encontro com Comédia, saltou do trem à plataforma sorridente, como se fosse a mesma menina que pulava amarelinha na rua. Na rua paralela à estação, onde passava para ir para casa, Milena avistou a mãe. Era comum Milena passar os fins de tarde com Rita, vendendo trufas, e naqueles últimos dias, desempregada, também passou a assumir o negócio da mãe. Rita, ao vê-la, respondeu ao aceno da filha. Milena, depois de se esquivar das pessoas que também desembarcaram do trem em que estava, caminhou em direção à Rita. Estava feliz, só não podia imaginar o que estava por vir.

— Este aqui é o Cristiano, Beth! O modelo que me seduziu nas noites quentes do Ceará — brincou Juliana depois de cumprimentar Cristiano, que estava sorridente e paralisado com a coincidência do encontro. — Cristiano, esta é a Beth, minha cunhada, irmã...

Beth se mantinha sentada, sem ação, com os olhos presos aos de Cristiano e também hipnotizada pelo sorriso dele. Levantou-se ainda incerta do que dizer. Foi Cristiano quem iniciou, ao estender a mão, simpático, já revelando conhecê-la, e descontraiu:

— Tenho a impressão de já tê-la visto antes...

— Não me recordo. Só se em outras vidas — interrompeu Beth, que foi mais rápida e desfez a situação, num tom sério.

— Pode ser, em outras vidas. É isso — completou Cristiano, apertando a mão de Beth e depois beijando levemente o seu rosto, sem deixar de sorrir, o que fez Beth se sentir trêmula ao se sentar.

Beth fugia dos olhares de Cristiano, e Juliana, sem perceber, conduzia o almoço, a aproximação do pai da sua filha e de sua cunhada.

— O Cristiano... — Juliana interrompeu, sorrindo, o que fez os dois se olharem e perguntarem à moça o que estava se passando. Juliana, ainda com ares de riso, contou: — Desculpem-me, é que me lembrei o motivo do nome do Cristiano. Ele me contou num intervalo da sessão de fotos. Estávamos esgotados, cansados e num sol quente. Enfim, ele me contou o porquê do nome que tem.

Cristiano, sem se importar com o motivo, tomou a palavra e contou a Beth:

— Só a Ju achou tão engraçado assim. Nada de mais. Meu nome foi uma homenagem que minha mãe fez a um personagem. Ela gostava muito da novela *Selva de Pedra*, adorava Janete Clair, e então me deu o nome de Cristiano, um dos personagens da história.

— Tenho alguma lembrança. Vaga lembrança na verdade, pois era muito pequena — fez uma pausa e observou Cristiano e Juliana rirem. — Foi muito bonita. Essa novela foi em setenta e dois. Tem uns quarenta anos...

— Isso mesmo. Tenho trinta e nove. Completo quarenta anos este ano.

Houve troca de olhares que se sustentou por alguns segundos. Beth desfez a situação, dizendo que estava com vontade de fumar. Tanto que falou em sair para isso. Cristiano fez o seu comentário, ao ouvir Juliana adverti-la sobre o cigarro:

— Não me agrada beijar quem fuma. Parece que estou beijando um cinzeiro.

Juliana disparou a rir. Beth pensou em rebater, mas se conteve, engolindo a raiva que sentiu dele.

— Tem razão, Juliana. Não vou fumar. Quando fico nervosa, parece que aumenta a vontade — admitiu, mexendo na bolsa.

Nesse momento, Cristiano, que a observava, notou que ela estava sem aliança. Recordou-se do encontro que tiveram no hospital, a tristeza que sentiu ao saber que era casada. Lembrou-se também da separação recente, revelada por Juliana naquela manhã, quando o chamou para o almoço com Beth.

Fizeram os pedidos dos pratos, que não demoraram a ser servidos, e conversaram depois sobre vários outros temas. Juliana comentou sobre um show de determinada cantora, que era a preferida de Cristiano, e Beth, para contrariá-lo, embora também gostasse da cantora, tratou de irritá-lo fazendo o comparativo com uma segunda cantora. A discussão foi longa, vários argumentos, e cada um, como se estivesse num programa de auditório, defendia a sua preferência. Juliana, num certo momento, sem deixar de se divertir com a cena ao vê-los quase brigando, assistia aos dois e pensou:

"Que bom, acho que se darão bem. Minha filha precisará de um pai e de uma madrinha assim."

Cristiano pensou em revelar que já conhecia Beth de outras ocasiões, mas preferiu não falar em respeito ao silêncio dela. Considerou que o assunto não fosse conveniente naquela apresentação promovida por Juliana. A surpresa maior para ele foi constatar que Juliana era tia de Gabriel, por quem não nutria a menor simpatia e contra quem ainda juntava provas que poderiam incriminá-lo. Por tudo, Cristiano preferiu naquele momento não pensar em como usaria as provas contra Gabriel a seu favor, na questão profissional. Quanto a Beth, estava confusa com a coincidência, não entendia o sentimento que a unia a Cristiano.

Terminado o almoço, já na porta do restaurante, Cristiano seguiu com o teatro montado por Beth e se despediu com o texto de que havia sido um prazer conhecê-la, mas ainda era insistente a sensação de já tê-la visto antes. Depois, sem esperar os comentários dela, ele a beijou no rosto. O homem, sempre gentil, fez o mesmo com Juliana e seguiu para o estacionamento. As mulheres seguiram para o outro lado da rua, onde Juliana havia estacionado o seu veículo. Beth não deixou de perguntar o motivo pelo qual

Juliana não quis assumir o pai da sua filha. Juliana deixou o sorriso desaparecer naquele momento e comentou:

— Ele será o pai ideal para minha filha. Depois, não quero ninguém envolvido comigo. Não quero deixar ninguém apaixonado por mim. Eu o quero livre para amar.

Beth não compreendeu, mas não insistiu. Juliana entrou no carro já sorrindo, com outro assunto, enquanto Beth tinha o pensamento em Cristiano.

Cristiano seguiria para a imobiliária, mas preferiu mudar os planos. Entrou num shopping e depois de meia hora saiu com uma sacola na mão onde havia o CD com as músicas de que Beth gostava, da cantora que ela defendera no almoço. Em casa, deitado no sofá, ouviu repetidamente o CD e não deixou de se lembrar de Beth e dos encontros que tiveram.

No dia em que Denis saiu pelo bairro à procura de carreto para a mudança de Margarida, teve a triste surpresa de reencontrar o homem que o colocara na cadeia. Logo que o avistou, Denis correu para tirar satisfação e, muito nervoso, acabou chacoalhando o homem. O filho de Donária, ingênuo, depois de algum custo, considerou válida a explicação do homem. O sujeito aproximou-se de Denis com a mesma lábia que o convenceu a transportar as drogas para outro bairro, dizendo ser remédio para a irmã, e o enrolou mais uma vez, seduzindo-o ao informá-lo do quanto era rentável o negócio. Denis se esquivou, disse ser limpo e não admitia tratar disso, mas o homem o convenceu a fazer parte do negócio. Por fim, Denis, cego pelo véu da ambição, sujeitou-se a trabalhar para o homem. E desta vez às claras. Denis fez da sua casa um ponto, onde escondia a mercadoria no quintal, em sua garagem.

Acontece que havia lucrado com a separação de Beth, ao receber em sua conta, de uma vez, a economia de toda a vida profissional da irmã. Diante disso, procurou o homem com a intenção de desfazer o negócio recém-acordado, mas ouviu que não podia sair daquela forma, pois precisava dele por aqueles dias. Contrariado, Denis acabou cedendo, informando que só por aquela vez.

Justamente no dia da transferência do dinheiro, do trato com o tal homem, Denis se viu em apuros ao notar na rua onde morava a movimentação de policiais. Como já tinha passagem pela polícia recentemente, temeu ser descoberta no seu quintal certa quantidade de drogas. Era uma pequena quantidade, mas o bastante para engrossar sua ficha policial. Aflito com a situação e tomado por impaciência, Denis foi até o portão com o intuito de se encontrar com o homem, chefe do negócio ilícito, mas resolveu não procurá-lo, pois sentia que ele já havia desaparecido como da primeira vez. Pensou em levar a droga do seu quintal, mas sentia-se sob a mira dos olhares dos policiais. Então, em lágrimas, contou tudo para Donária, em segredo, no quintal, longe de Rita, que arrumava sua cesta de trufas para vender na estação. A velha, assustada, recebeu a notícia como se o filho estivesse contando um fato comum de uma criança que quebra o vidro da vizinha.

Ao assistir ao desespero do filho, Donária, depois de pensar, pediu que ele dissesse onde estava a droga. O homem, mais do que rápido, indicou para a mãe o esconderijo. Rapidamente, Donária saiu chacoalhando seus brincos até o local e apanhou o pacote como se estivesse pegando uma bola dos moleques da rua. Não havia medo em seu rosto, somente a preocupação em proteger o filho. Denis prendia a respiração ao ver a movimentação de policiais na rua e a mãe com o pacote de drogas nas mãos entrando no interior da casa. Ele correu para alcançar a velha. Lá assistiu a algo que não imaginava: Donária, friamente, aproveitando-se que Rita estava no banheiro se arrumando, escondeu o pacote pequeno de drogas na cesta de trufas da nora. Depois ligou a televisão e se divertiu com o programa de auditório que passava naquela tarde. Sem dar importância às consequências, Donária despediu-se da nora ao vê-la sair de casa para vender as trufas na estação do trem.

— Mãe, será que vai dar certo? — perguntou Denis ao ver a esposa tomar distância. Ele tinha a camisa aberta e demonstrava o suor escorrendo.

— Denis, você pode impedir. Não deixe isso acontecer — pedia o espírito de Estevam, aflito, perambulando pela casa. Depois concluiu: — Ninguém me ouve nesta casa!

— Pobre Rita — debochou Donária rindo, depois completou friamente: — Antes ela do que você, meu filho. Depois, é primária e, se ela tiver sorte, ninguém vai descobrir. Você foi preso recentemente e, se resolverem vasculhar a nossa casa, não encontrarão nada. Agora sente aqui, meu querido, vamos assistir à televisão comigo. O programa hoje está dos melhores...

Rita, como todos os dias naquele horário, saiu levando com ela a cesta com suas trufas. Simpática, sem vaidade, parecendo mais velha que o registro de identidade acusava, percorreu a rua cumprimentando vizinhos, oferecendo seus doces, sorrindo diante das recusas, mas feliz e agradecida a Deus pelo dom culinário. Passou pelos policiais, dois deles trocaram olhares, outro deu ordem para segui-la. E assim foram dois policiais, a distância, sem que Rita percebesse, seguindo-a até a estação de trem. Os dois policiais encostaram-se em um bar e ficaram observando a movimentação da rua, principalmente onde Rita se instalara para vender seus doces. Observaram a mulher negociar os doces. De repente, a via foi tomada por várias pessoas, em razão da chegada do trem, do movimento de pessoas no horário de pico. Os policiais, então, devido à distância que estavam e à pouca claridade que se formava naquela ocasião, perderam Rita de vista.

— Minha filha, ainda bem que chegou. Pode ficar para mim um pouco? Preciso conversar com o padre... — Rita pediu ao ver Milena se aproximar entre os vários passageiros do trem que chegara naquele momento.

— Vai, mãe. Pode ir. Eu fico aqui sem problema.

Milena beijou a mãe carinhosamente e a viu sair correndo em direção à igreja. A moça sentia-se feliz, sem saber o motivo. De acordo com os seus pensamentos, a razão era o amor que tinha por Comédia. Ficou ali, arrumando as trufas, sorrindo ao se lembrar da recente visita que fizera a Margarida. Naquele instante, enquanto dobrava um pano de prato pintado à mão por Rita, Milena foi surpreendida por dois policiais. Eles pediram trufas.

Os homens, uniformizados, aproximaram-se em dúvida, pois confundiram Rita com Milena, já que acompanharam Rita pelas costas, mas com a movimentação da rua perderam a esposa de Denis de vista e não estranharam em ver Milena no lugar dela.

A moça, receosa por não tê-los visto chegar, destampou a cesta e deixou à mostra os doces. Um dos policiais, rapidamente, começou a mexer na cesta. Foi tudo rápido. Milena achou que ele estivesse escolhendo, e já estava pronta para adverti-lo para não fazer daquela forma, pois estava bagunçando a organização dos pacotinhos feitos pela mãe, quando o policial suspendeu um pacote que estava no fundo da cesta, enrolado num papel-alumínio de tamanho desproporcional aos outros e mostrou para o outro que, depois de examinar, disparou para Milena:

— A mocinha se deu mal. Está presa. Terá que nos acompanhar.

Milena entrou em pânico. Viu o homem algemá-la, a cesta com as trufas da sua mãe cair no chão, o vento contribuir para levar o pano de prato para mais longe. O outro policial pegou o rádio e se comunicou com outros policiais:

— A droga saía daquela casa e é negociada na estação de trem. Denúncia autêntica. Acabamos de prender a moça.

O homem, suposto amigo de Denis, foi o autor da denúncia. E o sujeito fez isso por bronca de Denis, que manifestou a vontade de sair do negócio.

Capítulo 27

Beth sentiu-se agradecida por Juliana ter insistido no almoço. No caminho de volta para casa de Margarida, no carro, ao lado de Juliana, Beth se pegou rindo ao se lembrar de Cristiano, depois tratou de criticá-lo, porém Juliana não aceitou e o defendeu com vários argumentos favoráveis ao homem. Beth pensou em contar o que Cristiano vinha causando na vida de Gabriel, incentivando a modelo a depor contra ele, mas considerou melhor não dizer nada. Sentiu necessidade de proteger Cristiano daquela exposição. Beth atribuiu aquela decisão ao carinho que tinha por Juliana, que estava grávida dele, porque não admitia o sentimento que vinha se fortalecendo desde a primeira vez que o vira.

No caminho, Beth chamou a atenção para um casarão instalado numa determinada rua. Juliana observou o lugar e tratou de contar o que sabia. Lá era um local de apoio à recuperação de viciados em drogas e álcool e comentou algo que fez Beth refletir:

— Cunhada, há palestras interessantes para quem pretende deixar o cigarro também. É bom pensar nisso — fez uma pausa para analisar o rosto de Beth, certa de que não gostaria da ideia, mas, para sua surpresa, a mulher nada replicou, apenas elogiou o lugar, com ares de lembranças, como se já tivesse ido àquele lugar antes. Então Juliana continuou a relatar o que sabia do lugar. Um casarão branco com detalhes azuis e muito verde em volta.

— Já vim aqui, trabalhei como voluntária. Faz tempo, o casarão é antigo, mas bem preservado. Pelo que soube da história, foi herança de dois irmãos que não souberam administrar o imóvel e acabou sendo leiloado...

Quinze minutos depois, Juliana encostou o carro no meio-fio e Beth saltou sorridente, leve, sentindo-se renovada, ainda que preocupada com tantos problemas. Agradeceu Juliana, que não desceu em razão de outros compromissos. Beth tomou o elevador e, ao entrar no apartamento, deparou-se com Alessandra. Abraçou carinhosamente a filha. Margarida percebeu hostilidade nas primeiras palavras de Alessandra, por isso preferiu se afastar e deixá-las conversar a sós, mas não poupou seus ouvidos de apreciar o diálogo entre mãe e filha.

— Liguei para a casa da vovó e a tia Rita atendeu. Disse que estava preparando as trufas dela e me contou que você estava aqui.

— Filha, você não sabe o que tenho vivido nesses últimos dias — lamentou Beth, aproximando-se de Alessandra, que não se abalou.

— Quem sabe agora aprende.

— Como assim?

— Mãe, a vovó praticamente a colocou para fora. Como pode? A tia Rita me contou o que fez.

— Sua avó não tinha como ficar comigo lá. Tem o sono leve, depois, dormir na sala... o melhor foi vir para cá, com a Margarida, que me chamou.

— Impressionante. Desde quando eu me entendo por gente, eu vejo você tirar a roupa do corpo para vesti-los. E, quando precisa, olha a recompensa. Se tivesse se importado mais com você...

— Seu sangue, Alessandra. Como ignorá-los? — pensou em contar sobre o dinheiro que depositara na conta do irmão, mas preferiu não esquentar a conversa, pois tinha por certo a revolta da filha. Depois, convicta de que tinha o apoio da família, completou: — É obrigação ajudar. Se pudessem, também...

— Não concordo — deu uma pausa e, na sequência, fez uma revelação que decepcionou Beth: — Lembra-se de quando ligou para chamar o Luciano para defender o tio Denis? Eu ouvi a mensagem e não contei para o meu marido. Não achei justo incomodá-lo com os problemas dos outros. Um absurdo! Se o Gabriel não tivesse ido para casa, se eu tivesse apagado a mensagem... — parou e continuou sem dar importância ao sofrimento da mãe ao ouvir tudo aquilo: — Viu o que ganhou em chorar, lamentar-se por eles?

— Você fez isso? — fez silêncio, tentou assimilar o que ouvira, depois confessou: — Eu nunca fiz com a preocupação de que seria mais tarde recompensada, ressarcida...

— Exploradores! Eu não vim para isso. Vim saber se precisa de dinheiro. O Luciano está viajando, mas pediu para eu vir vê-la, saber como está... — Alessandra lembrou-se de Vânia criticando sua frieza em relação a Beth.

— O Luciano pediu? — Beth sentiu uma tristeza em saber que a ideia da visita não partira dela, e sim do genro. — Não, minha querida, estou bem — finalizou sentindo as lágrimas nos olhos.

Alessandra conversou mais alguns minutos, falaram sobre Edson e Gabriel. Uma nova discussão aconteceu, foi intensa. Alessandra acusou a mãe de defensora de Gabriel, de fazer vistas grossas às armações do jovem. A moça revelou ainda ter conversado com Edson, e que faria o mesmo, se separaria naquela situação. Beth ficou chocada. Margarida apareceu na sala e serviu algo, para abrandar a situação. Alessandra tomou um gole do chá, depois, com um abraço frio e um beijo gelado, despediu-se da mãe e de Margarida, e partiu. Logo que fechou a porta, Beth desabou a chorar. Margarida foi ampará-la, mas não deixou de falar o que pensava, diante dos lamentos da prima.

— Beth, ela tem razão em algumas partes. Fez demais, doou muito de você...

— Minha mãe, meu irmão, minha sobrinha...

— Não pode se sentir responsável pela vida dos outros. Quando assume os problemas deles, você deixa de viver a sua vida. Sei que tem vontade de resolver, amenizar o sofrimento deles, mas não deve se fazer de escudo para defendê-los. Seria uma penitência se machucar para ver o outro sorrir, não acha? Cada um tem a sua missão, que inclui seus amores, suas dores, conquistas, alegrias, e tudo isso é importante para o desenvolvimento de cada um. É um erro querer viver por eles.

— Pelo que diz, não posso ajudar minha família...

— Pode, sim, ouvindo, sabendo o momento certo de ajudar, aprendendo a dizer não, a questionar se realmente aquilo não é importante para o crescimento pessoal e espiritual daquela pessoa ao passar por tal situação. Quer um exemplo? Questão financeira: essa pessoa pode ter problemas para saber administrar o que ganha, e cabe a ela fazer isso. Pode ajudá-la orientando, não cobrindo a dívida, repondo um bem material que foi roubado, ou mesmo dando ao outro o que lhe pede.

As duas ficaram conversando algum tempo e estavam tão entretidas que não ouviram o celular tocar. Somente no dia seguinte, Margarida viu uma ligação perdida de Donária e, ao ligar para a tia, descobriu o que tinha acontecido. Margarida esperou Beth acordar e lhe contou o fato. Beth se desesperou, e a prima logo a fez lembrar-se da conversa que tiveram na noite anterior, por isso foi mais contida em ajudar a sobrinha.

Beth ligou para Luciano depois de se inteirar do acontecido com Rita. O genro de Beth não atendeu a sua ligação. Então ligou na empresa, Edson atendeu e, ao perceber sua voz triste, perguntou se havia algum problema. Beth lembrou-se da separação, do filho pelo mundo, do desprezo da filha, de morar de favor na casa da prima, da sobrinha presa, e respondeu:

— Não, nenhum — e desligou.

Beth, ao encerrar a ligação, lembrou-se de Alessandra dizendo que Luciano estava viajando. Depois de relutar, Beth ligou para a casa da filha e Vânia atendeu. A mulher se mostrou simpática e solidária a Beth pela situação. Explicou que a nora havia saído, que Luciano estava trabalhando noutro Estado, com previsão de retorno dali a dois dias, e estava incomunicável.

Beth ficou triste, pois queria do genro pelo menos a indicação de um advogado para ajudar Milena. Lembrou-se do dinheiro que havia transferido para o irmão. Saiu com Margarida em direção à casa de Donária.

As mulheres, quando chegaram à casa de Donária, encontraram dois homens estranhos carregando blocos, cimento, ferros, areia da calçada para o quintal. Beth logo, no cumprimento ao irmão, perguntou o que estava acontecendo. Denis, nitidamente despreocupado com Milena, respondeu que estava reformando a garagem, pois montaria um bar no local. Completou ainda que a ideia fora de Donária.

— É verdade. Meu filho ficou arrasado com essa situação, então eu o incentivei a ocupar a mente. Minha filha, você conhece o seu irmão, sabe como ele é frágil...

— Com que dinheiro, tia? — perguntou Margarida curiosa ao ouvir a tia.

— O que a Beth deu a ele.

— Eu não dei o dinheiro para ele...

— Empréstimo, mana — interrompeu Denis ao se aproximar das mulheres. — Vai ser um lucro...

— Suspende tudo isso, Denis. O dinheiro é meu e vou precisar dele para tirar sua filha da cadeia.

— Já está comprometido. E o Luciano, cadê ele? — perguntou Denis. — Pode fazer isso de graça pra gente.

Beth não acreditou na frieza do irmão. Teve vontade de esmurrá-lo. Pensou que a Alessandra estava certa. Deixou Margarida brigando com Denis e Donária e foi ao encontro de Rita, que estava no interior da casa, mexendo com os seus doces. Ao vê-la, Rita correu para abraçar a cunhada. Rita era a única que sofria com o acontecido. Beth pediu para se arrumar, pois iriam para a delegacia. Donária mentiu ao dizer que queria ver a neta, mas preferia ficar cuidando do filho. Margarida, por pouco, não jogou a tia com o seu cinismo e tudo mais na massa de concreto que os pedreiros preparavam no quintal.

No dia anterior.

Milena sentiu-se num filme mudo quando tudo acontecia, pois não conseguia ouvir ninguém. Tinha lembranças vagas, imagens misturadas, as algemas machucando seus pulsos, sua mãe chorando, o policial gritando, o carro saindo em alta velocidade, lágrimas nos olhos ao ver a movimentação da rua, pessoas alegres bebendo com os amigos na calçada, casais de namorados abraçados trocando beijos, pessoas com suas bolsas, sacolas, falando ao celular... E ela ali, indo para uma delegacia, acusada de algo do qual era inocente.

Depois de ouvida, a moça foi levada para a cela. Rita chegou à delegacia com Denis, mas não puderam fazer muita coisa. Voltaram para casa arrasados. Donária, em silêncio, lamentou o fato de ter colocado a neta naquela situação, tentou falar com Beth e Margarida, em busca de ajuda, mas não obteve êxito. Denis, com remorso, comentou com a mãe a situação, o quanto se sentia mal, mas Donária tratou logo de tirar a culpa do filho e deu a ideia de construir um bar no quintal, para ocupá-lo. Garantiu ao homem que no dia seguinte Beth, como sempre, resolveria o problema.

No dia posterior, quando as três mulheres chegaram à delegacia, sentiram-se perdidas, sem informação, sem o apoio de um advogado. Margarida conseguiu, depois de muita insistência, cinco minutos de conversa com Milena, já que não era horário de visita. O que surpreendeu as mulheres foi o fato de Milena estar no ambulatório. A enfermeira, com cara de poucos amigos, relatou numa frase curta o acontecido, como se o assunto fosse habitual no local:

— Ela está aqui porque perdeu o filho. — A enfermeira ouviu o espanto das três e não deu importância, tanto que continuou: — Volta para a cela ainda hoje, a menos que um advogado consiga um jeito de tirá-la daqui logo...

O encontro foi emocionado, com lágrimas, silêncio e promessas. Milena revelou-se inocente. Versão que foi aceita pelas visitantes. Beth, antes de sair, prometeu à sobrinha que iria tirá-la dali, não tão rápido como desejava, mas conseguiria. Disse isso já pensando que a solução seria esperar Luciano, pois Denis não queria abrir mão do dinheiro. A tristeza de Milena também estava no fato de ter perdido o filho que esperava e não sabia. Pediu para falar com Comédia, pois considerava que o pai tinha o direito de saber.

— Vai dizer assim, que está presa e perdeu o filho?

— Sim, Margarida, vou revelar tudo, como aconteceu. Eu sou inocente, vítima de uma cilada.

Milena, logo depois que as mulheres saíram, conseguiu o direito à ligação, na presença de duas policiais e com a recomendação de cinco minutos de conversa. No entanto, a moça não tivera sorte no contato, caiu na caixa postal.

Naquele momento, Comédia viu o celular tocar, era Milena, mas não quis atender, pois estava na agência, entrando numa reunião que mudaria de vez a sua vida. No meio da reunião, ouviu a proposta que não teve como recusar:

— Você viaja amanhã... Tenho um negócio interessante para você. Fotos com a Mari Fidélis. Já vai começar com o pé direito — informou Juliana. — O que acha? Tem algum problema em deixar a cidade hoje? Namorada? Quero que chegue lá antes...

— Nenhum problema. Sou livre. Pode contar comigo — respondeu Comédia.

Gabriel não conseguiu contato com a mãe quando, no banco, descobriu que o dinheiro depositado por ela já estava se esgotando. Queria o valor para viajar com Mariana e, nos seus planos, faria isso depois de tirar Cristiano do seu caminho. Desistiu de procurar a mãe, pois soubera, através de Donária, numa ligação rápida, que Beth estava sem dinheiro, vivendo de favor na casa de Margarida, e naquele momento estava na delegacia em razão da prisão de Milena. O rapaz recebeu a notícia sem demonstrar nenhum sentimento. Então resolveu procurar o pai e exigir dele dinheiro para desaparecer. Gabriel não viu outra saída e fez vigia na portaria da empresa Fidélis, até a hora que viu o pai sair num carro, acompanhado por Lia. O rapaz não pensou duas vezes, apanhou um táxi e seguiu o carro do pai.

Foi o tempo de Edson tirar o paletó, afrouxar a gravata, e a campainha tocou. Lia estava no banho e Edson foi atender. Ao abrir a porta, ficou sem ação ao ver o filho, sorrindo. Gabriel foi entrando no apartamento, com as mãos no bolso da jaqueta que usava, olhando todo o espaço, e logo comentou:

— Aqui é o seu refúgio? Onde fica com sua amante?

Edson ficou irritado. A discussão foi inevitável. Os dois alegavam ter razões para defender seus interesses. Os ânimos esfriaram e Gabriel pediu dinheiro ao pai. Prometeu que, se desse o valor pedido, desapareceria, que o pai nunca mais o veria. Edson ficou por um tempo em silêncio, observando o filho. Sentiu vontade de abraçá-lo, de se dispor a recuperá-lo daquela ira que o envolvia, mas foi surpreendido pela agressividade de Gabriel. O jovem, por vezes, durante o diálogo tenso, alisou com a mão no bolso da jaqueta a arma que trazia na cintura. O rapaz sentiu-se tentado a usá-la. Edson aproximou-se do filho, com uma voz suave, dizendo que precisava de auxílio, que poderia ajudá-lo, bastava permitir. Então Gabriel explodiu, empurrou o pai, que caiu sobre um aparador. Sobre o móvel havia dois copos, um deles quebrou com o impacto e os cacos de vidro machucaram a mão de Edson.

Gabriel assistiu ao pai tentando se refazer, olhou a mão dele sangrando, sem nada fazer, a não ser continuar com a exigência da quantia em dinheiro de que precisava. Não hesitou em apontar a arma para o pai. Agitado, começando a temer as consequências do seu ato, Gabriel olhou mais uma vez pela sala. Nitidamente perturbado, apanhou a chave do carro e saiu, sem dizer mais nada.

Ao ouvir a batida da porta e o silêncio que se instalou no ambiente, Lia, que no outro cômodo ouvia toda a discussão, saiu. A mulher estava assustada e chegou a comentar que não reconheceu Gabriel, pois aquele ser agressivo era totalmente diferente do rapaz gentil e amoroso que conhecera no restaurante durante o almoço com Mariana.

— Pega o telefone para mim, Lia — pediu Edson, tentando se recompor, e ignorando os comentários dela, enquanto estancava o sangue da mão com a gravata.

— O que pretende fazer?

— Vou entregá-lo à polícia. Eu já deveria ter feito isso antes. Ele não tem limites. Preciso fazer isso para impedir algo pior — Edson nem ouviu os pedidos de Lia para pensar mais um pouco, para não agir por impulso, na raiva. O homem discou o número da polícia e denunciou o filho.

No dia seguinte, Juliana resolveu procurar o irmão. A situação de Beth, sem o apartamento, além da separação, foi algo que não conseguiu digerir bem. Não fez comentários quando soube da exigência de Edson em desocupar o apartamento em um ano, mas depois de refletir, resolveu interferir no assunto. Depois de pegar uma carona com Cristiano, Juliana se instalou na recepção da Fidélis e pediu para falar com o irmão. Em questão de minutos, Juliana pôde ver Edson vindo em sua direção. Não se viam havia alguns anos, mas Juliana ficou pasmada ao ver a aparência abatida do irmão. O curativo numa das mãos também foi observado pela jovem. Ela também não deixou de reparar na sua elegância habitual em se vestir e andar.

Edson, assim que a avistou e a viu grávida, fechou a cara. Procurou, ao vê-la de perto, ser indiferente à sua gravidez. Ele pensou que não estava numa boa fase, pois estava muito chateado com o episódio vivido com o filho no dia anterior, e agora já sabia, a exemplo dos últimos contatos, que não teria uma boa conversa com a irmã. Ele estava certo em seus pensamentos. Foi um encontro pesado, ressentido, em que o passado ainda era presente na vida de cada um. Juliana exigiu que o irmão desse o apartamento para Beth, e esse pedido o fez rir. A moça, convicta do pedido, relembrou que a mãe, antes de falecer, quando fez a partilha dos bens, pediu que não desamparasse Beth. Tal lembrança fez Edson refletir, mas não cedeu, e logo rebateu que ela fizera dos bens que lhe couberam o que quis e não permitia a sua interferência na sua vida.

— Pegou sua parte e disparou pelo mundo, gastando...

— Estudando. Como acha que tenho o que tenho hoje? Foi com o meu esforço, estudei e alcancei a posição em que eu queria estar — pausou, respirou fundo, recuperando a emoção, e prosseguiu: — Como eu gostaria de ter me dado bem com você!... Sonhava com o meu irmão me buscando na escola. Quando me formei, eu sonhei com você sendo o meu padrinho. Não havia nenhum parente na minha formatura. Quando terminou o evento, eu fui sozinha para casa e comemorei com os meus gatos e um bolo de fubá que comprei na padaria. Você nunca vai me perdoar por ter nascido, não, Edson?

— Você é a prova do erro que minha mãe cometeu...

— Quanto mais velho, mais turrão. Nossa mãe, porque era nossa, não só sua, como você gostava de frisar, era viúva quando se envolveu com o meu pai. Abdicou desse amor, de constituir a vida dela, ter uma família, para não perder o seu amor. Ela me criou sozinha. E como você foi cruel, egoísta...

— E parece que você seguiu os passos dela — ironizou, olhando para a barriga da irmã.

E mais uma vez a discussão foi elevada. Diziam coisas um para o outro sem a preocupação de se machucarem, como o que estava acontecendo. Em meio a essa briga, Juliana começou a sentir tontura, a boca seca e a visão turva. Edson pensou ser alguma armação da irmã, mas, ao vê-la buscar apoio em seus braços, sentiu-se emocionado, principalmente ao ouvi-la pedir ajuda, que a levasse ao hospital e, antes de desmaiar, informou com dificuldade qual hospital.

Edson a pegou no colo e, depois de colocá-la no carro, com a ajuda de seguranças, disparou para o hospital.

O homem ficou na recepção, impaciente, como um pai que aguarda ansioso pelo nascimento de um filho. O médico que acompanhava os problemas de saúde de Juliana apareceu com uma cara nada boa e avisou, ao identificar Edson como da família:

— O quadro é muito delicado. Tem alguma crença? — antes de ouvir a resposta, ao ver o rosto assustado do homem à sua frente, o médico completou: — Então comece a rogar pela vida da sua irmã.

Uma hora antes.

Era o rodízio municipal de veículos de São Paulo e Juliana pediu carona para Cristiano, que a deixou logo cedo na porta da Fidélis, empresa onde Edson trabalhava. O homem ficou preocupado em atender ao pedido da moça, pois percebera nela uma seriedade que desconhecia naqueles poucos meses que a conhecia.

— Não se preocupe, meu modelo favorito. Vai dar tudo certo — garantiu Juliana ao beijá-lo no rosto e saltar do carro, ajustando os óculos escuros no rosto miúdo.

Cristiano ainda ficou um tempo olhando a moça se distanciar. Gostava dela, mas era um sentimento não de amor entre homem e mulher, era fraternal. Sentia-se privilegiado por tê-la como mãe da sua filha, como ela mesma dizia, antes dos exames, influenciada pelas alusões de Margarida.

Depois do último encontro com Beth, Cristiano ficou muito reflexivo. Chegou a rever as provas que tinha em seu poder contra Gabriel. Pensou no que lhe renderia aquilo tudo quando Mariana Fidélis resolvesse denunciá-lo publicamente. Chegava a imaginar os vários meios de comunicação, que se alimentavam dessas matérias para sobreviverem, disputando o material que havia juntado. Seria a realização do seu sonho.

Esses pensamentos eram recorrentes, e não estava sendo diferente naquela manhã, depois de deixar Juliana na Fidélis e seguir seu rumo a caminho da imobiliária. Faltava pouco para chegar ao seu destino quando começou a ouvir um som diferente dentro do carro que logo cessou, e recomeçou poucos minutos depois. Percebeu que era o celular de Juliana jogado no banco ao lado. Cristiano riu. Quando o som recomeçou, Cristiano, mesmo com o carro em movimento, aproveitou a redução dos veículos à sua frente e abaixou-se para pegar o aparelho. Só não se deu conta do cruzamento, do caminhão em alta velocidade em sua direção, do farol fechado para o seu veículo...

Capítulo 28

Gabriel estava agitado quando apanhou Mariana. A moça o questionou sobre o veículo e ouviu dele a mentira de que o pai o havia presenteado. Não lhe contou a verdade, que havia pegado o carro sem autorização. O jovem estava certo de viajar com a modelo, pensava em acertar as contas com Cristiano antes, mas, devido às últimas circunstâncias, em que discutira com o pai, resolveu mudar seus planos, pois temia que Edson fosse à sua procura. Gabriel se decepcionou ao saber que Mariana estava indecisa quanto à viagem que programava para os dois. O rapaz pensou em explodir, agredi-la novamente, mas se conteve, reverteu seu ódio numa forma amena e, com sua habitual lábia, foi aos poucos convencendo-a da viagem.

A pedido de Mariana, Gabriel entrou num shopping que havia no caminho. Ele consultava o relógio, preocupado, ansioso, pois naquele instante batia nele o receio de o pai ter dado parte à polícia pela falta do carro, já que estava havia muito tempo de posse do automóvel. Por outro lado, o jovem pensava que Edson não seria capaz. Enfim, foi nessa dúvida que o rapaz apressou Mariana a se decidir com a viagem.

— Meu amor, tenho compromisso profissional. Meu contrato... — Mariana pensou em relatar sua última falta, em razão do machucado no rosto, mas preferiu não voltar ao assunto.

— Uma semana longe daqui. É o que lhe peço para a gente ficar mais tranquilo e para convencê-la do meu amor por você — Gabriel fez uma pausa e fixou o olhar nos olhos da modelo, pôde ver o quanto a moça estava confusa e apaixonada.

Mariana foi ao banheiro com as palavras envolventes de Gabriel na cabeça. No pilar, antes de pegar o corredor do banheiro, a moça virou-se em direção à mesa em que estava e acenou para Gabriel. O rapaz estava aflito, já certo de que a levaria com ele para fora da cidade. Estava disposto a isso, mesmo que fosse a última coisa a ser feita.

Depois que Mariana retocou a maquiagem, pegou o celular para ligar para a agência. Estava certa de comunicar sua ausência na nova campanha da agência para seguir os passos de Gabriel. No momento em que pegou o celular, com o sorriso no rosto de estar fazendo a escolha certa, o aparelho tocou. Era Lia. A prima da modelo estava agitada, apressada, o que era possível sentir em sua voz quando disparou, logo que soube que Mariana estava no shopping com Gabriel:

— Saia já daí. Ouve bem o que tenho para lhe dizer. Lembra-se de quando fui assaltada, que levaram minhas joias? Então...

— Lia, o que tem isso agora? Por que tenho que sair daqui? Não estou...

— Foi o Gabriel quem me assaltou naquela noite. Ele é perigoso, já nos mostrou do que é capaz. Agrediu você, que eu sei, não sou burra, juntei tudo, tudo, minha prima, e ficou tão claro quanto água. Agora tenha amor à sua vida e fuja desse moço — Lia fez uma pausa e perguntou pela prima, que permaneceu muda por alguns segundos. — Minha querida, faça o que estou dizendo, saia daí agora.

Mariana desligou o aparelho e o jogou dentro da bolsa. Caminhou até a porta e uma mulher entrou no banheiro na mesma hora, o que permitiu à modelo ver Gabriel próximo da porta. A moça retornou para o interior do banheiro e sentiu um medo que não conseguiria descrever. O único pensamento que veio à sua cabeça era como sairia dali.

Lia desligou o telefone aliviada. Estava em seu apartamento e, depois da denúncia, deixou o corpo cair sobre o sofá. Desde o dia em que descobrira no almoço com a prima que Gabriel era o culpado pela armação de que fora vítima, e depois de vê-lo ameaçando Edson em sua casa, Lia colocou na balança até que ponto o seu amor por Edson poderia silenciar o que sabia sobre Gabriel. Lia amava a prima e não lhe desejava o mal, por isso, tomada de coragem, com o risco de perder Edson, resolveu contar o que sabia para a prima, mesmo sabendo as consequências da sua revelação.

No banheiro do shopping, Mariana não teve alternativa, acatou a primeira ideia que lhe passou na cabeça. Estudou a única mulher que tinha no banheiro e propôs a ela entreter Gabriel. A mulher considerou tudo um absurdo; primeiro agarrou a bolsa pensando ser um assalto, porém depois de medir Mariana, bem-vestida, com um perfume suave, mas perceptível dentro de um banheiro público, a mulher relaxou e com um riso nervoso perguntou se estava participando de algum programa de televisão, olhando para as paredes do local. Mariana apanhou na carteira algumas notas e apresentou-as aos olhos ambiciosos e que havia muito tempo não viam aquela quantia. A mulher aceitou e, depois da orientação de Mariana, saiu do banheiro e caminhou em direção de Gabriel. Mariana via tudo pela fresta da porta do banheiro. Ao ver a moça se afastar com Gabriel, Mariana saiu a passos largos, cabeça baixa, ajustando os óculos escuros no rosto. Ganhou as escadas e saiu apressada. Sentia-se num labirinto, era indiferente às vozes à sua volta, às vitrines ou o que mais antes lhe chamava a atenção. Parou diante da porta de vidro e, à espera de que abrisse, sentiu uma mão sobre o seu braço. Tal gesto fez o seu coração acelerar. Olhou rapidamente, pronta para correr. Era uma senhora pedindo informação de uma rua. Por conhecer a região, a modelo, em meio à tensão, foi prestativa. Em agradecimento, a mulher sorriu a acenou a cabeça como se a conhecesse, pronunciando antes de desaparecer:

— Obrigada, minha filha. Que Deus esteja sempre presente no seu coração!

Mariana sorriu e logo apanhou o primeiro táxi que tinha encostado próximo à guia. A moça, ainda com a lembrança da voz suave que acabara de ouvir, olhou através do vidro do carro na intenção de ver a senhora mais uma vez, mas não foi possível.

O espírito de Rosa sorriu tomado por uma forte emoção ao ver a filha salva, partindo dentro do táxi. Grata pela oportunidade de ver a filha que tivera na última encarnação, Rosa desapareceu.

Dentro do carro, depois de dobrar a esquina do shopping, Mariana deu ao motorista o endereço da agência, depois apanhou o celular e ligou para Cristiano. Caiu caixa postal e a moça deixou um recado:

— Cristiano? Meu amigo, vou seguir os seus conselhos. Estou indo para a delegacia. Vou dar sequência ao processo com mais uma agravante: ele assaltou minha prima noutra ocasião. Depois lhe conto os detalhes. Me liga assim que puder — Mariana virou-se para o motorista do táxi e mudou o endereço, pediu-lhe que a levasse à delegacia. Depois de dar o endereço, a moça jogou a cabeça para trás, no encosto no banco, e sentiu o suor escorrer pela nuca. Com as mãos, a moça levou os cabelos para o alto da cabeça e os prendeu com o auxílio de uma caneta que tinha na bolsa.

Depois de ajudar a mulher, Gabriel voltou para a porta do banheiro e, estranhando a demora, pediu a uma funcionária que fosse chamar Mariana, pois estava preocupado. A moça voltou e relatou que não havia ninguém no local. Gabriel ficou nervoso, percorreu o shopping todo e nada da moça. Ligou diversas vezes para o telefone dela, mas sem resposta. Então Gabriel apanhou o carro no estacionamento e saiu em disparada, pensando num meio de encontrar Mariana.

O jovem estava tão transtornado, com a ideia fixa de que a solução era fugir acompanhado de Mariana, que não se preocupou com farol, com faixa de pedestres, nada. No entanto, ao passar em alta velocidade por uma viatura de polícia que estava parada numa avenida tranquila, começou a perseguição. O policial que estava no banco do carona fez contato com a delegacia e não demorou a descobrir que o carro que perseguia tinha queixa de roubo. Gabriel, muito nervoso, num determinado momento, ao perceber a aproximação do carro que o seguia, iniciou os disparos com a arma de fogo. Os policiais não deixaram de revidar.

Por um bom tempo Alessandra vinha se sentindo indisposta, com dores pelo corpo que atribuía aos últimos acontecimentos, como a presença constante da sogra em sua casa e na sua vida de casada, os problemas da família que, de certa forma, mesmo sem querer, afetavam a sua rotina. Vários eram os pensamentos que passavam pela cabeça da jovem, no entanto não imaginava o quanto a presença do espírito de Rafael influenciava seus pensamentos e era responsável por toda a transformação que vinha ocorrendo em seu comportamento.

Logo depois do encontro com Beth, Alessandra chegou exausta e não foi diferente pelas horas que se seguiram. Durante uma refeição que fazia com Vânia, Alessandra confessou a falta que sentia de Luciano, que viajava fora do Estado, e tal comentário deixou a sogra feliz. Vânia não sustentou essa felicidade ao ouvir a nora reclamar da família, da posição passiva da mãe, da impulsividade de Gabriel em querer as coisas do seu jeito, da exploração da avó e do tio, por fim, de tudo o que a incomodava. Vânia era centrada e também muito sensitiva, percebia algo errado com a moça e tinha a convicção de que havia ali a interferência de algum espírito. Vinha dia após dia considerando essa possibilidade, a começar pela rejeição da moça em ter filhos e pelo tratamento hostil à mãe. Vânia pensou em comentar com a nora, mas já a conhecia o bastante para não querer ouvir da moça os mais variados absurdos. Por isso, do seu jeito, calma e com voz firme, Vânia a aconselhou da melhor forma que pôde e, para sua surpresa, obteve da moça o silêncio. Vânia, diante dessa reação, que interpretou como momento de reflexão, resolveu sair e deixá-la sozinha. Apanhou a bolsa e comunicou sua ida ao mercado. A moça, presa em seus pensamentos, nada respondeu, ficou ali, sentada, com os braços sobre a mesa.

Alessandra sentia-se pressionada e não sabia o que era, ouvia alguém chamando seu nome, de forma carinhosa. Então se levantou e foi, lentamente, conduzida pela voz. Era como se estivesse hipnotizada, como se alguém a conduzisse. A jovem abriu a porta e no hall se colocou em frente ao elevador. A voz tornou-se mais nítida, conhecida. Alessandra sentiu as lágrimas rolarem pelo rosto. Quanto ao que ouvia, era só o seu nome, numa voz que, embora fosse conhecida, ela não conseguia decifrar. A moça chegou próximo do elevador, cuja porta de proteção estava destravada, ao puxá-la, percebeu o ar quente subir pelo corpo e se viu diante do escuro e assustador vão do elevador. Os pés de Alessandra estavam bem na porta do elevador quando soltou um dos braços, só uma das mãos dava equilíbrio ao seu corpo. Ficou alguns segundos ali, com o corpo oscilando entre o vão do elevador e o piso do hall. A voz tornou-se ainda mais forte ao chamá-la:

— Vem, Ale. Estou aqui. O seu lugar é ao meu lado. Só mais um passo e estará comigo para sempre...

Alessandra soltou lentamente os dedos que a mantinham presa, segura à sua vida. Cativada pelas palavras do espírito de Rafael, Alessandra levantou a perna esquerda, como se fosse dar um passo à frente, e a voz de Rafael tornou-se para ela, naquele momento, reconhecível.

Capítulo 29

Beth se despediu de Margarida animada, incentivada pelas palavras de conforto da prima perante a vida, ainda que lamentando por Milena estar presa, sem advogado ou dinheiro para auxiliá-la. Beth saiu com esse pensamento, mas procurando viver sua vida, com a intenção de deixar de fumar. Por esse motivo foi até o casarão que tanto lhe chamou a atenção quando voltava do almoço com Juliana.

Sozinha, Margarida se deitou no sofá e começou a ler. Não demorou a adormecer e se encontrar com Rosa, que a recebeu com o carinho habitual. Rosa, de braços dados com Margarida, conduziu-a por um lugar que a fez ter recordações da sua última encarnação. Era um lugar com muito verde, pássaros, lagos, algumas pessoas com roupas de época andando pela propriedade e depois, mais adiante, puderam ver um casarão bem cuidado, pintado de branco com detalhes em azul. Na varanda avistaram Salvador tirando o chapéu e olhando a propriedade. Margarida parou emocionada, apertou a mão de Rosa com certo receio.

— Prepare-se para reviver o fim do século dezenove — anunciou Rosa. — Bem-vinda às propriedades de um dos mais conhecidos barões do café da Região Sudeste.

Foram muitos os que, com a crise da cana na Região Nordeste, partiram para o Sudeste em busca de terras baratas, o cultivo de café e mão de obra gratuita, já que tinham os escravos. Com os anos, obrigados a eliminar o trabalho escravo, os barões do café tiveram que aderir ao trabalho assalariado e suas fazendas começaram a ser povoadas por imigrantes estrangeiros.

Depois de olhar a movimentação dos trabalhadores nas diversas tarefas que envolviam o café, Salvador adentrou na sala do casarão e ficou apreciando sua foto ao lado de Rita, sua esposa, e de seus dois filhos: Gabriel e Edson. Rita, ao vê-lo diante da foto fixada na parede, aproximou-se carinhosamente e comentou:

— Gabriel chegará hoje. Estamos todos tão ansiosos...

— Já era para estar aqui há muito tempo. Sem dinheiro, o jeito é voltar. Tão diferente de Edson, que precisou largar tudo por aqui para buscar o irmão. Um absurdo!

— Você sabe que ele ficou assim depois que a noiva o deixou, fugiu com outro — lamentou Rita.

— Até quando vai culpar Milena pelas imprudências de Gabriel? O fato de a moça tê-lo deixado plantado no altar no dia do casamento é motivo para se vingar do mundo, e mais, agredir a família? Não tenho essa paciência que me pede, Rita, não tenho.

— Doutor Salvador, com licença, mandou me chamar? — perguntou Estevam ao entrar na sala.

Salvador o estudou antes de falar. O barão gostava de Estevam, seu jardineiro, em consideração à amizade que tiveram na infância. O homem simples era responsável pelo jardim que enfeitava a propriedade, para gosto de Rita, que vivia entre as rosas, aspirando o seu perfume. Ainda sobre Estevam, além de viúvo, vivia numa casa afastada, na propriedade de Salvador, ao lado de suas duas filhas: Rosa e Margarida.

— Sim, quero que me acompanhe — ordenou Salvador. — Hoje chegará uma carga com alguns imigrantes para o trabalho no cafezal, o lustre que encomendei...

— E o nosso filho. Gabriel também chegará hoje, Salvador! — interrompeu Rita sorrindo para Estevam. Ela estava preocupada com a indiferença do marido com o filho.

Salvador ia dizer algo e mais uma vez foi interrompido, agora por Margarida, filha de Estevam, que entrou na sala eufórica, descalça, sorridente, e depois de um breve cumprimento aos donos da casa, a primogênita do jardineiro disparou:

— Papai, você não vai acreditar. A minha prima está em casa. A Beth chegou.

Estevam ficou radiante, mas se conteve e, diante do consentimento do barão, saiu se desculpando pelo atrevimento da filha, mas feliz e ansioso para rever a sobrinha.

Com o matrimônio de seu pai dois meses depois do falecimento de sua mãe, Beth acabou por viver com o tio e as primas na fazenda do barão. E foi tudo devidamente acertado por Rita, que foi firme ao impor condições, entre elas:

— Não me importo que fique por aqui, mas terá que trabalhar...

Estevam lembrou-se das palavras da mulher do barão ao abraçar a sobrinha e chorar, pois era o primeiro contato que tinha com a jovem depois do falecimento da irmã. Beth era doce, simpática e logo se inteirou da rotina da fazenda e também do trabalho doméstico na casa de Rita.

Beth, no dia de sua chegada, fora apresentada a Rita e Donária, sendo a última empregada do casarão. Donária era uma jovem órfã, vaidosa e de pouca beleza, que fora acolhida pelo barão. Rita, nada agradável, deixou Beth na cozinha, a par das suas tarefas. Depois de lavar várias peças de louça que Rita insistia que estavam sujas, Beth sentou-se cansada no banco de madeira que havia no quintal com vista para o cafezal. Beth reclamava sozinha de Rita, do seu péssimo tratamento, quando foi interrompida:

— Você pode me servir um copo de água? — perguntou Cristiano num português enrolado que fez Beth questioná-lo. Depois de gestos, a moça entendeu e o serviu. O homem olhou o copo e reclamou da sujeira, o que irritou Beth que, por não conhecê-lo, pegou outro copo e ofereceu ao rapaz. Passada a raiva momentânea, Beth o contemplou no momento em que ele bebia água. Ele entregou o copo na mão dela, houve troca de olhares e um silêncio, rompido por Edson, que se aproximou para informá-lo onde ficaria o trabalho que executaria, e que Juliana, sua irmã, poderia servir na residência do casarão.

— Colono? — resmungou Beth sozinha, ao ver os homens se afastando. — Como veio parar na cozinha do casarão? Se o barão vir isso, é capaz de mandá-lo de volta para a terra dele sem direito ao transporte. Bonito o moço, até pensei que fosse filho do barão — especulou rindo.

Na sala, a discussão era intensa entre Salvador e Gabriel. Rita também estava presente, tentando com gestos e o seu silêncio apaziguar a situação.

— Fez amizade com o colono e com a irmã dele só para me afrontar. Ainda quer que eles fiquem sob o mesmo teto da sua família? O que passa pela sua cabeça?

— Cristiano e Juliana, esses são os nomes dos meus amigos. São italianos e não vejo por que tratá-los dessa forma. Para que quer tantos quartos?

— Espero não vê-los transitando pela casa. O Edson já está resolvendo esse mal-entendido. Serão apresentados nos seus devidos lugares — finalizou e saiu bufando de raiva. Voltou o corpo em direção da mulher e recomendou: — É bom ver se a moça, essa Juliana, não está deitada na sua cama, minha senhora. Não duvido de que o seu filho tenha feito isso.

Edson apresentou Cristiano aos demais trabalhadores da fazenda e o entregou aos cuidados de um sujeito de cara de poucos amigos e palavras para as atribuições de serviços. De volta ao casarão, Edson encontrou-se com Juliana passeando no roseiral. Ficou distante, observando a delicadeza da moça ao tocar as rosas, sentir o perfume e não foi difícil se apaixonar por ela, o que aconteceu já pelo sorriso que a jovem deu a ele assim que o avistou.

A chegada do lustre importado, transportado de navio, trem e um veículo adaptado pelos colonos da fazenda, foi capaz de salvar o dia de aborrecimento que Salvador vinha tendo. Como uma criança, o barão tratou de remanejar alguns empregados para instalar o objeto no teto, o que foi feito com a ajuda de Cristiano, que, elogiado pela perfeição, tratou logo de dizer que possuiu um igual em sua casa. Fez esse comentário com tristeza, mas poucos se preocuparam em saber do seu passado, menos Beth que, ao vê-lo sozinho perto do cafezal, arrumou um jeito de se aproximar e descobrir do jovem o seu passado.

— Meu tio roubou a casa do meu pai, por conta de uma dívida, que ele não perdoou. A dívida era metade da casa, mas ele alegou a demora, o dinheiro perdido... Minha mãe, irmã dele, já havia falecido, e meu pai, por desgosto, logo morreu. Tudo o que tenho agora é Juliana, minha irmã — fez uma pausa e realçou com sorriso nos lábios, com uma certeza que deixou Beth encantada, embora o seu entendimento tenha sido limitado em razão da língua do rapaz. — Ele fez o que considerou certo, meu pai não honrou o que havia prometido, mas eu ainda vou me encontrar com o meu tio e ele vai me devolver tudo a que tenho direito. Pode demorar, mas vai acontecer.

Beth ficou tão fascinada que, num impulso, o beijou. O rapaz, pego de surpresa, afastou-a sorrindo. A moça, desconcertada, saiu correndo, levantando o vestido para correr melhor. As vezes que olhou para trás, pôde vê-lo gargalhando da sua ousadia.

Maltez era um vilarejo que ficava pela região. Era um lugar muito frequentado pelos homens e desprezado pelas mulheres de família, por conta de lá haver Vânia e suas meninas. Vânia era uma mulher experiente, já não se deitava com os homens, mas era uma espécie de conselheira e curandeira muito respeitada. Margarida, já sensitiva, não se importava com as regras e, mesmo contrariando as ordens do pai, ela montava no cavalo e visitava Vânia. Muitos homens riam ao vê-la passar e comentavam:

— Até um tempo atrás só os homens iam para os lados do Maltez. O mundo está virado! A filha do Estevam também está indo para aquelas bandas. Será que está enrabichada com os filhos das mulheres de lá? — eram várias as provocações, mas Margarida nem se importava e contava com a defesa das mulheres da sua casa. Rosa e Beth não poupavam palavras para protegê-la.

Salvador também era frequentador do Maltez. E suas visitas, antes trimestrais, passaram a ser quase diárias quando conheceu Lia, sobrinha de Vânia. Pelo poder que exercia na região, tinha exclusividade sobre a moça. Lia era bonita e jovem. Já conhecedora de vários homens, não se afeiçoava a ninguém, mas tinha uma aproximação maior por Salvador e, sobretudo, pelo dinheiro dele. Salvador, por aquela paixão repentina, ficou cego, e o homem econômico e voltado à família tornou-se um esbanjador. Encontrar-se com Lia foi a forma anestésica que Salvador encontrou para não participar dos problemas da família, como a irresponsabilidade de Gabriel e as doenças que vinham assombrando Rita. Poucos meses foram o bastante para o barão se ver endividado, por isso aceitou a proposta de um amigo de Minas Gerais, barão da região dos leites, que, num acordo que envolvia os negócios, ofereceu Mariana, sua única filha, para se casar com Edson. Salvador começou a sorrir ao aceitar a oferta, considerando que o sol voltaria a brilhar em suas terras.

Beth odiava trabalhar na casa de Rita. Vivia reclamando da mulher, porém cuidava da senhora do barão quando estava de cama, por consideração ao tio Estevam. Em meio às reclamações de Beth, certo dia, ouviu da distante Donária:

— Eu também não simpatizo com dona Rita. Ela trata mal todo mundo que não seja da família dela. O Gabriel não é nenhum santo, sempre apronta, mas Rita contribuiu para Milena sair da vida dele. A mulher do barão desprezava Milena, sempre deixou claro que a moça não tinha dinheiro, posses o bastante para se ligar a Gabriel. São ligados pelo dinheiro, não existe amor.

— São muitas as famílias que vivem assim, sem a compreensão do amor, vinculadas aos bens materiais, principalmente ao dinheiro. Como você aguenta isso?

— Estou calejada, são muitos anos servindo Rita, sendo destratada. Outro dia me viu olhando as joias dela. A mulher do barão ameaçou me enterrar viva no cafezal se eu tocasse nos pertences dela sem autorização. Eu não duvido.

Eram muitas as noites que Beth, contrariada, passava ao lado de Rita, quando doente, já que Salvador, com a desculpa de negócios, refugiava-se no Maltez, na cama de Lia. Com relação a Cristiano, Beth fugia o quanto podia, pois se sentia envergonhada, e várias vezes o pegava sorrindo e olhando para ela. Certa noite, depois de deixar Donária pernoitando com Rita, Beth, de volta para casa, junto do tio, encontrou as primas eufóricas na porta. Estevam percebeu antes de Beth a presença de Cristiano na sala humilde, limpa e de poucos objetos. Beth pensou em sair correndo, principalmente quando o jovem disse que precisava falar com Estevam a respeito dela. A moça logo pensou que ele tencionava expô-la ao ridículo, por ter roubado um beijo na ocasião que soubera do seu passado. Ela já estava pronta para soltar alguns desaforos para fazê-lo correr dali quando Cristiano a interrompeu e dirigiu-se a Estevam, sem tirar os olhos de Beth, num sorriso que a deixou confusa:

— Eu vim pedir ao senhor autorização para cortejar a Beth, sua sobrinha.

Estevam ficou olhando para o rapaz, Margarida se intrometeu e pegou as mãos dos jovens e as uniu, e ainda deixou registrado o quanto estava feliz por aquele momento. Estevam tratou de afastar as mãos dos então namorados e ordenou que Beth, Margarida e Rosa fossem para o quarto, pois precisava conversar com Cristiano. As moças obedeceram, e Estevam ficou uma hora discursando, recomendando, como seria o namoro, as várias regras, pois logo adiantou que ali não era igual ao país de onde viera, ainda que sem conhecê-lo.

No quarto, as moças se divertiam com a novidade. Beth estava radiante. Margarida comentou, num tom divertido, que seu amor havia morrido picado por uma cobra na colheita de café, mas que logo outro apareceria, sentia isso. E Rosa, quando questionada, sempre misteriosa, apenas sorria, dizia-se nova, como de fato era, para esses assuntos. No entanto, a moça amava Salvador, que lhe correspondia. Rosa não admitia a ideia de tê-lo casado, por isso tratava de esquecê-lo. Tinha no coração que Salvador era o amor da sua vida, mas não seria naquela, portanto tratou de silenciar aquele sentimento. Cristiano, para assumir Beth, desfez o romance que tinha em sigilo, no cafezal, com Donária, o que a deixou muito magoada com Beth, tanto que passou a odiar a moça, a ponto de lhe desejar mal, de querer tirar o que pudesse dela.

A chegada de Mariana, acompanhada pelo pai, foi alvo dos mais variados comentários, inclusive sobre sua beleza. Gabriel ficou encantado por ela. Fora apaixonado por Milena, e o amor que um dia sentiu por ela se transformou em ódio quando se viu sozinho no altar, diante dos comentários dos convidados, pois Milena fugira com seu amigo. Agora, diante de Mariana, tudo era diferente, sentia-se vivo novamente. A decepção veio mais tarde, ao descobrir que a moça era prometida para Edson.

Rita foi encarregada de dar a notícia para Edson. Ela o chamou em seu quarto e expôs o acordo feito entre seu pai e o fazendeiro de Minas Gerais.

— Está em suas mãos salvar a fazenda. Sabe que essas terras, com mais algumas colheitas, já não servirão para muita coisa. Seu pai está endividado, não tem como pagar os colonos, a mão de obra está muito cara para o barão...

Edson já não ouvia o que a mãe dizia. Sentia um aperto no peito, pois amava Juliana desde a primeira vez que a vira, tanto que vários foram os encontros que tiveram escondidos, e o rapaz já pensava em assumi-la para a família.

— ... Está me ouvindo, meu filho? O destino da fazendo está em suas mãos. Prometa cumprir isso?

— Não posso, minha mãe. Estou amando Juliana e ela espera um filho meu — revelou Edson numa emoção que fez Rita ver verdade nos olhos do filho.

O rapaz começou a chorar, contar todo o seu envolvimento com Juliana. Rita manteve-se em silêncio, mas finalizou:

— Para tudo tem um jeito, meu querido — a mulher tossiu e pediu que ele chamasse Beth com urgência.

Beth apareceu minutos depois e foi incumbida de levar Juliana ao quarto de Rita sem que ninguém percebesse. Naquela mesma noite, Juliana apareceu sorridente, certa de ter o apoio da sogra, mesmo já sabendo da existência de Mariana, a prometida de Edson. Falou com mais propriedade a língua, pois vinha aprendendo com Edson.

Rita, quando se viu a sós com Juliana, foi direta. Deixou claro a sua predileção por Mariana. Falou com muita frieza, humilhou-a, mas não revelou o real motivo: faltava nela o dinheiro para salvar a fazenda, herança de gerações da sua família.

— Se o ama mesmo, distancie-se do meu filho. Temo o que Salvador pode ser capaz de fazer ao saber desse relacionamento. Ele pode dar fim ao seu irmão. Tem ideia do que fazer sozinha numa terra desconhecida? — proferiu mais meia dúzia de chantagens que deixou a moça transtornada e acrescentou ao vê-la sair: — Quanto ao seu filho, pode deixar que já pensei nisso. Espero contar com o seu silêncio sobre nossa conversa. Tenho certeza de que é sensata para tomar a decisão correta e não causar a ruína de Edson e sua família por um capricho tolo.

Juliana não contou nada a ninguém. Passou a noite em claro, em lágrimas. Já percebia o distanciamento de Edson e imaginava que fosse pela gravidez, mas estava ao mesmo tempo confusa, pois também sentira do jovem o amor por aquela nova vida que estava por vir. No dia seguinte, Juliana procurou Edson. Foi uma conversa difícil. Edson estava disposto a viver com Juliana, mesmo sem a permissão da família, mas Juliana fez uma revelação que mudou todos os seus planos:

— Você não é o pai do filho que espero — Juliana fez uma pausa, pensou no irmão, o único parente que tinha e a quem amava muito para colocá-lo em risco, pois temia as ameaças de Rita.

A partir daí foi uma sucessão de palavras ditas da boca para fora, ao vento, contrariando o coração. A separação saiu ao gosto de Rita. Edson e Mariana ficaram noivos e a data do casamento foi marcada.

Gabriel não admitia aquela união. Depois da decepção com Milena, não via mais as mulheres com paixão, até conhecer Mariana e desejá-la. Tornou-se agressivo e usava sua beleza para seduzir as moças que trabalhavam no cafezal.

O tempo foi passando lentamente, mas o bastante para aumentar o amor entre Cristiano e Beth, mesmo sob os olhares invejosos de Donária, para aparecer um amor para Margarida, para diminuir a quantidade de visitas de Salvador a Lia, para separar com dor o amor que Edson tinha por Juliana, principalmente ao vê-la grávida colhendo café.

Estava próximo o casamento de Edson com Mariana. Também era maior a fragilidade da saúde de Rita, mas ainda assim, no dia do casamento de Edson, ela foi forte o bastante para auxiliar Juliana no momento do parto, com a ajuda de Donária. Insensível ao sofrimento da moça, Rita, ao ter o neto chorando nas mãos, entregou-o a Donária, que recebeu a criança emocionada. Rita, depois de alguns minutos, voltou para o cômodo onde estava Juliana e anunciou o falecimento do menino. Orientada por Rita, Donária, contrariada e em lágrimas, deu a criança para uma desconhecida.

— Denis. O nome dele seria esse... — lamentou Juliana em lágrimas.

Três semanas depois, Cristiano chegou em casa e surpreendeu Gabriel em luta corporal com Juliana. Cristiano ficou cego ao bater no rapaz e naquele momento esqueceu a amizade que um dia os uniu, colocando-o para correr.

— Vamos sair daqui, minha irmã. Vou me casar com a Beth e vamos embora deste lugar.

Sufocada, Juliana, diante da pressão do irmão para saber o paradeiro do pai de seu filho, continuou afirmando que engravidara na Itália. Cristiano não estava convencido e julgava ser Gabriel o pai da criança. Sabia de várias histórias do que Gabriel era capaz de fazer e sentia pena da irmã por omitir dele a verdade, imaginava que fazia aquilo por medo e resolveu não incomodá-la mais com o assunto.

— Maldita família do barão! — bradou Cristiano esmurrando a mesa. Pensou em fazer uma besteira, mas considerou, pois dependia do trabalho, Beth morava ali e por fim, refém da situação, nada fez.

Nos seus últimos dias, Rita teve o apoio de Estevam e de sua família. Pouco antes de morrer, chamou Edson e contou o que fizera. Pediu perdão ao filho, disse que agira assim para preservar o patrimônio da família. Edson não se revoltou com a mãe, e sim com Juliana, pois a considerou fraca e achou que ela não o amava o bastante para lutar, já que preferiu enganá-lo. Edson não conseguiu, mesmo depois de anos, perdoar Juliana pela mentira.

Com a morte da esposa, Salvador se mudou para a casa que Lia construíra com o seu dinheiro, fruto dos cafezais. Quando Lia o percebeu sem dinheiro, tratou de humilhá-lo, recebendo outros homens em sua casa. Salvador acabou na miséria, perambulando pelo mundo, envergonhado o bastante para não procurar pelos filhos e pela nora. Tinha só um sentimento por Lia: ódio. Jurava para si mesmo que ainda a veria na ruína. Desencarnou levando com ele esse rancor.

A situação da fazenda estava complicada. Edson convenceu Gabriel a fazer um empréstimo com a promessa de pagamento com a venda das terras. Desorientado, Gabriel confiou no irmão, o único que lhe restava da família, mas foi surpreendido quando chegou de uma viagem que fizera para salvar parte das terras e encontrou o casarão vazio, pois Edson fugira com Mariana levando suas economias. O rapaz não conseguiu encontrá-los nem reaver o dinheiro. Gabriel carregou com ele o desejo de vingança, de acertar as contas com Edson pela traição e por ter levado Mariana, seu amor.

Em declínio, a fazenda do barão foi à miséria em poucos meses. Gabriel tornou-se aliado do vício, do ódio e de pensamentos de vingança, e assim começou a atrair espíritos assombrosos, de pensamentos negativos, que o levavam a agir por impulso, sem limites. Donária assistia a tudo em silêncio, remoendo sua mágoa, pois tinha mais ódio de Beth que amor por Cristiano. Então Donária influenciou Gabriel e o fez acreditar que Beth tinha interesse nele. O rapaz, tomado pela certeza do que ouvira, forçou um beijo com Beth, que se defendeu gritando. Rosa, que na ocasião estava no casarão ajudando Beth, foi correndo chamar Cristiano. Gabriel empurrou Beth ao ver Cristiano chegar e começou a rir quando apontou a arma para ele. Foi questão de segundos, e o jovem apertou o gatilho em direção de Cristiano, mas Beth, aos gritos, atravessou na frente de Cristiano e recebeu no seu peito uma bala fatal que levou sua vida. Cristiano, no centro da sala, sob o lustre suntuoso, em lágrimas, apoiou o corpo inerte de Beth e fez o juramento:

— Meu amor, eu vou atrás de você. Nossa história não termina assim. Vou procurá-la, nem que seja em outra vida...

Rosa, ao ver Margarida emocionada, fechou as imagens e tratou de abraçá-la. Fez um silêncio e esperou que se acalmasse.

— Muitos são os enlaces que unem os espíritos. Várias são as oportunidades que se têm para resolver as diferenças. Muitos voltam ao convívio daqueles a quem magoaram para serem por eles amados, perdoados. Cristiano e Juliana voltaram para a Itália, ambos com sequelas dos episódios vividos. Constituíram família, tiveram filhos. Cristiano, dez anos mais tarde, desencarnou e Juliana ainda alcançou seus netos...

— Donária e Beth?

— Voltaram parentes, e Donária com a chance de perdoar Beth, mas trouxe com ela a vaidade e o ressentimento.

— Pessoas tão próximas, outras que nunca vi... E Rita e Juliana?

— Elas se encontraram naquela época para acertos do passado. Hoje elas são indiferentes ao que viveram noutras vidas, sem mágoas. Muitos são de outras passagens. Além disso, há também os que se encontram agora pela primeira vez e já são presos por conflitos, pois não conseguem perdoar, ou então se aprisionam num amor familiar e julgam não ser capazes de seguir sua trajetória, então o espírito fica preso, considerando-se útil.

Margarida, maravilhada com todas aquelas revelações, já formulava uma nova pergunta quando despertou do sono que tivera com o som do celular. Ao se arrumar no sofá, a mulher deixou o livro cair. Sentiu um aperto no peito ao atender o aparelho que encontrou debaixo do sofá. Era Edson. Numa voz bem alterada, falou rapidamente e Margarida não aceitou o que ouvia, quando respondeu:

— Não estou acreditando — sentiu as pernas trêmulas, o que a fez se sentar. — Como você dá uma notícia para a Beth assim, Edson, pelo celular? Lógico que agora ela não atende. Ela foi a um casarão... Acho que sei como encontrá-la. Ligo para você quando tiver notícias. Onde está agora, no hospital? Que morte estúpida! Que tragédia, meu Deus! Agora desliga, homem! E aprende, não se fala uma coisa assim, pelo telefone, sei que está desesperado...

No momento em que Cristiano alcançava o celular de Juliana, ouviu a buzina estridente do caminhão aproximando-se do seu carro. Ágil, ele acelerou o veículo ao mesmo tempo em que esterçava a direção no sentido contrário. Por conta disso, acabou subindo no canteiro e parando o carro próximo de uma árvore. O coração dele estava aos saltos e, ao sair do carro, pôde ver o motorista do caminhão acelerar aos berros noutro sentido. Recuperado, Cristiano voltou à pista depois de responder aos curiosos e preocupados que passava bem. Então, ao fechar a porta do carro, o celular de Juliana voltou a tocar. Era Margarida. Depois de se reconhecerem na ligação, ela contou o que acabara de ouvir de Edson. O rapaz ficou mudo com a notícia. Após se recuperar, conseguiu ouvir o pedido de ajuda de Margarida para encontrar Beth, pois sabia apenas que a prima saíra para uma reunião num casarão antigo, que descobrira quando voltava de um almoço com Juliana, por isso a ligação para o seu celular.

— Juliana esqueceu o celular no meu carro. Eu dei carona para ela... — fez uma pausa e falou depois: — Já sei onde é o lugar. Pode deixar, eu vou até lá e, quando encontrá-la, eu ligo para você — Cristiano ficou angustiado com a notícia, tanto que desligou o telefone apressado. Antes de dar partida no carro, consultou o seu celular e lá via a mensagem de voz de Mariana Fidélis. Rapidamente o homem ouviu o recado deixado pela moça, que dizia que iria à delegacia, estava disposta a dar sequência ao processo contra Gabriel. Cristiano respirou fundo quando jogou o aparelho sobre o banco ao lado e deu partida no veículo.

Na mesma hora, Mariana Fidélis saía da delegacia e era cercada por vários jornalistas. O rosto sério da jovem era disfarçado por óculos escuros ao declarar:

— Vim registrar mais uma queixa contra um agressor. Era meu namorado. Fui agredida mais de uma vez e não vou me calar, e o mesmo peço a quem passa por esse constrangimento, pois essa dor, além de física, também alcança a alma. Temos que passar por cima do medo, da vergonha, do que quer que seja — após uma pausa, completou categórica: — Até do amor que julgamos sentir...

Capítulo 30

Apesar dos acontecimentos, Beth saiu da casa de Margarida, onde estava hospedada, muito bem-disposta. Usava um vestido florido, simples, que lhe dava um aspecto jovial, além de usar uma maquiagem leve, feita por Margarida. A prima de Beth não só a produziu, como também voltou a lhe dar uma injeção de ânimo e valor à sua vida. Pensando nas palavras de incentivo de Margarida, Beth adentrou maravilhada no casarão. A primeira parada foi diante do jardim, apreciando as mais variadas plantas que coloriam o lugar. Na recepção, Beth foi envolvida pelas informações a respeito do trabalho oferecido para quem tinha interesse em largar o cigarro. Por vezes, Beth lembrou-se do sorriso de Cristiano e do seu comentário a respeito do vício, por isso, disposta a tirar o cigarro de sua vida, inscreveu-se para participar do projeto. Minutos depois de preencher um formulário com os seus dados, Beth foi conduzida a uma sala do casarão e apresentada à palestrante, uma moça elegante, de jaleco branco, e bem simpática.

Beth estava fascinada com o local. A impressão que tinha era de que já estivera ali antes, pois tudo lhe parecia tão familiar, a começar pelo casarão pintado de branco com detalhes em azul, o lustre, a escada que conduzia ao andar superior...

Como descrito no início da história, nas primeiras páginas, já na sala, ao lado dos outros participantes, Beth, no momento em que se entrosava ao grupo, apresentava-se, respondia a perguntas, foi interrompida pelo toque do seu celular. Sorridente, depois de se desculpar, atendeu com os pensamentos em Milena, que estava presa, e sentiu um aperto no peito. Ao atender, depois de alguns segundos, sua expressão mudou e não pôde acreditar na notícia.

— O que está me dizendo? Eu... — Beth sentiu as pernas tremerem, o coração acelerar. — Como assim? O quê? Não pode ser, meu Deus do céu! Diga que está brincando...

Todos os presentes na sala tomaram para si o tom da ligação e, de forma constrangida, ainda um pouco tímidos com a novata, aproximaram-se na intenção de ajudá-la. Olhavam-se num misto de curiosidade e também de aflição tomada pela situação.

— Eu não vou aguentar. Morreu? Não! — gritou por fim, passando as mãos pelos cabelos e soltando o celular que, como se fosse em câmera lenta, desprendeu-se dos dedos de Beth, dando piruetas lentas, aos poucos deslizando paralelo ao seu corpo, batendo no seu peito, na sua barriga, na barra do vestido florido, e, por fim, antes de se espatifar no chão, amorteceu em sua sandália.

Um dos participantes pegou o celular e tentou falar algo, mas não teve sucesso, pois com a queda o aparelho ficou mudo. Então o rapaz colocou o aparelho sobre a cadeira e se juntou aos outros participantes que, ao lado de Beth, tentavam reanimá-la. Desnorteada, balbuciava, entre lágrimas, num estado deplorável, confusa:

— O Edson me ligou, ele me disse... não pode ser! Morreu! Meu filho, Gabriel, está morto!

Passaram-se minutos assim, lentos, tristes, em que cada um, do seu jeito, com preces ou mesmo com frases de conforto, tentou reanimá-la. Outros, sem jeito com a situação, afastaram-se sentidos. Beth, num rompante, levantou-se disposta a ir embora, mas foi impedida. A moça que liderava o grupo pediu que ela aguardasse, pois entraria em contato com alguém para buscá-la.

Minutos correram e Cristiano chegou ao local antes de Margarida, que fora avisada porque seu número fora dado como contato. Cristiano teve a mesma sensação de Beth ao chegar ao casarão. Ficou alguns segundos apreciando o lustre até ser conduzido à sala em que estava Beth. Ele, comovido pelo que via, correu em abraçá-la. As posições, a mesma que o casal vivera no casarão, repetiram-se. Cristiano a envolveu em seus braços e pôde sentir as lágrimas dela escorrerem por seu braço. Ela sentiu nos braços dele a percepção de já ter passado por situação semelhante, e atribuiu essa sensação à confusão de pensamentos que vivia naquele instante, ao saber da morte de Gabriel.

Alessandra, a um passo de cair no vão do elevador, envolvida pelo ar quente do local, pela voz de Rafael, sentiu seus braços serem puxados para trás, quando se desequilibrou e por pouco não caiu no hall. Foram as mãos e a força de Vânia que a salvaram. Assustada com a cena, Vânia recuperou o fôlego e esperou Alessandra voltar ao seu normal.

— Você está louca?! — repreendeu-a Vânia com voz severa. Depois, com as lágrimas da moça, viu-se diante de uma criança desprotegida e a abraçou. Ficaram ali por algum tempo, até Vânia conduzi-la para dentro do apartamento. A mãe de Luciano levou-a para a cozinha e, ao ver a nora sentada na cadeira, pálida, começou a fazer um chá para aquecer a situação. Vânia, ainda tentando dominar o medo e o tremor que sentia nas pernas, começou a dizer algo para distraí-la:

— Eu estava já a dois lances do térreo quando resolvi voltar. Só tem um elevador funcionando... — Vânia foi interrompida por Alessandra que desabafou:

— O Rafael — fez uma pausa e estudou o rosto da sogra questionando-a quando completou: — O Rafael estava ali e me chamava.

Vânia levou a mão à boca, pois sabia que Rafael fora seu namorado, que havia morrido, mas nunca soubera os detalhes. Não precisou pedir, pois Alessandra lhe contou, numa feição abatida, toda a história que vivera com o seu primeiro namorado.

Anos antes, Alessandra era solteira, vivia com os pais e o irmão, e namorava Rafael. O casal vivia um intenso amor. Conheceram-se na época de escola e a aproximação se deu num trabalho em grupo. A família sabia e aprovava o relacionamento dos dois, até Alessandra, ao lado de Rafael, anunciar sua gravidez.

Rafael era um jovem bonito e atraente, mas não tinha emprego fixo, vivia de trabalhos temporários e, por não ter muito a oferecer, gerou atrito com a família da moça.

— Não, Rafael! — refutou Beth num tom firme, decidida da sua resolução, inclusive de comum acordo com Edson. — Alessandra não sai de casa. Ficará aqui, terá a criança e vamos cuidar dela...

— Por que não quer vê-la ao meu lado? Ale se dá bem com minha tia. Já conversei com ela, arrumei um canto pra gente ficar...

— Um canto?! Você quer tirar minha filha de casa para acomodá-la num canto? Até onde sei, não desmerecendo onde mora nem com quem mora, você vive de favor na casa da sua tia. Divide um quarto com os primos. O que pretende? Colocar uma cortina no quarto para ter um canto só para vocês? Depois não tem um emprego fixo, o que pode oferecer para Alessandra? — fez uma pausa tentando se conter para não preocupar ainda mais a filha que, grávida, contendo as lágrimas, assistia à discussão em silêncio, dividida entre a família e o seu amor. — Pensa bem, o melhor é que ela fique por aqui, não lhe faltará nada.

— Fala como se ao meu lado fosse ficar à deriva. A gente se ama, isso não conta?

— Só o amor não põe comida na mesa, dinheiro no bolso, rapaz — Beth mais uma vez parou e procurou não ser tão dura com Rafael. Depois disse algo que era sincero, de coração: — Eu gosto de você, já o tenho como filho, por mim vocês poderiam viver aqui, mas não temos como acomodá-lo... — Na verdade Edson não o queria ali, mas Beth não revelou. — São tão jovens! Façamos o seguinte: se afirme num emprego, consiga algo melhor para oferecer não só para a Alessandra, mas para seu filho e para você também e então...

— Estou trabalhando. Consegui um trabalho na manutenção de elevadores, lá onde o meu tio trabalha. Tem os benefícios, recebo extras...

— Faz duas semanas que está nesse emprego. Deve estar em experiência...

Nesse instante Gabriel entrou e ficou eufórico ao ver o cunhado. Gabriel o abraçou, tinha por Rafael muita consideração e também a atenção que não conseguia de Edson.

— Bora, moleque, pega um copo d'água pra mim — pediu Rafael com a intenção de afastá-lo da discussão. Depois, comentou: — Ele gosta de mim. Diferente de você, Beth, que parece me odiar. Eu vou sair daqui e só volto a pôr os meus pés dentro da sua casa para pegar a Ale para viver comigo.

— Não seja tão radical, Rafael. Será sempre bem-vindo em nossa casa...

— É uma promessa — falou sério ao puxar a mão de Alessandra e sair do apartamento.

Quando a porta foi fechada, Rafael convidou a moça para fugir. Entre beijos, abraços e troca de carinhos, o casal planejava viver junto. Rafael deixou o prédio assim, sem esperar a água que Gabriel vinha lhe trazer, deixando Beth preocupada pelo que estava por vir, e Alessandra apaixonada e confusa.

No trabalho, envolvido por toda aquela situação, só tinha uma ideia fixa na cabeça: levar Alessandra para viver ao seu lado. Naquele dia, tomado por um ódio crescente por Beth, Rafael trabalhava e ouvia repetidamente em sua cabeça a negativa da sogra diante do seu pedido. Num determinado momento, quando estava trabalhando no vão do elevador, não se atentou e ocorreu um acidente fatal que tirou sua vida. Encontraram-no, depois de um estrondoso barulho, esmagado entre as ferragens do elevador.

Alessandra não aceitou a notícia, viveu dias terríveis e, para aumentar sua dor, perdeu o filho. Chegou a pensar que tudo poderia ser diferente se tivesse aceitado fugir com ele logo que descobrira a gravidez. A passagem do tempo foi capaz de diluir a dor, de colocar outra vez na vida da jovem o prazer de viver, de se apaixonar, como aconteceu quando conheceu Luciano. Nos últimos anos, porém, a ideia de engravidar lhe trouxe de volta a sensação que tivera ao ter perdido o filho que esperava de Rafael. A moça temia reviver aquela situação. Em meio à pressão da família, os pensamentos de Alessandra se refugiaram na época em que fora feliz com Rafael, resgatando-o de onde estava, e seu espírito passou a participar da sua vida e a influenciá-la.

Alessandra findou a narrativa e sentiu-se aquecida pelo chá servido pela sogra. Não imaginava que o espírito de Rafael estava ali, ao seu lado, emocionado. Vânia nada disse, abraçou a nora e a beijou levemente no rosto. Nesse momento o interfone tocou, era Edson. As duas foram até sala para recepcioná-lo. Alessandra abriu a porta tomada por uma animação. Vânia, ainda abalada com a história que ouvira, com a certeza de que o espírito do jovem estava por ali, abraçou Edson. Vânia foi a primeira a perceber que algo errado estava acontecendo diante do silêncio que se instalou na sala. Alessandra, logo que percebeu a situação, perguntou se estava tudo bem e ouviu de Edson:

— Minha filha, o... — tinha dificuldade em falar, então as lágrimas rolaram no seu rosto e uma voz embargada revelou: — O Gabriel, o seu irmão nos deixou.

— Cristiano! Que bom que chegou! Estou presa nesse quarto sem notícias. Se demorasse mais um pouco, eu iria fugir daqui.

O moço tentou sorrir, no entanto estava muito abalado com a notícia da morte de Gabriel, principalmente ao ver o estado em que encontrou Beth e como a deixou. Margarida fora substituí-lo no casarão e levou com ela a notícia do que acontecera com Juliana. Cristiano saiu rapidamente, com a promessa de que voltaria para ajudá-las no que fosse preciso.

— Que susto foi esse? — perguntou Cristiano ao entrar no quarto de Juliana.

— Nada de mais, um mal súbito.

— Sei que não, sei do risco que corre, por que não me contou?

A moça ficou em silêncio, depois riu ao dizer:

— Sabe que acordei no quarto com o meu irmão segurando minha mão? Ele tentou disfarçar, mas chorava. Eu consegui ter o amor dele. O triste é ter descoberto isso com a morte do meu sobrinho — começou a chorar. — Eu quero sair daqui, a Beth precisa de mim. Quero ficar ao lado do meu irmão.

Cristiano a conteve, viu sua agitação e chamou uma enfermeira, que a medicou. Depois de vê-la mais calma, pôde ouvir como recebera a notícia da morte de Gabriel:

— O médico estava aqui no quarto, conversando com o Edson sobre o meu estado, quando o celular dele tocou. Logo que atendeu, seu rosto mudou. Ficou pálido e contou que era da delegacia, e que seu carro, do qual havia dado queixa, havia sido localizado e Gabriel estava nele, sem vida. Ele ficou desesperado, ligou para Beth e depois para Margarida. Ficou tão atordoado que foi embora, antes me deu um beijo no rosto, e fiquei ainda mais emocionada. O médico ficou preocupado comigo e me deu uma injeção que me fez adormecer, acordei com você ao meu lado. Agora me devolve o meu celular, veja onde estão minhas roupas, me ajuda a me trocar que minha cunhada espera por mim.

Cristiano ficou observando a empolgação de Juliana, o entusiasmo pela vida, e não conseguiu assimilar coerência com o que o médico lhe falara a respeito da saúde de Juliana, minutos antes de entrar no quarto.

Jornalistas se aglomeraram na porta do cemitério e, sem autorização da família, tiveram que se manter distante da cerimônia. Havia muito interesse em noticiar aquele desfecho, pois a modelo Mariana Fidélis tornara público o seu agressor. Com a denúncia, policiais e jornalistas partiram atrás do suspeito e foram surpreendidos pela notícia da morte do jovem numa perseguição policial. Gabriel perdera a direção do carro no momento em que trocava tiros com os policiais e veio a colidir contra uma caçamba de entulhos que estava na rua, na frente de uma empresa em reforma.

Luciano, com a notícia, antecipou sua volta para São Paulo e tratou de tudo ao lado de Edson. A cerimônia foi simples, rápida, com poucas pessoas. Alguns acontecimentos foram relevantes, entre eles a aproximação de Edson para cumprimentar Beth. Edson estava acompanhado de Lia. Beth, apoiada por Margarida, deixava à mostra suas lágrimas que escorriam debaixo dos óculos escuros que usava. Em meio à conversa, Beth disparou, magoada:

— Você desistiu muito fácil do nosso filho. Expulsou Gabriel de casa. E denunciá-lo à polícia por conta de um carro?

— O Gabriel esteve em nossa casa, estava muito nervoso, agrediu Edson... — iniciou Lia em defesa do amado.

— Não sei quem é você e, sinceramente, não faço questão de apresentações — asseverou ao olhar Lia de mãos dadas com Edson. O homem, sem jeito, desfez o gesto e se atentou no que Beth articulava: — Talvez não tenha filhos para dizer uma bobagem dessas a uma mãe num dia triste como este, ao se despedir de um filho. Sabe, Edson, eu não estou só sepultando o Gabriel, pois ele sempre estará vivo no meu coração — fez uma pausa e prosseguiu: — O que você fez é digno de ser sepultado vivo. Eu espero um dia esquecer o que você fez.

— Beth... — Edson pensou em admitir o quanto amava o filho, que fora capaz de deixá-la e viver com Lia para não vê-lo preso por conta das joias. — Estou muito sentido com tudo isso.

Beth calou-se e lhe deu as costas. Edson a chamou novamente, então Margarida, irritada, aconselhou:

— Melhor ficar longe, Edson. Faça isso com a sua acompanhante, já não acha demais vê-la assim? Não vou permitir que você fique tripudiando sobre a dor da minha prima.

As duas foram amparadas por Cristiano, que chegava nesse exato momento. Beth o abraçou e começou a chorar. Edson sentiu-se incomodado com o carinho que havia entre os dois.

Questionado sobre a saúde de Juliana, Cristiano fez ar de riso e contou boas notícias:

— Está bem, fora de perigo. Queria a todo custo vir para cá. Sabe como ela é...

Denis estava presente e ansioso para ir embora. Justificou-se pelo fato de ter deixado o bar nas mãos de pedreiros e em funcionamento na mão de estranho. Margarida, ofendida, chamou-o de canto e disparou:

— Você não fechou o bar? Seu sobrinho, seu sangue. Como pode ser tão insensível? Já era de se esperar isso de você. Poderia pelo menos não comentar nada com a Beth. Ela não precisa ter mais essa decepção.

Denis foi indiferente, apanhou uma bala no bolso e colocou-a na boca sem oferecer à prima, nada preocupado com a reprimenda de Margarida. Ela desistiu e o deixou sozinho.

Rita foi a mais solidária, sentida, com o coração de mãe, compartilhando a dor, já que Milena ainda estava presa. Donária foi com a melhor roupa e não escondeu da nora que usava brinco novo em caso de ser fotografada por algum jornal.

A cerimônia, a pedido de Luciano, em razão da repercussão na mídia, foi curta, e faltavam poucos minutos para o encerramento quando o carro da polícia chegou. Dois policiais desceram apressados, pedindo passagem, e Milena saiu pela porta traseira, algemada, acompanhada de uma policial. O salão onde estava Gabriel foi desocupado. Beth e Rita, em lágrimas, assistiram a Milena se despedir de Gabriel. A moça, séria, ficou em silêncio, tinha nas mãos uma rosa que depositou sobre o jovem. Antes de sair, com dificuldade em razão das algemas, soltou os cabelos. E partiu da mesma forma que entrou.

Na mesma hora, no aeroporto de Guarulhos, Mariana Fidélis e Comédia embarcavam juntos para realizar um trabalho para a agência de publicidade.

Independentemente do que se pense dele, se mocinho ou vilão, ágil ou moroso, o senhor Tempo é, na verdade, um bálsamo capaz de amenizar as dores ou mesmo, para os pessimistas que insistem em viver no passado, de acentuá-las. E os dias transcorreram, involuntariamente ao desejo de quem quer que fosse.

Luciano, depois do enterro de Gabriel, conseguiu a liberdade de Milena, sob a acusação de usuária, por causa do volume de droga com que fora presa. Também por aqueles dias, Donária, sufocada pelo remorso, revelou à neta o que fizera para salvar o filho. Milena ficou muito aborrecida pelo fato de a avó ter colocado Rita naquela situação, na qual acabou sendo atingida. As duas choraram, Donária pediu perdão, e Milena prometeu:

— Nunca mais a senhora vai expor minha mãe dessa forma para proteger o seu filho, mesmo sendo ele meu pai. Espero que não se esqueça disso. Que o tempo seja generoso o bastante para fazer eu esquecer o que estou sentindo agora pela senhora!

Os dias, após aquele amontoado de acontecimentos, fizeram com que Beth conseguisse, após a insistência de Margarida, levantar-se da cama, sair do estado de depressão que vinha se instalando em sua vida, devido à morte do filho e à oficialização de sua separação de Edson. Margarida a colocou de pé, de frente à janela e mostrou-lhe a vida em movimento, que ela poderia estar ali, vivendo, produzindo. Então Beth decidiu voltar a trabalhar, sentir-se útil.

Juliana obteve alta do hospital e também uma lista de recomendações caso tivesse interesse em sua vida e na de sua filha.

Cristiano contou com a ajuda de Beth e Margarida. No terceiro dia, Juliana desapareceu e foi encontrada na agência, trabalhando. Não adiantou ninguém falar o quanto estava se arriscando, Juliana ansiava realizar, conquistar, e nada conseguia detê-la, nem mesmo o risco que corria.

Donária seguia sua vida mimando o filho, desprezando a nora e criticando a neta. E tudo observado pelo espírito de Estevam, que insistia em se comunicar com a família.

Alessandra contou com o apoio e a amizade da sogra, que mantinha o equilíbrio da casa com suas preces, o que fez a presença do espírito de Rafael ser reduzida, perder forças.

E os dias, semanas, meses, foram passando, lentos e vazios para uma mãe saudosa, mas rápido e produtivo para uma mulher disposta a viver.

Capítulo 31

Certa noite, Beth se produziu e foi à casa de Cristiano, levando com ela uma garrafa de vinho. Foi em paz e agradecida, o que foi uma surpresa agradável para Cristiano, pois a alertara, logo que abriu a porta:

— A Juliana não está, viajou.

— Eu sei, ela me avisou. Maluca essa moça! — brincou Beth sem jeito. — Comentei com ela como estava agradecida pela força que me deu nesses últimos tempos — fez uma pausa e, encabulada diante do sorriso dele, continuou, entregando-lhe o vinho: — É para você. A Juliana me contou que é o seu favorito.

Cristiano recebeu com alegria e a fez entrar. Feliz, e ao mesmo tempo preocupado em agradá-la, ele preparou uma massa a quatro queijos, molho branco para servir com o vinho e a fez esperar. Ele colocou música, a mesma de preferência de Beth, que fez o comentário:

— Pensei que não gostasse dela...

— Você me fez vê-la de outra forma.

Houve uma explosão de risos seguida de um silêncio e troca de olhares. Foi um encontro afortunado, divertido, conversaram sobre diversos assuntos, deixaram de lado as diferenças. Beth anunciou que iria embora, mas Cristiano não permitiu, quis mostrar-lhe mais músicas, descobriram muitas coisas em comum. O beijo não demorou a acontecer e a noite avançou.

Quando acordou, Cristiano sorriu, olhou do seu lado da cama e não encontrou Beth. Saiu à sua procura e a encontrou olhando o movimento da rua, a vista que o apartamento de Cristiano oferecia. Ele, carinhoso, beijou-a no pescoço, e Beth se voltou para ele séria, diferente da forma feliz, animada com que se relacionaram. O rapaz nada entendeu, mas ela tratou de esclarecer. Em silêncio foi até o móvel que tinha na sala do rapaz e pegou um envelope com as provas que incriminavam Gabriel, o relatório minucioso e mais: e-mail de uma editora com interesse pelo material para um livro. Tudo ali, descoberto por Beth naquela manhã que teria sido a mais feliz dos últimos acontecimentos.

A partir daí a discussão foi inevitável. Cada um, por suas razões, defendia os seus interesses.

— A editora me procurou. Mariana, depois que soube da morte do Gabriel, não quis mais falar sobre o assunto, mas é de conhecimento geral que eu a levei ao hospital, que me oferecera como testemunha. Fez, sim, campanhas incentivando a denúncia contra a agressão à mulher, mas rejeitou comentar sobre sua vida pessoal...

— E você não perdeu a oportunidade de expor o meu filho, atingir a memória dele. O que ganha em fazer isso? Destaque profissional, dinheiro?

— Beth, eu...

— Você foi portador de discórdia da minha família...

— Não me culpe pela inconsequência do seu filho.

— Agora ele é o vilão?

— Sinto informar, mas nunca foi o mocinho. Agrediu, mentiu, roubou e fez mais outras atrocidades que não foram descobertas...

Houve diálogos intensos. Beth, em lágrimas, perguntou num tom sentido:

— O que você procura, Cristiano?

— Você — respondeu de imediato.

Beth ficou calada, virou as costas, apanhou sua bolsa e saiu, insensível ao chamado de Cristiano. Na rua, encostou-se ao portão do prédio e chorou, querendo arrancar do coração o amor que sentia por Cristiano. Lembrou-se, no caminho de volta para casa, do comentário de Margarida:

"Ele está procurando você".

Milena conseguiu, por intermédio de uma cliente de Margarida, um emprego de vendedora numa loja de noivas na rua São Caetano. Logo no primeiro dia teve a simpatia das colegas da loja e também de Silas, um jovem que fazia entrega de mercadorias. Era um rapaz simples, simpático e nas primeiras semanas se declarou apaixonado pela moça. Milena foi resistente, pois, além de magoada, ainda nutria amor por Comédia. A jovem acompanhava a vida do modelo por meio de revistas nas quais suas imagens eram divulgadas.

Certo dia, quando estava no refeitório da loja, numa conversa animada, soube do casamento marcado de Mariana Fidélis com Rubens Alcântara. Milena não quis nem ouvir mais os detalhes da então colega, tratou de apanhar a revista de suas mãos e ler a matéria apressada. Uma delas, rindo com a cena, perguntou se ela os conhecia, diante de seu interesse.

— A Mariana vai se casar com o Comédia? — perguntou baixinho, desacreditando da notícia.

— Comédia? Ela vai se casar com o Rubens, modelo. Já viu as fotos?

Milena entregou a revista para a colega e sua tarde foi lenta e dolorosa, como se estivesse de volta ao passado, na cadeia.

Ainda por aqueles dias, depois de mais uma vez recusar o convite de Silas, Milena recebeu uma ligação em seu celular. Perdeu o fôlego ao ver no visor do aparelho o nome de Comédia. O rapaz a convidou para se encontrarem. A moça não recusou. Marcaram para o mesmo dia, e Milena apareceu no local muito bem-arrumada. Usava os cabelos soltos sobre a camisa social feminina que tinha um decote que permitia notar o brilho da corrente singela que levava no pescoço. A moça, elegante, usava um jeans justo e salto alto. Comédia, logo que a viu entrar no restaurante, ficou confuso, chegou a imaginar se era somente alguém parecido, mas Milena, ao se aproximar, sorriu e não deixou mais dúvidas.

— Espero que não se incomode que o nosso encontro seja aqui. Como sabe, sou noivo, e há jornalistas atrás de informações de Mariana. Ela, além da competente modelo, é também herdeira do grupo Fidélis...

— As voltas da vida têm me surpreendido. Nunca imaginei vê-lo noivo dela.

— Aconteceu. Estreei minha carreira de modelo com ela. Generosa, me deu dicas sobre como me portar, responder às perguntas. Ficamos muito próximos, ela estava muito carente...

— Você fica muito bem nas fotos. Tenho acompanhado.

A conversa se prolongou amena, sem cobranças. Comédia, embora surpreendido pela beleza de Milena, achou que estava diante da mesma moça ingênua e influenciável de quando a conhecera. Ele não precisou insistir e, em meio à conversa, se beijaram. Ele, visivelmente atraído pela moça, por seu perfume suave, convidou-a para um lugar reservado, como costumava fazer. Milena se desfez do beijo, ouviu atentamente o convite e, depois de um período de silêncio, comentou, ironicamente:

— E depois me deixará no terminal de ônibus? Esqueci, agora tem carro, poderá me deixar em casa? Lógico, não poderá fazer isso porque pode ter algum jornalista à espreita. Já imaginou a repercussão que daria: "Noivo de Mariana Fidélis é visto aos beijos com uma garota do subúrbio"? Vão querer saber da minha vida, que sou vendedora numa loja de noivas, que ando de trem, levo marmita. Vão vasculhar o meu passado — começou a rir. — Não quero isso para mim.

— Como? Tenho certeza de que me quer. Deveria me agradecer por tê-la procurado.

— Por que deveria agradecer-lhe? — fez uma pausa. — De fato, acho que sim. Obrigada. Sabe, há pessoas que entram nas nossas vidas e servem como despertador. Confesso que demorei a acordar, mas agora, com o seu beijo, percebi que não posso ter nenhum sentimento por você.

— Parece outra pessoa falando. Está muito magoada comigo, é isso? Pensei que não fosse ressentida, até porque não tem motivos. Achei que me amasse.

Milena lembrou-se da ausência dele quando ficou sem emprego, o pai fora preso, quando perdeu o filho na cadeia, os sacrifícios que fizera para ter o seu amor. Nada comentou ou mesmo cobrou a respeito, apenas sorriu ao afirmar:

— Amor se conquista, não exige sacrifício, dinheiro, nada. Penso ser um sentimento tão nobre e também desconhecido de muitos.

— Imaginei que até pudéssemos manter um relacionamento. Posso alugar um apartamento para você, ou melhor, comprar um de presente para você. Um lugar só nosso, para quando estiver na cidade.

— Não somos mais os mesmos — cortou Milena sentindo nojo da oferta. — Talvez essa proposta coubesse na vida daquela menina que você tinha quando queria, não agora.

Comédia ficou inconformado com a rejeição. Conversaram por mais alguns minutos e Milena se despediu aliviada, como se tivesse deixado ali as algemas com o nome do Comédia.

Antes de ver a moça desaparecer, Comédia sugeriu carona, mas Milena não quis. Despediram-se com um aperto de mão. De Milena houve um olhar firme e um sorriso agradecido. O rapaz ficou ali em silêncio por mais um tempo. Ao pedir a conta, o garçom informou que já estava paga pela moça que também deixara um bilhete:

"Por favor, não me procure mais. Seja feliz".

No ponto de ônibus, Milena sentia o coração leve, certa de que não o amava mais. Precisava daquele encontro depois daquele tempo para ter essa certeza. Pegou o celular e ligou para Silas. Ela, eufórica, perguntou pelo convite para irem ao cinema juntos. O rapaz não só confirmou como apanhou a moça meia hora depois no local combinado. Iniciaram por aqueles dias o namoro.

Meses depois foi divulgada numa revista popular uma matéria sobre o fim do casamento-relâmpago entre os modelos Mariana e Rubens. A justificativa, especulada pelos jornalistas, foi a incompatibilidade de agendas.

Por aqueles dias, houve um almoço na casa de Donária para as famílias de Milena e Silas, em que ficaram noivos e anunciaram a data do casamento para dali a alguns meses. A moça teve a oportunidade não só de amar, mas de se sentir amada.

Beth ainda remoía a discussão que tivera com Cristiano. Margarida a aconselhava a rever a decisão radical que tomara, mas ela foi categórica e fiel na manutenção da imagem do filho.

Depois desse episódio, Beth, aproveitando seu dia de folga, foi à casa de Donária, e Margarida a acompanhou. Logo na entrada, como era habitual, o espírito de Estevam foi recebê-las na porta. Estava ainda mais angustiado, desejando falar com a filha, mas não era ouvido. Margarida evitava visitar a tia por conta disso, pois sentia algo estranho, uma energia diferente, e atribuía à presença do espírito do tio. Naquele dia, diante da insistência de Donária, Margarida acabou forçando a revelação de um acontecimento do passado. Não foi de caso pensado por parte de Margarida, mas estava tão irritada com a postura protetora de Donária com relação a Denis e o descaso com que tratava Beth, que acabou explodindo durante uma conversa:

— Pare de julgar, tia Donária! Bem sabemos das nossas vidas, do que somos e fomos capazes de fazer.

— Parece outra pessoa — murmurou Donária, assustada com o tom de voz da sobrinha. — Não sei do que está falando.

— Minha mãe contou tudo para mim, em detalhes, o que fez na juventude. Não vem agora querer falar de um e de outro. Sei que é o seu divertimento, mas não se esqueça do que já fez e o que vem fazendo por conta disso.

Beth percebeu o quanto aquelas frases deixaram sua mãe pensativa. Rita, do canto onde estava, ficou atenta e curiosa sobre a revelação. Denis, que na hora estava no bar, apareceu para buscar copos limpos, e Margarida o fez ficar.

— É bom que todos estejam por aqui. A tia tem algo a dizer — o espírito de Estevam estava presente, assim como o de Rosa, que inspirava Margarida a falar. — Sei o quanto é difícil, mas a verdade é sempre melhor.

— Por que isso agora? — perguntou sem levantar a cabeça.

— Só porque não acho justo destratar os outros. Dar proteção exagerada a Denis. Depois, não é por acaso que sente a presença de Estevam nessa casa, é por conta do segredo que guarda, do amor que sente por ele, do remorso...

— Chega!

Donária começou a chorar e a falar. Não foi fácil, mas, à medida que foi revelando o passado, sentiu-se leve. Tudo porque, quando jovem, nos primeiros anos de casamento com Estevam, Donária, já mãe de Beth, o traiu com um mascate que passava vendendo roupas na rua, de porta em porta. Desse relacionamento, ela engravidou de Denis. No entanto, o mascate desapareceu, e Estevam, mesmo sabendo da situação, não a deixou na rua, assumiu o filho e a esposa com essa falta. A mulher nunca mais teve a confiança de Estevam, tanto que, quando comprou aquela casa onde viviam, ele a colocou no nome de Beth. Donária, magoada com a resolução do marido, sentindo-se preterida, já que ele conseguira a assinatura dela para esse fim sem que ela soubesse, passou a proteger Denis, tirando de Beth para compensar o que faltava ao filho.

Beth, emocionada, correu em direção à mãe e a abraçou carinhosamente.

— Nunca tive o amor e o perdão de Estevam — expôs Donária. — Eu me arrependo de não ter dito isso a ele, de quanto o amava.

— Meu pai foi um herói — falou Denis, ainda abalado com a revelação. — Será sempre o meu pai. Ele me abraçou tão forte no dia em que...

— Ele está bem, meu irmão — interrompeu Beth diante da emoção de Denis. — Foi um herói quando morreu daquele jeito. Já tinha salvado duas vidas naquela enchente quando voltou para apanhar mais uma vítima, mergulhou naquela água escura e perfurou o abdômen — Beth fez uma pausa e ganhou o carinho de Margarida e Rita que estavam próximas. — No hospital ele me contou que a casa era minha, que estava no meu nome.

— Você sabia disso? — perguntou Donária, surpresa.

— Ela sabia? Não me recordo de ter contado... — Estevam, também emocionado com aquela volta ao passado, perguntou a Rosa.

— Você já estava se despedindo. Havia próximo de vocês espíritos amigos para socorrê-lo, quando revelou a sua filha. Não tem lembrança, mas revelou.

— Do que importa isso, mãe? Vem, Denis, agora é o momento de selar a nossa união — chamou Beth.

Denis, depois de empurrado por Rita, abraçou as mulheres e desabou em lágrimas. Ouviu de Donária o pedido de perdão e, no calor da emoção, nada disse, estava confuso, mas abraçou a mãe como nunca fizera antes.

Margarida se preparava para ir embora, certa de que não seria mais bem-vinda na casa da tia, quando Donária a chamou de volta e a abraçou, agradecida. Margarida, certa da amizade da tia, do seu jeito divertido, recomendou:

— Agora é hora de deixar o tio Estevam partir, não acha? Ainda quer aquele velho resmungão dormindo do seu lado, puxando o seu lençol? A começar por aquela xícara que coloca sobre a mesa, referindo-se ao lugar como o dele. Lembre-se dele feliz, dos bons momentos, deseje para ele o melhor e deixe-o seguir a sua evolução.

Donária, obediente, apanhou a xícara e, depois de alisá-la, jogou-a no lixo. Logo disse que faria o mesmo com os outros pertences de Estevam, doaria as roupas, sapatos e a poltrona que só lhe trazia velhas e tristes recordações.

Segundos depois, uma luz surgiu na sala, semelhante a que contornava o espírito de Rosa, e Estevam, sorridente, seguiu em sua direção. Desapareceu em poucos segundos, com a sensação de dever cumprido.

Era comum Lia voltar sozinha para o apartamento, pois Edson sempre tinha alguns assuntos para tratar com Luciano, o que era melhor fazer após o expediente. Por conta disso, Lia levou um susto ao chegar em casa, porque Salvador lá estava, sentado no sofá, folheando uma revista de moda, sem interesse, apenas para passar o tempo. Ele, assim que a viu, levantou a cabeça e a fitou diante do seu espanto:

— Tenho as chaves dos meus imóveis. Questão de segurança. Nem sei se é permitido entrar quando ocupado, você que é do departamento jurídico da empresa pode me responder — sem deixar de sorrir, prosseguiu: — Se bem que está emprestado, então... — Lia tentou falar algo, mas Salvador não deu crédito e continuou o raciocínio: — Entendo que posso ter acesso.

Lia foi pega de surpresa e ficou sem reação. Havia muito tempo não via o tio, ainda que trabalhassem na mesma empresa, nem sua casa frequentava, já que não era bem-vinda lá. Ficou furiosa ao ouvir o motivo da visita e a discussão ocorreu.

— Não quero tomar muito seu tempo, até porque tenho outros compromissos. Vou fazer aquela visita de médico, como se fala por aí. Não precisa nem se preocupar com o café e a bolacha de água e sal, eu dispenso. Bem, como sabe, zelo pela imagem da minha empresa e não permito o relacionamento entre funcionários. Como minha sobrinha, eu não me importava com quem saía, se casado, solteiro, mas na minha empresa, não. Sei que vive com um funcionário do grupo, casado. Minha irmã não precisa saber disso, não vou contar.

— Com que direito invade minha casa, dita ordens, fala sem ter propriedade do assunto, sente-se o dono da razão, da verdade...

— Não me considero nada disso, mas dono da empresa e da casa onde mora, portanto, escolha o que irá fazer da sua vida, se quer ser amante, deixe a empresa e esse apartamento. Acho que não será sacrifício deixar o apartamento. Até onde me recordo, odeia o lugar.

Mais uma vez Lia se alterou e Salvador manteve-se calmo. Finalizou repetindo o que queria e, antes de sair, a sobrinha o chamou:

— O que falta na sua vida é amor.

— Engano seu! Eu o tive no meu casamento com a Rosa, mãe de Mariana. Foi curto, mas intenso e proveitoso. É preferível um amor curto e real a ter vários relacionamentos, mendigando por um amor sem saber o que é ter um de verdade. Pode achar teoria de um velho, mas quem sabe daqui a poucos anos você tenha essa percepção.

Lia, ao vê-lo sair, lançou uma almofada contra a porta.

— Ele me odeia e não sei o motivo, deve ser de outras vidas. Não pode ser outra coisa!

No futuro, quando doente, Salvador contará com os cuidados da sobrinha e terá a oportunidade de apaziguar o seu coração do ódio que carrega dela desde a vida anterior.

Na semana seguinte, Lia formalizou o pedido de demissão da empresa Fidélis e alugou um apartamento mais simples no Largo do Arouche. Dispôs seus serviços no mercado e aguardou que empresas interessadas a contatassem. Fez tudo isso com o consentimento de Edson e para protegê-lo da fúria do tio. Para provar o seu amor, Lia não quis morar no apartamento de Edson. Tal providência iniciou o abalo do relacionamento amoroso entre os dois.

Fração de segundos antes do impacto do carro com a caçamba, o espírito de Gabriel se desprendeu do corpo físico. Foi socorrido por alguns espíritos amigos, e entre eles estava Rosa. Gabriel foi conduzido para um quarto onde permaneceu desacordado por alguns dias. Quando despertou, teve a presença, os esclarecimentos e as orientações de Rosa. O jovem, impaciente, a princípio não acreditava no que estava acontecendo, revoltou-se, chorou muito. Por conta da sua reação, o lugar era escuro, só conseguia ouvir a voz de Rosa, que, paciente, pedia que ele deixasse a revolta que sentia pelo pai, a saudade da mãe, aceitasse a situação, o que seria melhor para o seu crescimento. Foram muitos dias ali, preso, asfixiado, até o dia que ouviu de Rosa que dependia dele, da forma como via a situação, para sair dali, precisava perdoar, não se ressentir dos conflitos vividos. E Rosa foi, aos poucos, trazendo-o para a colônia de reabilitação. Ela o levou até um grupo de jovens. Em poucos dias se envolveu em palestras, nos ensinamentos que fortaleciam o seu espírito, de muita importância para a sua evolução. Determinado dia, questionou Rosa, sua mentora, quanto aos sentimentos de tristeza que sentia.

— Você tem a felicidade de ter da terra a prece de pessoas muito queridas, que lhe desejam o bem. A tristeza vem das lágrimas das pessoas que o amam, mas não conseguiram aceitar a sua partida. Terá, em breve, contato com Beth.

O jovem se animou, e logo isso aconteceu, por meio de sonho. A alma de Beth teve um encontro emocionante com Gabriel. Foi num lugar agradável, claro, que se alterava diante do comportamento do jovem.

— Ele me odeia. Meu pai nunca gostou de mim. Minha avó dizia isso, que ele juntava dinheiro para trocar de carro quando você anunciou a gravidez.

— Engano seu, ele o amou desde o primeiro instante. Fez questão de trocar suas primeiras fraldas, de dormir com você no hospital quando adoeceu, ainda nos primeiros meses de vida — Beth estava realizada com o contato com o filho, tentava aproximação, mas não conseguia. Sentia-se, diante da revolta do filho, num lugar escuro, triste, mas ao convencê-lo do amor do seu pai, o lugar tornou-se ameno, leve, tranquilo.

— Diga para ele que eu o amo, mãe. Que um dia ele me perdoe por tudo. Estou bem, não se preocupe, não chore, guarde de mim as boas lembranças, nossos momentos felizes, nossas sessões de pipoca diante da televisão, quando você ria ao me ver bravo porque não conseguia vencê-la nos jogos. Eu vou guardar comigo o seu sorriso ao me ver feliz. Obrigado e não deixe de viver sua vida, esqueça o que passou.

Depois distanciou-se. Emocionado, Gabriel teve o apoio de Rosa, que procurou elucidar em poucas palavras suas últimas vidas:

— Edson e você eram conhecedores desse encontro. Ele o quis, mas, inconscientemente, temeu o seu retorno, que você não conseguisse perdoá-lo, já que, quando irmãos, Edson o traiu, roubou e levou com ele o seu amor. Esse seu perdão é importante para ser avaliado o seu retorno, se terá esse direito, pois não cumpriu com tudo o que se comprometeu. Foi egoísta e manipulador com Milena e Rubens, pela traição deles, que fugiram juntos noutra vida. Entretanto, teve o amor incondicional de Beth, que como mãe o perdoou...

O jovem ouviu tudo atentamente, com lágrimas nos olhos.

Tontura, fadiga, náuseas e falta de apetite, entre outros sintomas, foram o bastante para Juliana, numa consulta e em diversos exames, descobrir que tinha problema cardíaco. Diante dos exames realizados, o médico deixou claro que o seu estado não era dos melhores, haveria de ter cuidados, alimentação regrada, e mais meia dúzia de recomendações que ela não seguiu, tanto que apareceu no consultório, exatamente um mês depois, com sintomas de gravidez. O médico anunciou o risco que correria naquela gestação, naquele momento.

Agora Juliana estava no hospital, internada na emergência, pois o parto marcado para dali a uma semana teria de ser antecipado. No quarto, ao seu lado, estavam Beth, Cristiano e Edson.

— Quando ouvi do médico o meu estado de saúde, bateu forte o desejo de ser mãe e, ao ver Cristiano, não pensei duas vezes — riu com dificuldade, pois lhe faltava o ar. A enfermeira aproximou-se e pediu para que as visitas saíssem. Antes, Juliana fez seus pedidos: — Edson, você me deixaria feliz sendo o padrinho da minha filha, ao lado de Beth, se o Cristiano não se incomodar.

Beth ficou surpresa, não tinha intenção de contar para Juliana sobre sua relação com Cristiano, até por considerar que não existia mais nada entre eles. Mais tarde soube por Cristiano que Juliana soubera por ele da aproximação que tiveram.

— Juliana é muito especial. Revelou naquele tom de brincadeira que sentia inveja de você, por ter o meu coração. Aquela fortaleza toda esconde uma romântica!

— Você sempre convencido. Quando sai o seu livro-denúncia? Preciso acionar o meu advogado para impedir que isso aconteça — e se afastou, contra a vontade, pois desejava o seu abraço e o seu amor. Estavam separados desde a briga por conta dos papéis que ela encontrou no apartamento de Cristiano.

De volta aos pedidos de Juliana, antes de entrar no centro cirúrgico, ela, emocionada, agradeceu ao irmão por aceitar ser o padrinho da sua filha, pediu desculpas, e que não deixasse de fazer preces para ela. Para Cristiano e Beth não foi diferente:

— Vocês dois, como pai e madrinha, tenham todo o cuidado com minha princesa. Não deixem ela comer doce antes das refeições... — começou a rir, e todos acompanharam, mas o ar lhe faltava e logo a enfermeira a retirou na maca.

Na recepção, todos esperavam angustiados por notícias. As alegrias, assim como os momentos delicados, unem as pessoas, aproximam corações e olhares. E a espera do resultado do parto de Juliana não era diferente. Foi uma tarde lenta, demorada. Quando o médico chegou com notícias de Juliana, foi um reboliço, todos falavam ao mesmo tempo, ansiosos, apreensivos. O médico, paciente, esperou que todos se acalmassem e, por fim, deu a boa notícia do sucesso da cirurgia, disse que as meninas passavam bem, ainda sob os cuidados da UTI. As diferenças, naquele momento, deixaram de existir, foram abraços e sorrisos emocionados, típicos de virada de ano.

Capítulo 32

Beth e Margarida chegaram em casa eufóricas com as boas notícias. Margarida estava exausta quando se jogou no sofá. Beth correu até a cozinha e voltou com o bolo de morango que deixara sobre a pia no momento da notícia dada por Cristiano de que Juliana havia sido levada ao hospital numa ambulância. Passado o susto, de volta do hospital, Beth apanhou o prato com o bolo e, muito disposta, se propôs a seguir os seus planos: presentear a filha com o seu doce favorito.

Por conhecer o porteiro, Beth subiu sem ser anunciada. Logo que a porta foi aberta, o silêncio se instalou. Alessandra ficou desconcertada, pois organizava o jantar para Edson e Lia, que estavam para chegar. Luciano chegou na sequência e cumprimentou a sogra, certo de que também fora convidada para o jantar. Vânia também chegou a pensar nisso, e foi logo receber Beth e o prato que trazia. Alessandra abraçou a mãe e comentou friamente, o que deixou Luciano e Vânia sem entender:

— Podia ter ligado, mãe, avisado que viria...

— Minha filha, estou só passando. Trouxe um bolo de morango, o seu preferido. Vânia, você vai adorar...

Nesse momento, Edson e Lia chegaram. Alessandra, sem dar importância para a mãe, correu para abraçar o pai e Lia. Edson, nos cumprimentos, mais uma vez agradeceu Beth pela força que vinha dando a Juliana. Beth apenas sorriu, cumprimentou Lia formalmente. Ao perceber que se tratava de um jantar para convidados, anunciou sua partida. Luciano insistiu para que ficasse, mas ela não aceitou.

Beth já estava na portaria, visivelmente triste, quando Alessandra apareceu chamando por ela.

— O Luciano pediu para eu...

— Luciano pediu? Precisou o seu marido pedir para você lembrar que tem uma mãe? — explodiu Beth.

— Ciúme, não, mãe!

— Não, não é ciúme. Não me importo que você receba o seu pai com a namorada. O que me entristece é constatar que você nunca fez isso por mim — Alessandra tentou se defender, mas Beth não deu ouvidos e finalizou, antes de entrar no carro: — A ordem de importância das pessoas nas nossas vidas é a gente quem faz. Beijos e bom jantar. Agora suba, vai parecer que sua mãe não lhe deu educação, pois é muito feio uma anfitriã fazer os convidados esperarem.

Alessandra ficou olhando o carro de Beth tomar distância, enquanto o espírito de Rafael se aproximou e comentou:

— Fez muito bem, Ale.

No dia seguinte, logo depois da saída de Luciano, Alessandra foi ao parque nas redondezas do seu apartamento, incentivada pela sogra e por Margarida, que eram conhecedoras do episódio por ela vivido no elevador, quando contou ter ouvido a voz de Rafael.

Depois dessa sensação, Alessandra começou a ler livros espíritas indicados pela sogra, a receber dela ensinamentos e a compreender a vida de outra forma, o que a fez se sentir renovada, disposta. Logo nos primeiros contatos, emocionou-se muito. Quanto ao jantar, tirando a visita inesperada de Beth, foi bem-sucedido e, com o término da reunião, Vânia chamou a atenção de Alessandra. Pensou em comentar sobre a influência do espírito de Rafael no seu comportamento, mas preferiu tocar no assunto de outra forma:

— O que acha de amanhã fazer o que combinamos? Já vejo você preparada. Tem que partir de você a despedida. Esse jovem precisa seguir os planos que têm para a sua evolução.

Alessandra, vestida com moletom, óculos escuros, uma rosa numa das mãos e ouvindo a música que um dia intitulou como dela e de Rafael, entrou no parque. Estava concentrada numa prece ensinada pela sogra. Sentiu o coração disparar quando se aproximou do local onde passava as tardes com Rafael. Percebeu uma lágrima rolar no seu rosto. Então se ajoelhou e pediu:

— Rafael, eu o liberto dos meus pensamentos. Quero o seu melhor, siga o seu traçado. Liberte o seu coração do ódio...

O espírito de Rafael estava ali, em lágrimas com a despedida. Lembrou-se das tardes ensolaradas, em que andavam de bicicleta, corriam por entre as árvores, tomavam sorvete, se beijavam... Diante da fé da moça, não teve forças para influenciá-la. Viu a hora que Alessandra depositou a rosa sobre o chão e finalizou:

— Não vou deixar de ouvir a nossa música, pode ter certeza. Agora adeus, Rafa...

O jovem chegou perto de Alessandra e a beijou no rosto, carinhosamente, depois apanhou a rosa e uma luz forte o contornou, e assim, sorrindo, desapareceu. Alessandra observou a rosa rolar pelo chão e alcançar o lago. Chegou a correr até o lugar, mas não viu mais a rosa. Saiu dali com o coração aliviado, sem olhar para trás, sorrindo.

Beth chegou em casa triste com o tratamento que recebera da filha. Comentou com Margarida e, após a refeição, foi dormir. Nessa noite teve o encontro com Gabriel, através do sonho, e acordou disposta como havia muito não se sentia.

— Sonhei com o Gabriel, Deise. Ele estava lindo, não consegui chegar perto, tocá-lo, mas foi uma sensação tão boa, conversamos por muito tempo. Não me recordo o que conversamos, mas ele me disse que está bem, e isso me deixou tão feliz...

— Vocês se encontraram então. Fico emocionada com esses relatos. Ele está bem! — Margarida, que na hora partia o pão, questionou: — E você, o que fará para seguir sua vida? Daqui a uns dias eu vou embora. O meu Dias me ligou, contei para você?

Beth começou a rir e Margarida correu para pegar o e-mail recebido do amado.

— A mulher dele faleceu e ele está me esperando. Tia Donária ficará orgulhosa de mim, esperei que ele ficasse viúvo — disparou rindo. — Deus me perdoe. Ela não o amava, mas o prendia por conta da doença. Enfim, vou encontrá-lo logo, e volto a repetir: o que vai fazer da sua vida, mulher?

— Vou procurar ser amada. É o que gostaria de ouvir? Eu era tão feliz, marido, filhos, minha casa, e de repente perdi tudo, uma reviravolta...

— No passado há lembranças e navalhas, e se refugiar nele é viver machucada. — Diante do silêncio de Beth, Margarida prosseguiu: — É hora de se libertar do passado, se tem interesse de viver.

A conversa foi interrompida pelo som do interfone. Minutos depois, um entregador deixou uma caixa destinada a Beth. A mulher abriu ansiosa, assim como Margarida assistiu curiosa.

Era uma caixa com cinzas e um bilhete assinado por Cristiano. Ele dizia que as provas contra Gabriel estavam destruídas, em cinzas, que pensara em entregá-las pessoalmente, mas temia que caíssem em mãos erradas, por isso agiu daquela forma.

Beth ficou emocionada com aquele gesto, mas antes já pensava em procurá-lo.

— Ele tomou uma decisão. E você, o que está esperando? — perguntou Margarida.

Margarida tratou de ajudar a prima na escolha de uma roupa. Meia hora depois, Beth estava na portaria do prédio de Cristiano. O seu celular tocou, era Edson. Beth atendeu aflita, pensando ser notícia de Juliana. Não era. A ligação era de um Edson arrependido, disposto a reaver o casamento, pedindo perdão. Tal ação deixou Beth surpresa, confusa com a decisão a tomar. Em meio à conversa, Edson citou Gabriel e a emoção veio à tona para os dois. Naquele momento não houve cobrança, mágoa, nada. Ela disse algo que o confortou, que o fez sorrir, comovido:

— O Gabriel, de onde está, o ama, Edson. Tenha com você essa certeza. Acredito que ele também espera ansioso pelo seu perdão.

Edson sentiu tanta veracidade naquelas palavras que não conteve as lágrimas.

Beth, por fim, lembrou-se do comentário da prima quanto ao risco de viver no passado e disse para Edson que não tinham mais nada para conversar. O homem insistiu:

— Vou deixar você pensar. Volto a ligar. E caso você não me atenda, é porque não me quer mais e vou deixá-la livre...

A ligação foi encerrada.

Beth desligou o aparelho e ficou pensativa. Depois, tomada por uma agitação, nem esperou o elevador, pegou as escadas. No segundo lance, a mulher tirou as sandálias e puxou a barra do vestido para cima, com o propósito de correr melhor pelos degraus. Na porta do apartamento de Cristiano, com o coração disparado, tremendo, procurou recuperar o fôlego.

Edson estava no carro e, depois de desligar o celular, ficou olhando para o apartamento onde vivia com Lia. Ali ficou em silêncio. Percebera com a convivência que o casamento com a sobrinha de Salvador não fora o melhor passo da sua vida. Havia se apaixonado, mas o sentimento se findou com a chegada dos problemas. Teve saudade de Beth, passou a apreciá-la ao ver a sua força diante dos problemas, contagiado pela sua alegria. Por isso, ele ligou para ela e abriu o seu coração, deixou claro o seu amor, o pedido de perdão, que fora aceito, e também registrou o seu desejo de voltar ao que era. Tinha esperança ao encerrar a ligação com Beth.

Edson saiu do carro e voltou para casa. Estava constrangido, pois se ausentara da residência após uma discussão com Lia, e passara a noite anterior fora, refletindo.

Lia o recebeu de braços abertos, lágrimas nos olhos, pedindo perdão.

— Eu o aceito, mesmo que pela metade — Lia disse ao abraçá-lo.

Quando Lia estava no banho, Edson insistiu e ligou para Beth. O homem estava certo de que, se ela não atendesse, não haveria reconciliação.

No hall do apartamento de Cristiano, Beth apertou a campainha. O celular tocou, era Edson novamente. A mulher não teve dúvida e, ao observar no visor quem era, desligou o aparelho e o jogou no lixo. Na sequência, a porta foi aberta.

Cristiano estava abotoando a camisa que tinha sobre o jeans ao abrir a porta, como da primeira vez que ela fora a seu apartamento. Ele ficou olhando para Beth descalça, com o par de sandálias numa das mãos, o brilho dos seus olhos e nada disse, apenas sorriu. Foi Beth quem quebrou o silêncio:

— Me abraça e esquece quem eu sou...

Foi o que ele fez, depois a puxou para dentro do apartamento e a porta se fechou.

Epílogo

Alguns meses se passaram. Beth abriu a cortina do seu novo apartamento e o sol daquela manhã de sábado iluminou o ambiente, tornando-o ainda mais amplo e de bom gosto. Ela usava um belo vestido, saltos altos e no rosto uma maquiagem leve, que realçava ainda mais a sua beleza.

— Faz o laço da gravata para mim? — perguntou Cristiano ao entrar no cômodo. Estava elegante, num traje social.

— Se não fosse eu na sua vida...

— Eu não usaria gravata. Fácil dessa forma — replicou sorrindo.

— Depois falam das mulheres que custam a se arrumar. Vamos ser os padrinhos mais atrasados, vamos chegar depois da Milena. O Silas deve estar na igreja ansioso.

— Dormiu na igreja — divertiu-se. — Ah! Chegou um postal da Deise.

— Eu vi. Estou tão feliz por ela. Em razão do casamento, da lua de mel no litoral, não virá ao casamento, mas vem nos visitar na volta.

— Dona Donária queria que você fosse ontem à tarde...

— Levá-la ao cabeleireiro — completou Beth. — Não pude ir. Tinha minha última reunião com o grupo. Sem cigarro! Nem me olha assim, você nada tem a ver com a minha decisão. Eu já pensava em deixar o vício — começou a rir. Depois, séria, comentou: — Tenho pensado em Rita. Na sua vida sem a filha por perto. Ela é maltratada pelo Denis e pela dona Donária. Minha mãe não é fácil.

— Ela deve estar cumprindo algo por aturá-los. Não a vejo feliz.

— Rita me confidenciou que estava só aguardando a filha se casar para tomar um rumo na vida. Voltou a estudar, os salgados e doces estão mais procurados.

— Então não tem por que se preocupar, ela já sabe o que tem a fazer.

— Espero que sim. Ah! Eu ouvi uma mensagem que me deixou emocionada, nem apaguei para lhe mostrar. É da Alessandra — Beth foi até o aparelho e viu que havia duas e apertou a tecla para ouvir. A primeira era de Juliana:

"Meus queridos! Saudades mil. Como está nossa princesa, está obedecendo vocês? Já sei que ela tem só meses. Fico bem em saber que está em boas mãos. Feliz essa menina, duas mães. Mês que vem estarei em São Paulo por dois dias. Ah! Conheci um rapaz no avião que tem todo jeito para estampar o meu novo trabalho. Beijos para os noivos..."

A segunda era de Alessandra: "Mãe, eu ia lhe contar somente nos nossos jantares das terças-feiras, mas não vou resistir. O Luciano pediu para contar depois, só que não aguento. Então vai: será avó de gêmeos. Vânia compra todas as roupas de criança que vê. Onde está que não me atende? Quero encontrá-la antes do casamento da Milena. Me liga quando ouvir essa mensagem. Beijos para o Cristiano e para você."

Beth pensou em Gabriel e sentiu um vento suave. Depois abraçou Cristiano, estava comovida, e logo se beijaram. O choro de bebê interrompeu o momento. Beth correu para apanhar a neném. Apareceu na sala sorrindo, ninando a menina. Cristiano aproximou-se e abraçou Beth. Formavam uma família feliz, não só unidos pelo sangue, mas por algo muito maior e precioso: o amor.

O espírito de Rosa assistia à emoção do casal.

— Que o amor e a prosperidade façam sempre parte dessa família! Vamos ao casamento! Gosto de final feliz.

"Agora, pois, permanecem a fé, a esperança, e o amor, estes três, mas o maior destes é o amor." — Coríntios 13:13

Fim

Rua Agostinho Gomes, 2.312 – SP
55 11 3577-3200

grafica@vidaeconsciencia.com.br
www.vidaeconsciencia.com.br